中华国学文库

贞观政要

〔唐〕吴　兢　撰
谢保成　点校

中　华　书　局

图书在版编目(CIP)数据

贞观政要/(唐)吴兢撰;谢保成点校.—北京:中华书局,2021.6
(中华国学文库)
ISBN 978-7-101-15181-7

Ⅰ.贞… Ⅱ.①吴…②谢… Ⅲ.①典章制度-中国-唐代②《贞观政要》-注释 Ⅳ.D691.5

中国版本图书馆CIP数据核字(2021)第084594号

书　　名	贞观政要
撰　　者	〔唐〕吴　兢
点 校 者	谢保成
丛 书 名	中华国学文库
责任编辑	刘　学
出版发行	中华书局
	(北京市丰台区太平桥西里38号　100073)
	http://www.zhbc.com.cn
	E-mail:zhbc@zhbc.com.cn
印　　刷	北京瑞古冠中印刷厂
版　　次	2021年6月北京第1版
	2021年6月北京第1次印刷
规　　格	开本/880×1230毫米　1/32
	印张13¾　插页2　字数253千字
印　　数	1-6000册
国际书号	ISBN 978-7-101-15181-7
定　　价	42.00元

中华国学文库出版缘起

《中华国学文库》的出版缘起，要从九十年前说起。

1920年，中华书局在创办人陆费伯鸿先生的主持下，开始编纂《四部备要》。这套汇集三百三十六种典籍的大型丛书，精选经史子集的"最要之书"，校订成"通行善本"，以精雅的仿宋体铅字排印。一经推出，即以其选目实用、文字准确、品相精美、价格低廉的鲜明特点，最大限度地满足了国人研治学问、阅读典籍的需要，广受欢迎。丛书中的许多品种，至今仍为常用之书。

新中国成立之后，党和国家倡导系统整理中国传统文献典籍。六十馀年来，在新的学术理念和新的整理方法的指导下，数千种古籍得到了系统整理，并涌现出许多精校精注整理本，已成为超越前代的新善本，为学界所必备。

同时，随着中华民族以前所未有的自信快速发展，全社会对中国固有的学术文化——国学，也表现出前所未有的关注和重视。让中华文化的优秀成果得到继承和创新，并在世界范围内进行传播和弘扬，普惠全人类，已经成为中华民族的历史使命。当此之时，符合当代国民阅读需要的权威的国学经典读本的出现，实为当务之急。于是，《中华国学文库》应运而生。

《中华国学文库》是我们追慕前贤、服务当代的产物，因此，它自当具备以下三个基本特点：

一、《文库》所选均为中国学术文化的"最要之书"。举凡哲学、历史、文学、宗教、科学、艺术等各类基本典籍，只要是公认的国学经典，皆在此列。

二、《文库》所选均为代表当代最新学术水平的"最善之本"，即经过精校精注的最有品质的整理本。其中既有传统旧注本的点校整理本，如朱熹《四书章句集注》，也有获得学界定评的新校新注本，如余嘉锡《世说新语笺疏》。总之，不以新旧为别，惟以善本是求。

三、《文库》所选均以新式标点、简体横排刊印。中国古籍向以繁体竖排为标准样式。时至当代，繁体竖排的标准古籍整理方式仍通行于学术界，但绝大多数国人早已习惯于现代通行的简体横排的图书样式。《文库》作为服务当代公众的国学读本，标准简体字横排本自当是恰当的选择。

《中华国学文库》将逐年分辑出版，每辑十种，一次推出；期以十年，以毕其功。在此，我们诚挚希望得到学术界、出版界同仁的襄助和广大读者的支持。

中华书局自 1912 年成立，至今已近百岁。我们将《中华国学文库》当作向中华书局百年诞辰敬献的一份贺礼，更是向致力于中华民族和平崛起、实现复兴大业的全国人民敬献的一份厚礼。我们自当努力，让《中华国学文库》当得起这份重任，这份荣誉。

中华书局编辑部
2010 年 12 月

出版说明

贞观政要十卷,吴兢撰,唐玄宗开元十七年(七二九)在洛阳"诣明福门奉表以闻"。

吴兢(六六九或六七〇—七四九),汴州浚仪(今河南开封)人,"励志勤学,博通经史"。武则天长安三年(七〇三)为直史馆,与朱敬则、徐坚、刘知幾等同修唐史,拜左拾遗内供奉。自武则天还政中宗至玄宗亲政,吴兢始终主张"依贞观故事",热望恢复"太宗之业"。数年间,转起居郎,迁水部郎中,兼判刑部郎中,修史如故。玄宗开元三年(七一五)母丧起复,以长垣县男拜谏议大夫,依前修史。与刘知幾修定则天、中宗、睿宗实录,受到褒赏。以卫尉少卿之职奉诏参预编次书目,授著作郎兼昭文馆学士。源乾曜为侍中、张嘉贞为中书令,命其编纂贞观政要。十一年以父丧被张说解除史职,十三年起复为太子左庶子。十四年上请总成国史奏,"有诏特令"往洛阳"就集贤院修成其书"。十七年进奏贞观政要,以"书事不当,贬荆州司马","许以史稿自随"。出京后,辗转为州刺史,续修国史,加银青光禄大夫,迁相州长史,封长垣县子。天宝元年(七四二)升相州太守,入为恒王傅。在恒王府,别撰梁、齐、周、陈、隋史。天宝八载卒于家,年八十馀。

贞观政要十卷四十篇二附篇,表、序之外,按照君道政体、任贤纳谏、为民择官、教戒皇子、社会公德、从政修养、崇儒兴文、固本宽刑、征伐安边、善始慎终十类编排,基本可分君道政体、从政修养、基本国策、善始慎终四大方面。君道政体,集中在卷一至卷四,提出为君者"安天下"的四大理念:先存百姓、先正自身、君臣共治、善始慎终。从政修养,集中在卷五、卷六,经贞观君臣提倡和力行不倦,生活虽不富足,社会却风气淳朴,崇尚节俭,人自谦恭,相互友爱,处事公平,讲究诚信,不信谗邪,戒奢戒贪,呈现出一幅治世景象。基本国策,集中在卷七至卷九,用十六个字概括:兴文备武,布德施惠,固本宽刑,富国强兵。"令省徭薄赋,不夺其时,使比屋之人,恣其耕稼,此则富矣。敦行礼让,使乡闾之间,少敬长、妻敬夫,此则贵矣",既勾画出"贞观之治"的图景,又反映了唐太宗的富贵观。善始慎终,集中在最后一卷。尽管唐太宗"功业虽盛,终不如初",但终究是历史上"居安思危,善始慎终"做得最好的皇帝,所以吴兢热望唐玄宗"克遵太宗之故事"。

作为一本最早记录贞观君臣论政、施政的政论集,贞观政要是吴兢在续修唐代国史过程中,"缀集所闻,参详旧史"而成,相比旧唐书、唐会要、新唐书等所记贞观年间政事更为详细。自中晚唐以来,"贞观之治"成为"有国有家者"实现天下大治应遵循的"前轨",贞观政要被视为"帝学"的圭臬。总起来说,贞观政要是一部总结中国历史上升阶段即将达到鼎盛之际治国施政思想和治国施政实践,最具代表性的著述,是仅有思想观念而无实践验证的各类政论集、史论集无可企及和取代的。"良足可观"的"太宗时政化",

吴兢盛中见衰的前瞻意识,是读贞观政要应当并重的两大基本方面,也是贞观政要能够长久流传的根本原因所在!

五代后唐刻印贞观政要,流传至南宋绍兴年间。元代经戈直集论,贞观政要刊本形成三个系统:一是戈直集论之前的"旧本",以日本秩父宫家旧藏赵文敏写刻本为代表,署名"史臣吴兢撰",无上贞观政要表。二是戈直集论本,以元至顺四年(一三三三)刊本为祖本,以明成化元年(一四六五)刊本为代表,署名"戈直集论",无上贞观政要表。三是宋濂作序本,经皇家藏本("中秘本")校勘,以国家图书馆藏明洪武庚戌(一三七〇)勤有堂刊本为代表,署名"史臣吴兢撰",有上贞观政要表。钞本均在日本,多达二十馀种,完整而承传清楚的钞本有南家本、菅家本两大系统。建治元年(一二七五)抄写的一部称建治本,是南家本系统最早写本,也是现存贞观政要最古写本。永禄三年(一五六〇)抄写的一部称内藤本,是菅家本系统最早写本。另一"异本"系统,以写字台本最完整,卷四与南家本、菅家本、各刊本完全不同,为辅弼第九、直言谏争第十、兴废第十一、求媚第十二。

本书作为中国史学基本典籍丛刊本贞观政要集校的简本,基本框架不变,删除卷端、卷后【案】,保留篇目【案】,说明每篇编次、章数,保留各章前的〇和据别本补入各章前的●以及序号,保留章后【案】说明每章在各本中编次、移易的文字。补入的各章,文字有误,参照相关史籍或文献订改。精简贞观政要集校的"校注",只保留据他本补、删、改的校注,删除全部校异的校注。保留戈直注,但不再冠以"戈注"二字,戈注的明显错谬加〔案〕纠正,引文脱讹直接更改,并调整、删除个别条文。写字台本卷第四仍附底本卷第十之后。附录部分,保留贞观政要著录及题跋,改吴兢学行及著述为吴兢年谱和吴兢诗文辑录,合并集校所据贞观政要钞本刻本、集校参照唐宋史籍文献,改为参考文献,本书使用的各版本和唐宋相关史籍文献的简称,一并请读者参考附录四中的括注,此处不再一一说明。

二〇二一年一月

谢保成

目 录

上贞观政要表 …………………………………… 1
贞观政要序 ……………………………………… 3
贞观政要卷第一
　君道第一 ……………………………………… 7
　政体第二 ……………………………………… 18
贞观政要卷第二
　任贤第三 ……………………………………… 39
　求谏第四 ……………………………………… 60
　纳谏第五 ……………………………………… 68
　　直谏附 ……………………………………… 80
贞观政要卷第三
　论君臣鉴戒第六 ……………………………… 101
　论择官第七 …………………………………… 113
　论封建第八 …………………………………… 125
贞观政要卷第四
　论太子诸王定分第九 ………………………… 141

论尊敬师傅第十 ················· 145
  教戒太子诸王第十一 ··············· 153
  论规谏太子第十二 ················ 161
贞观政要卷第五
  论仁义第十三 ·················· 181
  论忠义第十四 ·················· 183
  论孝友第十五 ·················· 195
  论公平第十六 ·················· 198
  论诚信第十七 ·················· 215
贞观政要卷第六
  论俭约第十八 ·················· 221
  论谦让第十九 ·················· 225
  论仁恻第二十 ·················· 227
  慎所好第二十一 ················· 229
  慎言语第二十二 ················· 232
  杜谗佞第二十三 ················· 235
  论悔过第二十四 ················· 239
  论奢纵第二十五 ················· 242
  论贪鄙第二十六 ················· 248
贞观政要卷第七
  崇儒学第二十七 ················· 257
  论文史第二十八 ················· 264
  论礼乐第二十九 ················· 268

贞观政要卷第八

- 务农第三十 …… 281
- 论刑法第三十一 …… 283
- 论赦令第三十二 …… 296
- 论贡献第三十三 …… 298
  - 禁末作附 …… 302
- 辩兴亡第三十四 …… 304

贞观政要卷第九

- 议征伐第三十五 …… 309
- 议安边第三十六 …… 325

贞观政要卷第十

- 论行幸第三十七 …… 333
- 论田猎第三十八 …… 335
- 论灾祥第三十九 …… 339
- 论慎终第四十 …… 345

写字台本贞观政要卷第四

- 辅弼第九 …… 359
- 直言谏争第十 …… 363
- 兴废第十一 …… 375
- 求媚第十二 …… 379

附录一 贞观政要著录及题跋 …… 381

- 一、宋元明清著录及题跋 …… 381
- 二、日本现存钞本著录及奥书 …… 390

附录二　吴兢年谱 …………………………………… 397
附录三　吴兢诗文辑录 ……………………………… 413
附录四　参考文献 …………………………………… 425

上贞观政要表

【案】此表南家本、萱家本有,元刻、韩版、戈本无。南家本、萱家本署有"史臣吴兢撰"五字。

臣兢言:臣愚比尝见朝野士庶有论及国家政教者,咸云:"若陛下之圣明,克遵太宗之故事,则不假远求上古之术,必致太宗之业。"故知天下苍生所望于陛下者,诚亦厚矣。易曰:"圣人感人心,而天下和平。"今圣德所感,可谓深矣。窃惟太宗文武皇帝之政化,自旷古而来,未有如此之盛者也。虽唐尧、虞舜、夏禹、殷汤、周之文武、汉之文景,皆所不逮也。至如用贤纳谏之美,垂代立教之规,可以弘阐大猷、增崇至道者,并焕乎国籍,作鉴来叶。微臣以早居史职,莫不诚诵在心。其有委质策名、立功树德、正词鲠义、志在匡君者,并随事载录,用备劝戒,撰成一帙十卷,合四十篇,仍以贞观政要为目,谨随表奉进。望纡天鉴,择善而行,引而伸之,触类而长。易不云乎,"圣人久于其道,而天下化成。"伏愿行之而有恒,思之而不倦,则贞观巍巍之化,可得而致矣。昔殷汤不如尧舜,伊尹耻之。陛下傥不修祖业,微臣亦耻之。诗云:"念兹皇祖〔一〕,陟降庭止。"又云:"无念尔祖〔二〕,聿修厥德。"此诚钦奉祖先之义也。惟陛下念之哉,则万方幸甚,不胜诚恳之至,谨诣明福门奉表以闻〔三〕。谨言〔四〕。

校　注

〔一〕"念兹皇祖",原作"念我皇祖",据兴本、松本、萱家本及诗周颂闵予小子改。

〔二〕"无念尔祖",原作"无忝尔祖",据南家本、萱家本及诗大雅文王改。

〔三〕"诣明福门奉表以闻",原本作"奉表以闻",据南家本、萱家本补"诣明福门"四字。江家本下有"诚惶诚恐"四字。

〔四〕江家本另行有"景龙三年正月日卫尉少卿兼修国史崇文馆学士臣吴兢等上表"二十六字。

贞观政要序

卫尉少卿兼修国史弘文馆学士臣吴兢撰

【案】戈本另行署"唐卫尉少卿兼修国史修文馆学士吴兢撰",另行有"按:兢,汴州浚仪人。少厉志,贯知经史,方直寡谐,惟与魏元忠、朱敬则游。唐长安中,二人者当道,荐兢才堪论撰,诏直史馆,修国史。神龙中,为右补阙,累迁卫尉少卿,兼修文馆学士。复修史,于是采摭太宗朝政事之要,随事载录,以备劝戒,合四十篇上之,名曰贞观政要。开元中,为太子左庶子。又尝私撰唐书、唐春秋。兢居官多忠谏,叙事简核,有古良史之风。尝撰则天实录,直笔无讳,当世谓'今董狐'云。"

有唐良相曰侍中安阳公、中书令河东公,以时逢圣明,位居宰辅,寅亮帝道,弼谐王政,恐一物之乖所,虑四维之不张,每克己励精,缅怀故实,未尝有乏。太宗时政化良足可观,振古而来,未之有也。至于垂世立教之美,典谟谏奏之词,可以弘阐大猷、增崇至道者,爰命下才,备加甄录,体制大略,咸发成规。于是缀集所闻,参详旧史,撮其指要,举其宏纲,词兼质文,义在惩劝,人伦之纪备矣,军国之政存焉。凡一帙一十卷,合四十篇,名曰贞观政要。庶乎有国有家者克遵前轨,择善而从,则可久之业益彰矣,可大之功尤著矣,岂假祖述尧、舜,宪章文、武而已哉!其篇目次第,列之于左〔一〕。

第一　论君道一　论政体二

第二　论任贤三　论求谏四　论纳谏五

第三　论君臣鉴戒六　论择官七　论封建八

第四　论太子诸王定分九　论尊敬师傅十　论教戒太子诸王十一　论规谏太子十二

第五　论仁义十三　论忠义十四　论孝友十五　论公平十六　论诚信十七

第六　论俭约十八　论谦让十九　论仁恻二十　慎所好二十一　慎言语二十二　杜谗邪二十三　论悔过二十四　论奢纵二十五　论贪鄙二十六

第七　崇儒学二十七　论文史二十八　论礼乐二十九

第八　务农三十　论刑法三十一　论赦令三十二　辩兴亡三十三　论贡赋三十四〔二〕

第九　议征伐三十五　议安边三十六

第十　论行幸三十七　论畋猎三十八　论灾祥三十九〔三〕　论慎终四十

【案】戈本此后有"集论诸儒姓氏"表。

【又案】戈本贞观政要书名下署"戈直集论",另行有"愚按:贞观者,唐太宗表年之号也。易大传曰:'天地之道,贞观者也。'犹言天地之文理主于正,以示人也。政要者,唐史臣吴兢类辑贞观间君臣之嘉言善行、良法美政之大要也。唐史本纪曰:太宗姓李氏,讳世民,陇西成纪人,为凉武昭王八世孙、高祖次子也。母曰太穆皇后窦氏,生而不惊。方四岁,有书生谒高祖曰:'公贵人也,必有贵子。'及见太宗,曰:'龙凤之姿,天日之表,其年几冠,必能济世安民。'书生既去,乃采其语,名之曰世民。及长,聪明英武,有大志,能屈节下士,结纳豪杰,佐高祖以定天下之乱,功业日隆。隋义宁元年,高祖以唐王受隋禅,国号唐。明年改元武德,封世民为秦王。九年,立秦王世民为皇太子,听政。是年八月,即皇帝位。明年改元贞观,在位凡二十三年,为一代之贤君。其言行之美、政治之盛,与夫任贤使能之方、从谏乐善之道,大略皆聚此书也。后文宗读此,慨然慕之,故太和初政,号为清明,则是书也,不无补于治云"三百二十一字。

校 注

〔一〕"列之于左",建治本于此四字之后另行有"贞观政要卷第一凡四十篇史臣吴兢撰"十六字。

〔二〕"辩兴亡三十三论贡赋三十四",正文为"论贡赋献第三十三辩兴亡第三十四"。

〔三〕"祥",原作"详",今改正。

贞观政要卷第一

史臣吴兢撰

君道第一

【案】建治本无此四字。各本均五章,戈注"凡五章"。

1○贞观初,太宗谓侍臣曰:"为君之道,必须先存百姓。若损百以姓以奉其身〔一〕,犹割股〔二〕以啖腹,腹饱而身毙。若安天下,必须先正其身。未有身正而影曲,上理而下乱者。朕每思伤其身者不在外物,皆由嗜欲以成其祸。若耽嗜滋味,玩悦声色,所欲既多,所损亦大,既妨政事,又扰生人〔三〕。且复出一非理之言,万姓为之解体。怨讟〔四〕既作,离叛亦兴。朕每思此,不敢纵逸。"谏议大夫〔五〕魏徵〔六〕对曰:"古者圣哲之主,皆近取诸身,故能远体诸物。昔楚聘詹何〔七〕,问其理国之要,詹何对以修身之术。楚王又问理

国何如？詹何曰：'未闻身理而国乱者。'陛下所明，实同古义。"〔八〕

校　注

〔一〕"以奉其身"，原脱"以"字，据南家本、菅家本、江家本、韩版、戈本补。

〔二〕股，一作胫。

〔三〕扰，亦作损。

〔四〕痛怨也。

〔五〕唐制，掌谏谕得失，侍从赞相之职。

〔六〕详见任贤篇。

〔七〕楚，春秋时国名，僭称王。詹何，楚詹尹之后，隐于钓。楚庄王闻而异之，召而问焉。出列子。

〔八〕按通鉴武德九年，太宗谓侍臣曰："君依于国，国依于民。刻民以奉君，犹割肉以充腹，腹饱而身毙，君富而国亡。故人君之患，不自外来，常由身出。夫欲盛则费广，费广则赋重，赋重则民愁，民愁则国危，国危则君丧矣。朕尝以此思之，故不敢纵欲也。"与此章辞异而旨同，故附见于此。

2〇贞观二年，太宗问魏徵曰："何谓为明君、暗君？"徵曰："君之所以明者，兼听也；其所以暗者，偏信也。诗曰：'先人有言，询于刍荛〔一〕。'昔尧、舜之世〔二〕，辟四门，明四目，达四聪〔三〕。是以圣无不照，故共、鲧之徒不能塞也〔四〕，静言庸违不能惑也〔五〕。秦二世则隐藏其身，捐隔疏贱而偏信赵高，及天下溃叛，不得闻也〔六〕。梁武帝偏信朱异，而侯景举兵向阙，竟不得知也〔七〕。隋炀帝偏信虞世基，而诸贼攻城剽邑，亦不得知也〔八〕。故人君兼听纳下，则贵臣不得拥蔽，而下情必得通也。"太宗甚嘉其言。

校　注

〔一〕诗大雅板篇之辞。刍荛，采薪之人，言虽贱而不弃也。人，诗作民，盖避太宗讳，故以人代民。他皆类此。

〔二〕尧曰陶唐氏，舜曰有虞氏。

〔三〕虞书史赞舜之辞。谓开四方之门，以来天下之贤俊；广四方之视听，以决天下之壅蔽也。

〔四〕共工，唐虞官名，古之世族官也。鲧，崇伯名，夏禹父也。共工淫辟，鲧治水无功，舜流共工于幽州，殛鲧于羽山。塞，犹蔽也。

〔五〕虞书曰："静言庸违。"谓静则能言，用之则不然也。

〔六〕捐，弃也。秦二世，始皇少子，名胡亥，嗣位，号二世皇帝。赵高，秦宦者，二世用之为相。二世常居禁中，公卿希得朝见，盗贼益多。二世后为高所弑。

〔七〕梁武帝，姓萧，名衍，仕齐封梁王，受齐禅，国号梁。朱异，仕梁为散骑常侍。侯景，东魏臣，叛归魏，复请归梁，武帝从朱异之议，纳景为大将军。及景反叛，朝野共怨异。武帝后为景所逼，饿而死。

〔八〕剽，劫也。隋炀帝，姓杨，名广，文帝次子也。虞世基，仕隋为内史侍郎。世基以帝恶闻盗贼，告者皆不以实闻。由是盗贼竞起,陷没郡县,皆弗之知。炀帝后为宇文化及等所弑。

3○贞观十年,太宗谓侍臣曰:"帝王之业,草创与守成孰难〔一〕?"尚书左仆射〔二〕房玄龄〔三〕对曰:"天地草昧〔四〕,群雄竞起,攻破乃降,战胜乃克。由此言之,草创为难。"魏徵对曰:"帝王之起,必承衰乱。覆彼昏狡,百姓乐推,四海归命,天授人与,乃不为难。然既得之后,志趣骄逸,百姓欲静而徭役不休,百姓凋残而侈务不息,国之衰敝,恒由此起〔五〕。以斯而言,守文则难。"太宗曰:"玄龄昔从我定天下,备尝艰苦,出万死而遇一生,所以见草创之难也。魏徵与我安天下,虑生骄逸之端,必践危亡之地,所以见守文之难也。今草创之难既已往矣,守文之难者,当思与公等慎之。"〔六〕

校 注

〔一〕守成,亦作守文,后同。

〔二〕尚,音常。射,音夜。凡言尚书仆射,并同。仆射,秦官。古者重武,官有主射以督课,取其领事之号也。唐制,尚书省置左右仆射,掌统理六官,为令之贰,令阙则总省事,宰相职也。

〔三〕详见任贤篇。

〔四〕易屯卦象传曰:"天造草昧。"草,杂乱;昧,冥晦也。

〔五〕恒,常也。

〔六〕按通鉴系十二年。又云玄龄等拜曰:"陛下及此言,四海之福也。"

4〇贞观十一年,特进[一]魏徵上疏曰:

臣观自古受图膺运,继体守文,控御英杰,南面临下[二],皆欲配厚德于天地,齐高明于日月,本枝百世,传祚无穷[三]。然而克终者鲜[四],败亡相继,其故何哉?所以求之,失其道也。殷鉴不远[五],可得而言。

昔在有隋,统一寰宇,甲兵强盛,三十馀年,风行万里,威动殊俗,一旦举而弃之,尽为他人之有。彼炀帝岂恶天下之治安,不欲社稷之长久,故行桀虐,以就灭亡哉[六]?恃其富强,不虞后患。驱天下以从欲,罄万物以自奉,采域中之子女,求远方之奇异。宫苑是饰,台榭是崇,徭役无时,干戈不戢。外示严重,内多险忌,谗邪者必受其福[七],忠正者莫保其生。上下相蒙[八],君臣道隔,民不堪命,率土分崩。是以四海之尊,殒于匹夫之手[九],子孙殄绝[一〇],为天下笑,可不痛哉!

圣哲乘机,拯其危溺[一一],八柱倾而复正[一二],四维弛而更张[一三]。远肃迩安,不逾于期月[一四];胜残去杀,无待于百年[一五]。今宫观台榭,尽居之矣;奇珍异物,尽收之矣;姬姜淑媛,尽侍于侧矣[一六];四海九州,尽为臣妾矣。若能鉴彼之所以失[一七],念我之所以得,日慎一日,虽休勿休。焚鹿台之宝衣[一八],毁阿房之广殿[一九],惧危亡于峻宇[二〇],思安处于卑宫[二一],则神化潜通,无为而治,德之上也。若成功不毁,即仍其旧,除其不急,损之又损。杂茅茨于桂栋,参玉砌于土阶〔二二〕,悦以使人,不竭其力。常念居之者逸,作之者劳,亿兆悦以子来,群生仰而遂性,德之次也。若惟圣罔念〔二三〕,不慎厥终,忘缔构之艰难〔二四〕,谓天命之可恃,忽采椽〔二五〕之恭俭,追雕墙之靡丽,因其基以广之,增其旧以饰之。触类而长,不知止足,人不见德,而劳役是闻,斯为下矣。譬之负薪救火,扬汤止沸,以暴易暴,与乱同道,莫可测也〔二六〕,后嗣何观?夫事无可观则人怨神怒,人怨神怒则灾害必生。灾害既生,则祸乱必作,祸乱既作,而能以身名全者鲜矣。顺天格命之后,将隆七百之祚〔二七〕,贻厥孙谋,传之万叶,难得易失,可不念哉!〔二八〕

是月,徵又上疏曰:

臣闻求木之长者,必固其根本;欲流之远者,必浚其泉源;思国之安者,必积其德义。源不深而望流之远,根不固而求木之长,德不厚而思国之理,臣虽下愚,知其不可,而况于明哲乎!人君当神器之重〔二九〕,居域中之大〔三〇〕,将崇极天之峻,永保无疆之休。不念居安思危,戒奢以俭,德不处其厚,情不胜其欲,斯亦伐根以求木茂,塞源而欲流长也。

凡百元首〔三一〕,承天景命,莫不殷忧而道著〔三二〕,功成而德衰〔三三〕。有善始者实繁,能克终者盖寡,岂取之易、守之难乎?昔取之而有馀,今守之而不足,何也?夫在殷忧,必竭诚以待下;既得志,则纵情以傲物。竭诚则胡越为一体〔三四〕,傲物则骨肉为行路〔三五〕。虽董之以严刑〔三六〕,振之以威怒,终苟免而不怀仁,貌恭而不心服。怨不在大,可畏惟人,载舟覆舟,所宜深慎〔三七〕,奔车朽索,其可忽乎〔三八〕!

君人者,诚能见可欲则思知足以自戒,将有作则思知止以安人,念高危则思谦冲而自牧,惧满盈则思江海下百川,乐盘游则思三驱以为度〔三九〕,忧懈怠则思慎始而敬终,虑拥蔽则思虚心以纳下,惧谗邪则思正身以黜恶,恩所加则思无因喜以谬赏,罚所及则思无以怒而滥刑。总此十思,弘兹九德〔四〇〕,简能而任之,择善而从之,则智者尽其谋,勇者竭其力,仁者播其惠,信者效其忠。文武争驰,在君无事,可以尽豫游之乐〔四一〕,可以养松、乔之寿〔四二〕,鸣琴垂拱,不言而化〔四三〕。何必劳神苦思,代下司职,役聪明之耳目,亏无为之大道哉!〔四四〕

太宗手诏答曰:

省频抗表〔四五〕,诚极忠款〔四六〕,言穷切至。披览忘倦,每达宵分〔四七〕。非公体国情深,启沃义重〔四八〕,岂能示以良图,匡其不及。朕闻晋武帝平吴已后〔四九〕,务在骄奢,不复留心治政。何曾〔五〇〕退朝谓其子劭〔五一〕曰:"吾每见主上不论经国远图,但说平生常语,此非贻厥子孙者也,尔身犹可以免。"指诸孙曰:

"此等必遇乱死。"及孙绥,果为淫刑所戮[五二]。前史美之,以为明于先见。朕意不然,谓曾之不忠,其罪大矣。夫为人臣,当进思竭诚,退思补过,将顺其美,匡救其恶[五三],所以共为治也。曾位极台司[五四],名器崇重,当直词正谏,论道佐时。今乃退有后言,进无廷诤,以为明智,不亦谬乎!颠而不扶,安用彼相[五五]?公之所陈也,朕闻过矣。当置之几案,事等韦、弦[五六]。必望收彼桑榆,期之岁暮,不使康哉良哉,独盛于往日[五七],若鱼若水,遂爽于当今[五八]。迟复嘉谋,犯而无隐[五九]。朕将虚襟静志,敬伫德音。[六〇]

校 注

〔一〕汉世诸侯功德优盛,朝廷所敬异者,赐位特进,位三公下。唐制因之。

〔二〕易说卦传曰:"圣人南面而听天下,向明而治。"

〔三〕祚,禄位也。

〔四〕少也,后同。

〔五〕诗大雅荡篇之辞,言商纣之所当鉴者,近在夏桀之世也。

〔六〕桀名履癸,夏末淫暴之君,汤伐之而死。

〔七〕谗,潜也。

〔八〕掩蔽也。

〔九〕殒,殁也。

〔一〇〕殄,尽也。

〔一一〕救也。

〔一二〕淮南子曰:"地有九州八柱。"括地象曰:"昆仑山为柱,地之中也。地下有八柱,牵制名山大川,孔穴相通。"

〔一三〕弛,废也。管子曰:"礼义廉耻,是谓四维。四维不张,国乃灭亡。"

〔一四〕期,与朞同,谓周一岁之月也。论语曰:"苟有用我者,朞月而已可也。"

〔一五〕论语曰:"善人为邦百年,亦可以胜残去杀矣。"

〔一六〕媛,美女也。

〔一七〕一作亡。

〔一八〕武王克商,纣走反入,登鹿台,蒙衣其珠玉,自燔于火而死。武王命南宫括散鹿台之财。

〔一九〕秦始皇作前殿阿房,东西五百步,南北五十丈,上可坐万人,下可建五丈旗。自殿下直抵南山。表南山之颠以为阙。阁道绝汉。后为楚所焚。

〔二〇〕夏书五子之歌曰:"甘酒嗜音,峻宇雕墙,有一于此,未或不亡。"

〔二一〕论语曰:"卑宫室而尽力乎沟洫,禹,吾无间然矣。"谓禹薄于己而勤于民也。

〔二二〕尧舜之朝,土阶三等,茅茨不剪。

〔二三〕周书曰:"惟圣罔念,作狂。"言一念之差,虽圣亦为狂矣。

〔二四〕缔,结也。构,成也。

〔二五〕橡,榱桷也。

〔二六〕测,一作则。

〔二七〕隆,一作基。左传曰:"成王定鼎于郏鄏,卜世三十,卜年七百,天所命也。"

〔二八〕按通鉴系十一年正月,上作飞山宫,故魏徵上此疏。

〔二九〕神器,帝位也。

〔三〇〕老子曰:"域中有四大,道大,天大,地大,王亦大。"

〔三一〕虞书曰:"元首明哉。"所以喻君也。

〔三二〕殷忧,忧之盛也。

〔三三〕"德衰",原作"德厚",元刻同,据南家本、萱家本、江家本、韩版、戈本改。

〔三四〕胡越者极南北之间,言至异可同也。

〔三五〕言至亲反疏也。

〔三六〕董,督也。虞书曰:"董之用威。"

〔三七〕家语曰:"君者舟也,庶人者水也。水所以载舟,亦所以覆舟也。"

〔三八〕夏书曰:"予临兆民,凛乎若朽索之御六马。"喻危惧可畏之甚。奔车朽索,亦此意也。

〔三九〕盘游,畋猎也。夏书曰:"不敢盘于游田。"三驱者,围合其三面,前开一路,使之可去,不忍尽物,好生之仁也。"易比卦六五:"王用三驱,失前禽。"盖犹成汤祝网之义。

〔四〇〕虞书皋陶曰:"亦行有九德,宽而栗,柔而立,愿而恭,乱而敬,扰而毅,直而温,简而廉,刚而塞,强而义。"言人之德见于行者凡九,盖知人之事也。

〔四一〕孟子曰:"一游一豫,为诸侯度。"豫,乐;游,巡也。言王者一游一豫,皆有惠及民,而诸侯所取法,不敢慢游以病民也。

〔四二〕赤松、王乔,皆古仙人之有寿者。

〔四三〕家语曰:"舜弹五弦之琴,造南风之诗。"垂拱者,垂衣拱手,无为而治也。

〔四四〕按通鉴系十一年四月，魏徵上此疏。

〔四五〕省，视也。

〔四六〕诚也。

〔四七〕夜半也。

〔四八〕启，开也。沃，灌溉也。商书高宗命傅说曰："启乃心，沃朕心。"

〔四九〕晋武帝，复姓司马，名炎，家世仕魏，封晋王，受魏禅，国号晋。吴，国名，三国孙权之后，晋武灭之。

〔五〇〕字颍考，仕魏为司徒，晋受禅，以曾为太傅。

〔五一〕字敬祖，曾之子也，仕晋为司徒。

〔五二〕绥字伯蔚，曾之孙也。仕晋为尚书，后为东海王越所杀。

〔五三〕孝经传曾子述孔子之辞。

〔五四〕三公，上应三台。台司者，三公之位也。

〔五五〕论语，孔子告冉求曰："危而不持，颠而不扶，则将焉用彼相矣。"

〔五六〕弦，弓弦。韦，柔皮也。韩子曰："西门豹性急，佩韦以自缓。董安于性缓，佩弦以自急。"

〔五七〕虞书舜皋陶赓歌之辞曰："股肱良哉，庶事康哉！"

〔五八〕蜀先主曰："孤之有孔明，犹鱼之得水也。"

〔五九〕礼："事君有犯而无隐。"

〔六〇〕按太宗此诏，通鉴系在十一年七月魏徵累上疏之后。

5〇贞观十五年，太宗谓侍臣曰："守天下难易？"侍中〔一〕魏徵对曰："甚难。"太宗曰："任贤能、受谏诤则可，何谓为难？"徵曰："观自古帝王，在于忧危之间，则任贤受谏。及至安乐,必怀宽怠。恃安乐而欲宽怠〔二〕,言事者惟令兢惧,日陵月替,以至危亡。圣人所以居安思危,正为此也。安而能惧,岂不为难?"

校 注

〔一〕唐制,门下省侍中,掌出纳帝命,相国仪。凡国家之务,与中书令参总而颛判国事,宰相职也。

〔二〕"恃安乐而欲宽怠",原无此七字,兴本、松本、元刻、韩版、戈本同,据建治本、萱家本及册府补。

政体第二

【案】明本十三章,据南家本、萱家本补六章(16、17、18、19、20、24),共十九章,排序依明本,增补的六章参照南家本、萱家本编入。戈注"凡十三章",戈本实十四章,有从卷五论忠义篇移入而明本无的一章(120),在14、15两章之间。

6〇贞观初,太宗谓萧瑀〔一〕曰:"朕少好弓矢,自谓能尽其妙。近得良弓十数,以示弓工。乃曰:'非良材也。'朕问其故,工曰:'木心不正,则脉理多斜。弓虽刚劲而遣箭不直,非良弓也。'朕始悟焉。朕以弧矢定四方,用弓矢多矣,而犹不得其理。况朕有天下之日浅,得为理之意,固未及弓。弓犹失之,而况于理乎?"自是诏京官五品以上〔二〕,更宿中书内省〔三〕。每召见皆赐坐与语，询访外事，务知百姓利害、政教得失焉。

校　注

〔一〕字时文，后梁明帝子也。高祖入关，招之，授光禄大夫。武德初，迁内史令。贞观初，拜太子少师，迁仆射，又迁御史大夫，参预朝政，后拜太子少傅。卒，谥曰恭，帝以性忌，改谥贞褊。

〔二〕京官，谓京都官。唐制，五品以上皆以名听制授。

〔三〕唐制，中书内省，在禁中。

7○贞观元年，上谓黄门侍郎〔一〕王珪〔二〕曰："中书所出诏敕〔三〕，颇有意见不同，或兼错失而相正以否。元置中书、门下〔四〕，本拟相防过误。人之意见，每或不同，有所是非，本为公事。或有护己之短，忌闻其失，有是有非，咸以为怨。或有苟避私隙，相惜颜面，知非正事，遂即施行。难违一官之小情，顿为万人之大弊，此实亡国之政，卿辈特须在意防也。隋日内外庶官，政以依违而致祸乱，人多不能深思此理。当时皆谓祸不及身，面从背言〔五〕，不以为患。后至大乱一起，家国俱丧，虽有脱身之人，纵不遭刑戮，皆辛苦仅免，甚为时论所贬黜。卿等须灭私徇公，坚守直道，庶事相启沃，勿上下雷同也〔六〕。"

校　注

〔一〕汉世，禁门曰黄闼，以中人主之，故曰黄门。唐制，黄门侍郎，贰侍中,职掌祭祀、赞献、奏天下祥瑞之官。

〔二〕详见任贤篇。

〔三〕中书掌军国政令,凡制册诏牒,皆宣署而施行焉。置令二人,侍郎二人,令之贰也。其属则有舍人六人,右散骑常侍二人,右谏议大夫四人,右补阙六人,右拾遗六人,起居舍人二人。时中书、门下与尚书,号曰三省。〔案〕戈注原脱"右散骑常侍二人","令之贰也"错置"右补阙六人"之后。

〔四〕省名。唐制,门下省掌出纳诏令,国务则与中书参总焉。置侍中二人,黄门侍郎二人,侍中之贰也。其属则有左散骑常侍二人,左谏议大夫四人,给事中四人,起居郎二人,补阙二人,左拾遗二人。弘文馆亦隶焉。〔案〕当作"左补阙六人,左拾遗六人"。

〔五〕虞书曰:"汝无面从,退有后言。"谓面谀以为是,背毁以为非也。

〔六〕雷之发声,物无不同时应者,故曰雷同。

8○贞观二年,太宗问王珪曰:"近代君臣理国,多劣于前古,何也?"对曰:"古之帝王为政,皆志尚清净,以百姓心为心。近代则惟损百姓以适其欲,所以任用大臣,复非经术之士。汉家宰相,无不精通一经[一],朝廷若有疑事,皆引经史决定,由是人识礼教,理致太平。近代重武轻儒,或参以法律,儒行既亏,淳风大坏。"太宗深然其言。自此百官中有学业优长、兼识政体者,多进其阶品,累加迁擢焉。

校　注

〔一〕如汉宣帝时，丞相韦贤通礼，魏相学易之类。

9〇贞观三年，上谓侍臣曰："中书、门下，机要之司。擢才而居，委任实重。诏敕如有不稳便，皆须执论。比来惟觉阿旨顺情，唯唯苟过，遂无一言谏诤者，岂是道理？若惟署诏敕、行文书而已，人谁不堪？何烦简择，以相委付？自今诏敕疑有不稳便，须执言，无得妄有畏惧，知而寝默。"〔一〕

校　注

〔一〕南家本、萱家本、江家本下有"房玄龄等叩头出血"八字。按通鉴："是年四月，上始御太极殿，谓侍臣曰云云。房玄龄等皆顿首谢。故事，凡军国大事，则中书舍人各执所见，杂署其名，谓之五花判事。中书侍郎、中书令省审之，给事中、黄门侍郎驳正之。上始申明旧制，由是鲜有败事。"

10〇贞观四年，太宗问萧瑀曰："隋文帝何如主也〔一〕？"对曰："克己复礼〔二〕，勤劳思政，每一坐朝，或至日昃，五品以上，引坐论事，宿卫之士，传飧而食〔三〕，虽性非仁明，亦是励精之主。"上曰："公知其一，未知其二。此人性至察而心不明。夫心暗则照有不通，至察则多疑于物。又欺孤儿寡妇以得天下〔四〕，恒恐群臣内怀不服，不肯信任百司，每事皆自决断,虽即劳神苦形,未能尽合于理。朝臣既知其意,亦不敢直言。宰相以下,惟承顺而已。朕意不然,以天下之广,海内之众,千端万绪,须合变通,皆委百司商量、宰相筹画,于事稳便,方可奏行。岂得以一日万机〔五〕,独断一人之虑也。且日断十事而五条不中〔六〕,中者信善,如其不中者何?以日继月,乃至累年,乖谬既多,不亡何待?岂如广任贤良,高居深视,法令严肃,谁敢为非?"因令诸司,若诏敕颁下有未稳便者,必须执奏,不得顺旨便即施行,务尽臣下之意。

校 注

〔一〕隋文帝,姓杨,名坚,弘农人,后周朝以元舅辅政,位相国,封隋王,受周禅,国号隋。

〔二〕论语孔子答颜渊问仁之辞。言克去己私,复还天理也。

〔三〕飧,熟食也。

〔四〕隋文帝受禅之时,周宣帝既丧,静帝幼冲之日也。

〔五〕虞书曰:"一日二日万机。"机,与几同,言日之至浅,而事之至多也。

〔六〕谓中于理也。

11○贞观五年,太宗谓侍臣曰:"治国与养病无异也。病人觉愈,弥须将护,若有触犯,必至殒命。治国亦然,天下稍安,尤须兢慎,若便骄逸,必至丧败。今天下安危,系之于朕。故日慎一日,虽休勿休。然耳目股肱,寄在卿辈,既

义均一体,宜协力同心,事有不安,可极言无隐。傥君臣相疑,不能备尽肝膈,实为治国之大害也。"〔一〕

校 注

〔一〕按通鉴,是年,康国求内附,太宗因有是言。魏徵曰:"内外治安,臣不以为喜,惟喜陛下居安思危耳。"

12○贞观六年,上谓侍臣曰:"看古之帝王,有兴有衰,犹朝之有暮,皆为蔽其耳目,不知时政得失。忠正者不言,邪谄者日进,既不见过,所以至于灭亡。朕既在九重〔一〕,不能尽见天下事,故布之卿等,以为朕之耳目。莫以天下无事,四海安宁,便不存意。书云'可爱非君,可畏非民〔二〕。'天子者,有道则人推而为主,无道则人弃而不用,诚可畏也。"魏徵对曰:"自古失国之主,皆为居安忘危,处理忘乱,所以不能长久。今陛下富有天下,内外清晏,能留心治道,常临深履薄〔三〕,国家历数〔四〕,自然灵长。臣又闻古语云:'君,舟也;人,水也。水能载舟,亦能覆舟。'陛下以为可畏,诚如圣旨。"

校 注

〔一〕君门九重。
〔二〕虞书舜告禹之辞,言君可爱,而民可畏也。
〔三〕诗曰:"如临深渊,如履薄冰。"喻可畏之甚也。

〔四〕历数者,帝王相继之次第,犹岁月气节之先后也。

13○<u>贞观六年</u>,<u>太宗</u>谓侍臣曰:"古人云:'危而不持,颠而不扶,焉用彼相^{〔一〕}?'君臣之义,得不尽忠匡救乎?朕尝读书,见<u>桀</u>杀<u>关龙逢</u>^{〔二〕},<u>汉</u>诛<u>晁错</u>^{〔三〕},未尝不废书叹息。公等但能正词直谏,裨益政教,终不以犯颜忤旨,妄有诛责。朕比来临朝断决,亦有乖于律令者。公等以为小事,遂不执言。凡大事皆起于小事,小事不论,大事又将不可救。社稷倾危,莫不由此。<u>隋主</u>残暴,身死匹夫之手,率土苍生,罕闻嗟痛。公等为朕思<u>隋氏</u>灭亡之事,朕为公等思<u>龙逢</u>、<u>晁错</u>之诛,君臣保全,岂不美也!"

校 注

〔一〕见君道篇注。
〔二〕<u>桀</u>,<u>夏桀</u>,见君道篇注。<u>关龙逢</u>,<u>夏</u>之贤大夫,谏<u>桀</u>,被杀。
〔三〕<u>晁错</u>,<u>颍川</u>人,<u>汉景帝</u>时为御史大夫,请诸侯之罪过,削其地,<u>吴</u>、<u>楚</u>七国遂反,<u>爰盎</u>请帝斩<u>错</u>,遂斩于东市。

14○<u>贞观七年</u>,<u>太宗</u>与秘书监^{〔一〕}<u>魏徵</u>从容论^{〔二〕}自古治政得失,因曰:"当今天下大乱之后,造次不可致治^{〔三〕}。"<u>徵</u>曰:"不然,凡人^{〔四〕}在危困则忧死亡,忧死亡则思治,思治则易教。然则乱后易教,犹饥人易食也。"<u>太宗</u>曰:"善人为邦百年,然后胜残去杀^{〔五〕}。大乱之后将求致治,宁可造次而望乎？"徵曰："此据常人，不在圣哲。若圣哲施化，上下同心，人应如响，不疾而速，期月而可理，信不为难，三年成功，犹谓其晚[六]。"太宗以为然。封德彝[七]等对曰[八]："三代之后，人渐浇讹[九]，故秦任法律[一〇]，汉杂霸道[一一]，皆欲理而不能，岂能理而不欲？若信魏徵所说，恐败乱国家。"徵曰："五帝[一二]、三王[一三]，不易人而治[一四]。行帝道则帝，行王道则王，在于当时所理，化之而已。考之载籍，可得而知。昔黄帝与蚩尤七十馀战，其乱甚矣，既胜残之后，便致太平[一五]。九黎乱德，颛顼征之，既克之后，不失其理[一六]。桀为乱虐，而汤放之，在汤之代即致太平[一七]。纣为无道，武王伐之，成王之代亦致太平[一八]。若言人渐浇讹，不及淳朴，至今应悉为鬼魅，宁可复得而教化耶？"德彝等无以难之[一九]，然咸以为不可矣。[二〇]

太宗每力行不倦，数年间，海内康宁，突厥破灭[二一]，谓群臣曰："贞观初，人皆异论，云当今必不可行帝道、王道，惟魏徵劝我。既从其言，不过数载，遂得华夏安宁，远戎宾服。突厥自古以来，常为中国勍敌[二二]，今酋长[二三]并带刀宿卫，部落皆袭衣冠。使我[二四]遂至于此，皆魏徵之力。"顾谓徵曰："玉虽有美质在于石间，不值良工琢磨，与瓦砾不别[二五]。若遇良工，即为万代之宝。朕虽无美质为公所切磋[二六]，劳公约朕以仁义，弘朕以道德，使朕功业至此，公亦足为良工尔。"[二七]

【案】"太宗每力行不倦"以下至章末,通鉴系贞观四年。写字台本为卷四直言谏争篇第四章。

【又案】此处戈本从卷五忠义篇移入一章(120)。

校 注

〔一〕唐制,秘书省置监一人,掌邦国经籍图书之事。有二局,曰著作,曰大(太)史,皆率其属而修其职。少监为之贰。

〔二〕从容,和缓貌。

〔三〕造次,急遽也。

〔四〕"凡人",写字台本下有"居安乐则骄溢骄溢则思乱思乱则难理"十六字。

〔五〕此述论语之辞。

〔六〕论语曰:"苟有用我者,期月而已可也,三年有成。"

〔七〕名伦,以字行,观州人。初仕隋为起居舍人,佐虞世基以谄承主意。后与宇文士及降唐,以秘策干高祖,为秦王参谋军事。贞观初,拜右仆射。卒,谥曰明,后以邪佞,改谥缪。〔案〕仕隋为内史舍人,非起居舍人。

〔八〕按通鉴无"等"字,作"非之曰"。

〔九〕浇,薄也,讹,谬也。

〔一〇〕谓秦之治专用刑法律令。言尚酷也。

〔一一〕谓汉之治以王道、霸道杂施之。言不纯也。

〔一二〕史记谓黄帝、颛顼、帝喾、唐尧、虞舜为五帝。孔安国书序,以少昊、颛顼、高辛、唐、虞为五帝,未详孰是。

〔一三〕夏、殷、周创业之主,禹、汤、武王是也。

〔一四〕易,如字。

〔一五〕黄帝,姓公孙,名轩辕,号有熊氏。蚩尤,古诸侯之无道者。蚩尤作乱,黄帝徵师诸侯,与战于涿鹿之野,遂禽杀之,而万国和。

〔一六〕九黎,蚩尤之属也。颛顼,号高阳氏,黄帝之孙也。国语楚观射父曰:"少皞氏之衰也,九黎乱德,人神杂糅,不可方物,颛帝承之,乃命南正重司天以属神,火正黎司地以属人。"

〔一七〕桀,夏王,名履癸。汤,殷主,名履。桀不务德而贼伤百姓,汤遂率兵伐之。桀走鸣条,遂放而死。汤乃践位,平定四海。

〔一八〕纣,殷王,名受。武王,周文王之子,名发。纣淫乱日甚,百姓怨望。武王遂率诸侯伐之。纣死于鹿台。武王克殷二年,太子诵立,是为成王。

〔一九〕难,驳也。

〔二〇〕以上文,按通鉴系在四年。

〔二一〕突厥阿史那氏,古匈奴北部也,居金山之阳,夏曰獫狁,商曰鬼方,周曰猃狁。其别部凡二十八等,皆世其官,与中国抗衡,历代为患,悉臣服于唐。

〔二二〕勍,强也。

〔二三〕长,蕃国之长也。

〔二四〕"使我",写字台本下有"不动干戈数年之间"八字。

〔二五〕砺,小石也。

〔二六〕诗曰:"如切如磋,如琢如磨。"言其治之有绪,而益致其精也。

〔二七〕写字台本下有"唯恨不得使封德彝见之徵再拜谢曰匈奴破灭海内康宁自是陛下盛德所加实非群下之力臣但喜身逢明世不敢贪天之功太宗曰朕能任卿称所委其功独在朕乎卿何烦饰让"七十一字。按史传曰:"帝纳其言不疑,于是天下大治。

蛮夷君长袭衣冠,带刀宿卫。东薄海,南逾岭,户阖不闭,行旅不赍粮,取给于道。帝谓群臣曰:此徵劝我行仁义,既效矣。惜不令封德彝见之!"

15○贞观九年,太宗谓侍臣曰:"往昔初平京师[一],宫中美女珍玩,无院不满。炀帝意犹不足,征求无已[二]。兼东西征讨,穷兵黩武,百姓不堪,遂致亡灭。此皆朕所目见,故夙夜孜孜[三],惟欲清净,使天下无事。遂得徭役不兴,年谷丰稔,百姓安乐。夫治国犹如栽树,本根不摇,则枝叶茂盛。君能清净,百姓何得不安乐乎?"

校　注

〔一〕师,众也。周都镐京,后世因以天子建都之地曰京师。此指长安隋之都而言也。

〔二〕征,召也。

〔三〕笃意也。

16●贞观八年,太宗谓房玄龄等曰:"我所居殿,即是隋文帝所造,已经四十馀年,损坏处少。唯承乾殿是炀帝造,工匠多觅[一]新奇,斗拱至小。年月虽近,破坏处多。今为改更[二],欲别作意见,亦恐似此屋耳。"魏徵对曰:"昔魏文侯[三]时,租赋岁倍,有人致贺。文侯曰:'今户口不加而租税岁倍,此由课敛多。譬如治皮,令大则薄,令小则厚,理民亦复如此〔四〕。'由是魏国大理。臣今量之,陛下为理,百夷宾服,天下已安。但须守今日理道,亦归之于厚,此即是足。"

【案】本章元刻、明本、韩版、戈本无,据南家本、萱家本补。

校 注

〔一〕"觅",南家本、萱家本讹作"不见",从谏录卷四改。〔案〕通鉴武德五年:"世民居承乾殿",胡三省注:"阁本太极宫图:月华门内有承庆殿,无承乾殿。按新书,承乾殿在西宫。又按王溥会要,承乾殿在宫中。盖指太极宫。"

〔二〕"改更",建治本、兴本讹作"政更",据松本、萱家本改。

〔三〕名斯(一说都),魏桓公之子。在位五十年,制定法经,作"尽地力之教",行"平籴"之法。

〔四〕通典卷四:"文侯曰:'今户口不加而租赋岁倍,此由课多也。譬如彼治冶,令大则薄,令小则厚,治人亦如之。'"

17●贞观八年,太宗谓群臣曰:"为理之要,务全其本。若中国不静,远夷虽至,亦何益焉?朕与公等共理天下,令中夏乂安,四方静肃,并由公等咸尽忠诚〔一〕,共康庶绩之所致耳,朕实喜之。然安不忘危,亦兼以惧。朕见隋炀帝〔二〕篡业〔三〕之初,天下隆盛。弃德穷兵,以取颠覆。颉利近者足为强大,志意既盈,祸乱斯及,丧其大业,为臣于朕。叶护可汗亦太强盛,自恃富贵,通使求婚,失道怙过〔四〕,以致破灭。其子既立,便肆猜忌,众叛亲离,覆基绝嗣[五]。朕不能远慕[六]尧、舜、禹、汤之德,目睹此辈何得不诫惧乎?公等辅朕,功绩已成,唯当慎以守之,自获长世,并宜勉力。有不是事,则须明言。君臣同心,何得不理?"侍中魏徵对曰:"陛下弘至理以安天下,功已成矣。然每睹非常之庆,弥切虑危之心,自古至慎无以加此。臣闻上之所好,下必从之。明诏奖励,足使懦夫立节。"

【案】本章元刻、明本、韩版、戈本无,据南家本补。

校 注

〔一〕"咸尽",南家本、菅家本作"盛尽",从谏录卷三改。

〔二〕"朕见隋炀帝",南家本、菅家本作"朕炀帝",从谏录卷三补改。

〔三〕"纂业",南家本、菅家本讹作"纂业",从谏录卷三改。

〔四〕"怙过",南家本、菅家本讹作"怙通",从谏录卷三改。

〔五〕通典卷一九九:统叶护可汗,达头可汗之孙。控弦数十万,霸有西域。武德中,来请婚,许之。为颉利所阻,未果为婚。自负其强,无恩于国,部落咸怨,为其伯父所杀。统叶护之子咥力特勤立为肆叶护可汗,性猜狠信谗,无统驭之略。小可汗乙利,于肆叶护功最多,以非罪族灭之。泥孰迎立肆叶护,而又险欲图之,泥孰遂适焉耆。诸豪帅潜谋击之,肆叶护以轻骑遁于康居,寻卒。

〔六〕"远慕",南家本、菅家本作"远纂",从谏录卷三改。

18●太宗问拓跋使人曰:"拓跋兵马今有几许?"对曰:"见有四千馀人,旧有四万馀人。"太宗谓侍臣曰:"朕闻西胡爱珠,若得好珠,劈身藏之。"侍臣咸曰:"贪财害己,实为可笑。"太宗曰:"勿唯笑胡,今官人贪财不顾性命,身死之后子孙被辱,何异西胡之爱珠耶!帝王亦然,恣情放逸,好乐无度,荒废庶政,长夜忘返,所行如此,岂不灭亡。隋炀帝奢侈自贤,身死匹夫,足为可笑。"魏徵对曰:"臣闻鲁哀公谓孔子曰:'有人好忘者,移宅乃忘其妻。'孔子曰:'又有好忘甚于此者,丘〔一〕见桀、纣之君乃忘其身。'"太宗曰:"朕与公等既知笑人,今共相匡辅,庶免人笑。"

【案】本章元刻、明本、韩版、戈本无,据南家本、萱家本补,通鉴系贞观元年十二月。"魏徵对曰"以下至章末,卷三君臣鉴戒篇第三章(70)重出。

校 注

〔一〕"丘",南家本、萱家本作"近",据卷三君臣鉴戒篇第三章(70)改。

19●贞观九年,太宗谓侍臣曰:"为帝王者,必须慎其所与。只如鹰犬、鞍马、声色、殊味,朕若欲之,随须即至。如此等也,恒败人正。邪佞、忠直,亦在时君所好。若任不得贤,何能无灭?"侍中魏徵对曰:"臣闻齐威王问淳于髡:'寡人所好,与古帝王同否?'髡曰:'古者圣王所好有四,今王所好唯有其三。古者好色,王亦好之;古者好马,王亦好之;古者好味,王亦好之。唯有一事不同者,古者好贤,王独不好。'齐王曰:'无贤可好也。'髡曰:'古之美色有西施、毛嫱,奇味即龙肝、豹胎,善马即有飞兔、绿耳,此等今既无之,王之厨膳,后宫外厩,今亦备具。王以为今之无贤,知前世之贤,得与王相见以否?'"太宗深然之。

【案】本章元刻、明本、韩版、戈本无,据南家本、萱家本补。

20●贞观十年,太宗谓侍臣曰:"月令是早晚有?"侍中魏徵对曰:"今礼记所载月令,起自吕不韦〔一〕。"太宗曰:"但为化专依月令,善恶复皆如所记不?"魏徵又曰:"秦汉以来,圣王依月令事多。若一依月令者,亦未有善。但古者设教劝人为善,所行皆欲顺时,善恶亦未必皆然。"太宗又曰:"月令既起秦时,三皇、五帝并是圣主,何因不行月令?"徵曰:"计月令起于上古,是以尚书云'敬授民时'〔二〕。吕不韦止是修古月令,未必始起于秦代。"太宗曰:"朕比读书,所见善事,并即行之,都无所疑。至于用人,则善恶难别,故知人极为不易。朕比使公等数人,何因理政犹不及文、景?"徵又曰:"陛下留心于理,委任臣等,逾于古人,直由臣等庸短,不能称陛下委寄。欲论四夷宾服,天下无事,古来未有似今日者。至于文、景,不足以比圣德。"徵曰:"自古人君初为理也,皆欲比隆尧、舜。至于天下既安,即不能终其善。人臣初被任也，亦欲尽心竭力。及居富贵，即欲全官爵。若遂君臣常不懈怠，岂有天下不安之道哉！"太宗曰："论至理诚，如公此语。"

【案】本章元刻、明本、韩版、戈本无，据南家本、萱家本补。

校　注

〔一〕月令，礼记篇名，传为周公所作，实为秦汉间人钞合吕氏春秋十二月纪首章，题曰月令。记述每年农历十二个月的时令、行政及相关事物。吕不韦，秦庄襄王时为相，秦王政尊为相父，招门客著吕氏春秋。

〔二〕敬授民时，尚书尧典篇之辞，作"敬授人时"。谓历书分节气敬记天时，以授人也。

21○贞观十六年，太宗谓侍臣曰："或君乱于上，臣理于下；或臣乱于下〔一〕，君理于上。二者苟逢，何者为甚？"特进魏徵对曰："君心理，则照见下非。诛一劝百，谁敢不畏威尽力？若昏暴于上，忠谏不从，虽百里奚、伍子胥之在虞、吴，不救其祸，败亡亦继〔二〕。"太宗曰："必如此。齐文宣昏暴，杨遵彦以正道扶之得理，何也〔三〕？"徵曰："遵彦弥缝暴主，救理苍生，才得免乱，亦甚危苦。与人主严明，臣下畏法，直言正谏，皆见信用，不可同年而语也。"

【案】本章明本、韩版为第十一章，元刻、戈本为第十二章，南家本、萱家本为第十六章。

校　注

〔一〕"或臣乱于下",原作"臣乱于下",据建治本、兴本、萱家本、元刻、戈本及上文补"或"字。

〔二〕虞、吴,二国名。百里奚,虞之贤臣。晋假道于虞以伐虢,欲并取虞,百里奚知虞公之不可谏而去之秦,后果为晋所灭。伍子胥,名员,楚人,吴之贤臣。吴王夫差伐越,越请和,子胥谏,吴王不听,与越平。复欲伐齐,子胥以为不可,吴王又不听,太宰嚭谮子胥于王,王赐剑使自死。后吴为越王勾践所灭。

〔三〕齐文宣,姓高名洋,东魏臣,袭其父欢位,封齐王,受魏禅,国号齐。杨遵彦,名愔,仕齐为尚书令。文宣以功业自矜,遂嗜酒淫泆,肆行强暴,而能委政杨愔,总摄机衡,百度修饬。时人皆言主昏于上,政清于下。

22○贞观十九年,太宗谓侍臣曰:"朕观古来帝王,骄矜而取败者,不可胜数。不能远述古昔,至如晋武平吴〔一〕、隋文伐陈〔二〕已后,心逾骄奢,自矜诸己,臣下不复敢言,政道因兹弛紊〔三〕。朕自平突厥、破高丽已后〔四〕,兼并铁勒,席卷沙漠,以为州县〔五〕,夷狄远服,声教益广。朕恐怀骄矜,恒自抑折,日旰而食〔六〕,坐以待晨。每思臣下有谠言直谏〔七〕,可以施于政教者,当拭目以师友待之〔八〕。如此,庶几于时康道泰耳。"

【案】本章明本、韩版为第十二章,元刻、戈本为第十三章,南家本、萱家本为第十七章。

校 注

〔一〕见君道篇注。

〔二〕陈后主之世,亡灭之。

〔三〕散乱也。

〔四〕高丽,东夷国名。本扶馀别种,居辽东。周封箕子之国也。

〔五〕铁勒,匈奴苗裔,其种类多居西海之北,突厥北部也。太宗既平其国,即其部落列置州县,号为羁縻,以其首领为都督、刺史,皆得世袭,凡四夷内属者皆然也。

〔六〕旰,晚也。

〔七〕说,亦直也。

〔八〕一无友字。

23○太宗自即位之始,霜旱为灾,米谷踊贵,突厥侵扰,州县骚然。帝志在忧人,锐精为政。崇尚节俭,大布恩德。是时,自京师及河东、河南、陇右,饥馑尤甚〔一〕,一匹绢才得一斗米,百姓虽东西逐食,未尝嗟怨,莫不自安。至贞观三年,关中〔二〕丰熟,咸自归乡,竟无一人逃散,其得人心如此。加以从谏如流,雅好儒学,孜孜求士,务在择官,改革旧弊,兴复制度,每因一事,触类为善。初,息隐、海陵之党〔三〕,同谋害太宗者数百千人,事宁复引居左右近侍,心术豁然,不有疑阻。时论以为能决断大事,得帝王之体。深恶官人贪浊,有受枉法财者,必无赦免。在京流外,有犯赃者,皆遣执奏,随其所犯,置以重法。由是官吏多自清谨。制驭王公、妃主之家,大姓豪猾之伍,皆畏威屏迹,无敢侵欺细民。商旅野次,无复盗贼,囹圄常空〔四〕,牛马布野,外户不闭。又频致丰稔,米斗三四钱,行旅自京师至于岭表〔五〕,自山东至沧海〔六〕,皆不赍粮,取给于路。入山东村落,行客经过者,必厚供待,或发时有赠遗。此皆古昔未有也。

【案】本章明本、韩版为第十三章,元刻、戈本为第十四章,建治本、萱家本属前章(22),兴本、松本别为第十八章。

校 注

〔一〕谷不熟曰饥,菜不熟曰馑。

〔二〕汉书,关中左殽、函,右陇、蜀。太宗分天下为十道,此为关西,唐建都之地也。

〔三〕息隐,高祖长子也,名建成。初,立为皇太子。海陵,高祖第四子也,名元吉。初,封齐王。建成荒色嗜酒,畋游无度,见秦王功高,与元吉谋害秦王,秦王知之,遂杀二人。既即帝位,乃封建成为息王,谥曰隐。元吉为海陵王,谥曰刺。

〔四〕周狱名也。

〔五〕五岭之外。

〔六〕山东,古冀州之域。沧海,东海之名也。

24● 贞观三年,上谓房玄龄曰:"古人善为国者,必先理其身。理其身,必慎其所习。所习正则其身正,身正则不令而行。所习不正,则身不正,身不正则虽令不从。是以舜诫禹曰：'邻哉邻哉〔一〕。'周公诫成王曰：'其朋其朋〔二〕。'此皆言慎其所习近也。朕比岁临朝视事，及园苑间游赏，皆召魏徵、虞世南侍从，或与谋议政事、讲论经典，既常闻启沃，非直于身有益，在于社稷亦可谓久安之道。"

【案】本章元刻、明本、韩版、戈本无，据南家本、萱家本补。贞观政要每篇各章按年编排，此章当为在日本传习后补入。

校　注

〔一〕夏书益稷篇之辞。"帝曰：吁，臣哉邻哉，邻哉臣哉。"邻，近也。谓君臣道近，相须而成。

〔二〕"其朋其朋"，原作"其明其明"。周书洛诰篇曰："孺子其朋，孺子其朋，其往。"今据改。谓带领群臣创建功业。

贞观政要卷第二

任贤第三

【案】各本均八章,戈注"凡八章"。戈本另有"房玄龄杜如晦魏徵王珪李靖虞世南李勣马周"两行十九字。

25○房玄龄[一],齐州临淄人也。初仕隋,为隰城尉[二]。坐事除名,徙上郡。太宗徇地渭北,玄龄杖策[三]谒于军门。太宗一见,便如旧识,署渭北道行军记室参军[四]。玄龄既喜遇知己,遂罄竭心力。是时,贼寇每平,众人竞求珍玩,玄龄独先收人物,致之幕府。及有谋臣猛将,与之潜相申结,各致死力。累授秦王府记室,兼陕东道大行台考功郎中[五]。玄龄在秦府十馀年,恒典管记。隐太子、巢剌王以玄龄及杜如晦[六]为太宗所亲礼,甚恶之,潛之于高祖[七],由是与如晦并遭驱斥。及隐太子将有变也,太宗诏玄龄、如晦，令衣道服，潜引入阁谋议。及事平，太宗入春宫〔八〕，迁拜太子右庶子〔九〕。贞观元年，迁中书令〔一〇〕。三年，拜尚书左仆射、监修国史〔一一〕，封梁国公，赐实封一千三百户〔一二〕。既任总百司，虔恭夙夜，尽心竭节，不欲一物失所。闻人有善，若己有之。明达吏事，饰以文学，审定法令，意在宽平。不以求备取人，不以己长格物，随能收叙，无隔卑贱。论者称为良相焉〔一三〕。十三年，加太子少师〔一四〕。玄龄自以一居端揆〔一五〕十有五年，频抗表辞位，优诏不许。十六年，进拜司空〔一六〕，仍总朝政，依旧监修国史。玄龄复以年老请致仕，太宗遣使谓曰："国家久相任使，一朝忽无良相，如失两手。公若筋力不衰，无烦此让。自知衰谢，当更奏闻。"玄龄遂止〔一七〕。太宗又尝追思王业之艰难、玄龄佐命之力，乃作威凤赋以自喻，因赐玄龄，其见称类如此〔一八〕。

校　注

〔一〕名乔，以字显。父彦谦，仕隋，历刺史。玄龄少警敏，通经史，善属文。开皇中，隋方盛，密白父曰："上无功德，徒以周近亲，妄诛杀，乱嫡庶，竞僭侈，终当灭亡。"父惊曰："无妄言！"年十八，举进士，授羽骑尉，校雠秘省。侍郎高孝基曰："此郎当为国器，恨不见其耸壑昂霄耳。"中原方乱，慨然有忧天下之志。既事秦王，王曰："汉光武得邓禹，今我得玄龄，犹禹也。"馀见下文。

〔二〕唐制,县置尉,掌亲理庶务,分判众曹,割断追催,收率课调,令之佐也。

〔三〕"杖策",原作"策杖",元刻同,据南家本、萱家本、韩版、戈本及旧唐改。

〔四〕唐制,掌军府表启书疏之职。

〔五〕唐制,掌百官功过善恶之职。〔案〕此为大行台考功,掌大行台省内百官功过考绩。

〔六〕详见下章。

〔七〕讳渊,字叔德。

〔八〕东宫也,武德九年六月,太宗初为皇太子。

〔九〕"右庶子",原作"左庶子",元刻、韩版、戈本同,据南家本、萱家本及旧唐、册府改。唐制,东宫右春坊右庶子,掌侍从左右、献纳启奏、宣传令旨之政。

〔一〇〕唐制,中书省之长,掌佐天子执大政而总判省事,宰相也。

〔一一〕唐制,史馆有监修国史,皆宰相监领。

〔一二〕唐爵九等,一曰王,食邑万户。二曰郡王,食邑五千户。三曰国公,食邑三千户。四曰开国郡公,食邑二千户。五曰开国县公,食邑千五百户。六曰开国县侯,食邑千户。七曰开国县伯,食七百户。八曰开国县子,食五百户。九曰开国县男,食三百户。此言千三百户者,实封数也。后仿此。

〔一三〕"论者称为良相焉",原无此七字,据南家本、萱家本、戈本补。南家本、萱家本下有"累封梁国公"五字。

〔一四〕唐制,太子少师、少傅、少保,掌晓三师德行,以谕皇太子,奉观三师之德。

〔一五〕舜使禹宅百揆,端揆者,相位也。

〔一六〕唐制，太尉、司徒、司空为三公，佐天子理阴阳、平邦国，无所不统。

〔一七〕按史传，玄龄抗表陈辞，太宗遣使谓之曰："昔留侯让位，窦融辞荣，自惧盈满，知进能退，善自止足，前代美之。公亦欲齐踪往哲，实可嘉尚。然国家久相任使，一朝忽无良相，如失两手。"玄龄遂止。

〔一八〕"其见称类如此"，原作"其见称赖如此"，萱家本、元刻、韩版同，据南家本、戈本改。按新旧唐书皆曰"太宗追思王业艰难，佐命之力，作威凤赋以赐无忌"，俱载长孙无忌传，参之通鉴亦然。政要作赐玄龄，未详孰是？愚谓其所纪姓名虽不同，而太宗眷命功臣之意则一也。今录其赋于此，以备观览焉。其辞曰："有一威凤，憩翮朝阳。晨游紫雾，夕饮玄霜。资长风以举翰，戾天衢而远翔。西翥则烟氛闭色，东飞则日月腾光。化垂鹏于北裔，训群鸟于南荒。厄乱世而方降，应明时而自彰。俯翼云路，归功本树。仰乔枝而见猜，俯修条而抱蠹。同林之侣俱嫉，共干之俦并忤。无桓山之义情，有炎洲之凶度。若巢苇而居安，独怀危而履惧。鸱鸮啸乎侧叶，燕雀喧乎下枝。惭己陋之至鄙，害他贤之独奇。或聚味而交击，乍分罗而见羁。戢凌云之逸羽，韬伟世之清仪。遂乃蓄情宵影，结志晨晖。霜残绮翼，露点红衣。嗟忧患之易结，叹矰缴之难违。期毕命于一死，本无情于再飞。幸赖君子，以依以恃。引此风云，濯斯尘滓。披蒙翳于叶下，发光华于枝里。仙翰屈而还舒，灵音摧而复起。眄八极以遐骛，临九天而高峙。庶广德于众禽，非崇利于一己。是以徘徊感德，顾慕怀贤。凭明哲而祸散，托英才而福全。答惠之情弥结，报功之志方宣。非知难而行易,思今(令)后而终前。俾贤德之流庆,毕万叶而芳传。"

26○杜如晦[一],京兆万年人也。武德初,为秦王府兵曹参军[二],俄迁陕州总管府长史[三]。时府中多英俊,被外迁者众,太宗患之。记室房玄龄曰:"府寮去者虽多,盖不足惜。杜如晦聪明识达,王佐材也。若大王守藩端拱,无所用之;必欲经营四方,非此人莫可。"太宗自此弥加礼重,寄以心腹,遂奏为府属,常[四]参谋帷幄。时军国多事,剖断如流,深为时辈所服。累除天策府从事中郎[五],兼文学馆学士[六]。隐太子之败,如晦与玄龄功居第一,迁拜太子左庶子[七]。俄迁兵部尚书[八],进封蔡国公,赐实封一千三百户。贞观二年,以本官检校侍中[九]。三年,拜尚书右仆射,兼知吏部选事[一○],仍与房玄龄共掌朝政。至于台阁规模,典章文物,皆二人所定,甚获当时之誉,时称"房杜"焉。[一一]

校 注

〔一〕字克明,少英爽,以风流自命,内负大节,临机辄断。隋世预吏部选,高孝基异之,曰:"君当为栋梁用,愿保令德。"馀见下文。

〔二〕唐制,掌王府武官簿书、考课、仪卫、假使等事。

〔三〕唐制,边要之地,置总管以统军,长史其贰职也。

〔四〕"常",原作"尝",萱家本、元刻、韩版、戈本同,据南家本改。

〔五〕武德四年,高祖以秦王功高,古官号不足以称,乃加号天策上将,位在王公上,开府置官属。从事中郎,其属职也。

〔六〕太宗为天策上将,乱稍平,乃向儒,宫城西作文学馆,收聘贤才,询访讨论,学士其职也。

〔七〕"左庶子",原作"右庶子",元刻、韩版、戈本同,据南家本、萱家本改。唐制,东宫左春坊左庶子,掌侍从,赞相礼仪,驳正启奏之职。

〔八〕唐制,兵部掌武选、地图、车马、甲械之政,尚书其长也。

〔九〕唐制,检校某官者,皆诏除而非正命。

〔一〇〕唐制,吏部掌文选、勋封、考课之政。知,犹主也。

〔一一〕按史传,如晦进仆射,久之以疾辞职。薨,赠司空,谥曰成。手诏虞世南为碑文,言痛悼意。它日,食瓜美,辍其半奠焉。后梦如晦若平生,明日敕所御馔往祭。劳问妻子,恩礼无少衰。后诏功臣世袭,赠密州刺史,徙国莱。

27○魏徵〔一〕,钜鹿人也,近徙家相州之临黄。武德末,为太子洗马〔二〕。见太宗与隐太子阴相倾夺,每劝建成早为之谋。及诛隐太子,太宗召徵责之曰:"汝离间我兄弟,何也?"众皆为之危惧。徵慷慨自若,从容对曰:"皇太子若从臣言,必无今日之祸。"太宗为之敛容,厚加礼异,擢拜谏议大夫。太宗数引之卧内,访以得失。徵雅有经国之材,性又抗直,无所屈挠。太宗每与之言,未尝不悦。徵亦喜逢知己之主,竭其力用。又劳之曰〔三〕:"卿所谏前后二百馀事,皆称朕意,非卿忠诚奉国,何能若是?"三年,累迁秘书监,参预朝政,深谋远算,多所弘益。太宗尝谓曰:"卿罪重于中钩,我任卿逾于管仲[四],近代君臣相得,宁有似我于卿者乎?"六年,太宗幸九成宫[五],宴近臣,长孙无忌曰[六]:"王珪、魏徵,往事息隐,臣见之若仇,不谓今者又同此宴。"太宗曰:"魏徵往者实我所仇,但其尽心所事,有足嘉者。朕能擢而用之,何惭古烈?然徵犯颜切谏,每不许我为非,我所以重之也。"徵再拜曰:"陛下导臣使言,臣所以敢言。若陛下不受臣言,臣亦何敢犯龙鳞、触忌讳也[七]。"太宗大悦,各赐钱十五万。七年,代王珪为侍中,累封郑国公。寻以疾乞解所职,请为散官。太宗曰:"朕拔卿于仇虏之中,任卿以枢要之职,见朕之非,未尝不谏。公独不见金之在矿[八],何足贵哉?良冶锻而为器[九],便为人所宝。朕方自比于金,以卿为良工。卿虽有疾,未为衰老,岂得便尔耶?"徵乃止。后复固辞,听解侍中,授以特进,仍知门下省事。十二年,以诞皇孙,诏宴公卿,帝极欢,谓侍臣曰:"贞观以前,从我平定天下,周旋艰险,玄龄之功无所与让。贞观之后,尽心于我,献纳忠说,安国利人,成我今日功业,为天下所称者,惟魏徵而已。古之名臣,何以加也。"于是亲解佩刀以赐二人。庶人承乾[一〇]在春宫,不修德业。魏王泰[一一]宠爱日隆,内外庶寮,咸有疑议。太宗闻而恶之,谓侍臣曰:"当今朝臣,忠謇无如魏徵,我遣傅皇太子,用绝天下之望。"十七年,遂授太子太师[一二],知门下事如故。徵自陈有疾,太宗谓曰:"太子,宗社之本,须有师傅,故选中正,以为辅弼。知公疹病,可卧护之。"徵乃就职。寻遇疾。徵宅内先无正堂,太宗营小殿,乃辍其材为造,五日而就。遣中使赐以布被素褥,遂其所尚。后数日,薨。太宗亲临恸哭,赠司空,谥曰文贞。太宗亲制碑文,复自书于石。特赐其家食实封九百户。太宗后尝谓侍臣曰:"夫以铜为镜,可以正衣冠;以古为镜,可以知兴替;以人为镜,可以明得失。朕常保〔一三〕此三镜,以防己过。今魏徵殂逝,遂亡一镜矣!"因泣下久之。乃诏曰:"昔惟魏徵,每显余过。自其逝也,虽过莫彰。朕岂独有非于往时,而皆是于兹日?故亦庶僚苟顺,难触龙鳞者欤!所以虚己外求,披迷内省。言而不用,朕所甘心。用而不言,谁之责也?自斯已后,各悉乃诚。若有是非,直言无隐。"〔一四〕

【案】本章写字台本卷四兴废篇第三章(281)后半重出。

校　注

〔一〕字玄成,孤贫落拓,有大志,不事生业,出家为道士。好读书,尤属意纵横之说。大业末,李密见徵所为文,召之。徵进十策,密奇之,而不能用。后窦建德攻陷黎阳,获徵,署为起居舍人。及窦建德就擒,与裴矩西入关,隐太子闻其名,引直洗马,甚礼之。馀见下文。

〔二〕洗马,汉有是职。太子出,则当直者前驱清道。唐制,东宫左春坊司经局置洗马,掌经史子集四库图籍刊缉之事,凡天下之图书上东宫者,皆受而藏之。

〔三〕劳,慰喻也。

〔四〕管仲,名夷吾,齐卿也。初,齐襄公被弑,议立君,高、国先阴告公子小白于莒,鲁亦发兵送公子纠,而使管仲别将兵遮鲁道,射中小白带钩。纠至齐,小白已立,是为桓公。管仲请囚,鲍叔牙请公用之,公以为大夫,后为相,遂霸天下。

〔五〕隋仁寿宫也。

〔六〕长,音掌。凡言长孙,并同。长孙,复姓,无忌,其名也。字辅机,文德皇后之兄。从太宗征讨有功,累擢比部郎中。贞观初,迁吏部尚书,封齐国公。复进策司空,为太子太傅。高宗时,以沮立武后,削官爵,置黔州,卒。

〔七〕史记韩非传曰:"谏说之士,不可不察。夫龙可扰狎而驯也,然喉下有逆鳞径寸,婴之必杀人。人主亦有逆鳞,说之者能无婴人主逆鳞则几矣。"

〔八〕金璞也。

〔九〕冶,陶铸匠也。

〔一〇〕太宗初立长子承乾为太子,后以罪废为庶人。

〔一一〕字惠褒,太宗第四子,封魏王。好士,善属文,后贬王濮,谥曰恭。

〔一二〕唐制,太子太师、太傅、太保,为三师,掌以道德辅导皇太子。

〔一三〕"常保",原作"尝保",据南家本、菅家本、写字台本、元刻、戈本改。

〔一四〕按史传,徵疾甚,药膳赐遗无算,上亲问疾,语终日。后复与太子至,徵加朝服,拖带。上悲懑,拊之。将以衡山公主降其子叔玉,时公主从,上曰:"公强视新妇!"徵不能谢。及旦,薨。帝临哭,罢朝五日。太子举哀西华堂。诏内外百官朝集使皆赴丧,晋王奉诏致祭,陪葬昭陵。上登苑西楼,望哭尽哀。

28○王珪[一],太原祁县人也[二]。武德中,为隐太子中允[三],甚为建成所礼。后以连其阴谋事,流于巂州[四]。建成诛后,太宗即位,召拜谏议大夫。每推诚尽节,多所献纳。珪尝上封事切谏[五],太宗谓曰:"卿所论朕,皆中朕之失。自古人君莫不欲社稷永安,然而不得者,只为不闻己过,或闻而不能改也。今朕有所失,卿能直言,朕复闻过能改,何虑社稷之不安乎?"太宗又尝谓珪曰:"卿若常居谏官,朕必永无过失。"顾待益厚。贞观元年,迁黄门侍郎,参预政事,兼太子右庶子。二年,进拜侍中。时房玄龄、魏徵、李靖[六]、温彦博[七]、戴胄[八]与珪同知国政,尝因侍宴,太宗谓珪曰:"卿识鉴清通[九],尤善谈论,自玄龄等,咸宜品藻[一〇],又可自量,孰与诸子贤?"对曰:"孜孜奉国,知无不为,臣不如玄龄。每以谏诤为心,耻君不及尧、舜,臣不如魏徵。才兼文武,出将入相,臣不如李靖。敷奏详明,出纳惟允,臣不如温彦博。处繁理剧,众务毕举,臣不如戴胄。至如激浊扬清、嫉恶好善,臣于数子,亦有一日之长。"太宗深然其言,群公亦各以为尽己所怀,谓之确论。[一一]

校　注

〔一〕字叔玠。志量隐正,能安于贫贱,交不苟合。开皇末,为奉礼郎。季叔颇坐事被诛,珪当从坐,遂亡匿,积十馀岁。高祖入关,相府司录李纲荐珪贞谅有器识,引为世子府谘议参军。及东宫建,除中舍人,寻转中允。馀见下文。

〔二〕"祁县",原作"祈县",据元刻、戈本改。

〔三〕唐制,东宫官属,掌侍从赞相,驳正启奏,总司经、典膳、药。〔案〕据新唐书百官志四上,下脱"藏、内直、典设、宫门六局"。中允,左庶子副贰。

〔四〕武德末,高祖以太子与秦王有隙,责珪等不能辅导,皆被流贬巂州。

〔五〕封事,实封言事也。

〔六〕详见下章。

〔七〕字大临,并州人,警悟而辩。隋末,幽州总管罗艺以州降,彦博预谋,召入为郎。战突厥被执,贞观始,始得还。寻检校吏部侍郎,时讥其烦碎。后迁尚书右仆射。卒,追赠特进,谥曰恭。

〔八〕字玄胤,相州人,性明正,善簿最。王世充谋篡,胄以大义说之。秦王引为府士曹参军。贞观初,迁大理少卿,又迁尚书左丞,号称职。拜谏议大夫。杜如晦遗言请以选举委胄,遂检校吏部尚书。卒,谥曰忠。

〔九〕"清通",原作"精通",元刻、戈本同,据南家本、萱家本、韩版改。

〔一〇〕定其差品文质也。

〔一一〕按史传,珪后进爵郡公。八年,拜礼部尚书。十一年,正定五礼,兼魏王师。十三年,卒,上素服举哀,诏魏王泰率百官临哭,赠吏部尚书,谥曰懿。

29○李靖〔一〕,京兆三原人也。大业末,为马邑郡丞〔二〕。

会高祖为太原留守,靖观察高祖,知有四方之志,因自锁上变,将诣江都。至长安,道塞不通而止。高祖克京城,执靖,将斩之,靖大呼曰:"公起义兵除暴乱,不欲就大事,而以私怨斩壮士乎?"太宗亦加救请,高祖遂舍之。武德中,以平萧铣、辅公祐功〔三〕,历迁扬州大都督府长史〔四〕。太宗嗣位,召拜刑部尚书〔五〕。贞观二年,以本官检校中书令。三年,转兵部尚书,为代州道行军总管〔六〕。进击突厥定襄城,破之。突厥诸部落并走碛北〔七〕,擒隋齐王𬣙之子杨政道及炀帝萧后,送于长安,突利可汗来降〔八〕,颉利可汗〔九〕仅以身遁。太宗谓曰:"昔李陵提步卒五千,不免身降匈奴〔一〇〕,尚得名书竹帛。卿以三千轻骑,深入虏庭,克复定襄,威振北狄,实古今未有,足报往年渭水之役矣。"以功进封代国公。此后,颉利可汗大惧,四年退保铁山〔一一〕,遣使入朝谢罪,请举国内附。又以靖为定襄道行军总管,往迎颉利。颉利虽外请降,而内怀犹豫。诏遣鸿胪卿〔一二〕唐俭〔一三〕、摄户部尚书〔一四〕将军安修仁〔一五〕慰谕之,靖谓副将张公谨〔一六〕曰:"诏使到彼,虏必自宽,乃选精骑赍二十日粮,引兵自白道袭之。"公谨曰:"诏许其降,使人在彼,未宜讨击。"靖曰:"此兵机也,时不可失。"遂督军疾进。至阴山,遇其斥候千馀骑,皆俘以随军。颉利见使者甚悦,不虞官兵至也。靖军乘雾而行,去其牙帐七里,颉利始觉,列兵未及成阵,单马轻走,虏众因而溃散,斩万馀级,杀其妻隋义成公主,俘男女十馀万,斥土界自阴山至于大漠〔一七〕,

遂灭其国。寻获颉利可汗于别部落,馀众悉降。太宗大悦,顾谓侍臣曰:"朕闻主忧臣辱,主辱臣死。往者国家草创,突厥强梁,太上皇以百姓之故,称臣于颉利,朕未尝不痛心疾首,志灭匈奴,坐不安席,食不甘味。今者暂动偏师,无往不捷,单于稽颡〔一八〕,耻其雪乎!"群臣皆称万岁〔一九〕。寻拜靖光禄大夫、尚书右仆射,赐实封通前五百户。又为西海道行军大总管,征吐谷浑〔二〇〕,大破其国。改封卫国公。及靖妻亡〔二一〕,有诏许其坟茔制度依汉卫、霍故事〔二二〕,筑阙象突厥内燕然山、吐谷浑内碛石二山,以旌殊勋。〔二三〕

校 注

〔一〕字药师,姿貌魁奇,少有文武材。每曰:"大丈夫若遇主逢时,必当立事立功,以取富贵。"其舅韩擒虎号名将,每与论兵,必曰"可与言孙、吴者"。仕隋,为长安县功曹,历驾部员外郎。杨素、牛弘皆器之。馀见下文。

〔二〕大业,隋炀帝年号。丞,守之贰也。

〔三〕萧,姓,铣,名,后梁宣帝曾孙也。隋末,起兵巴陵,自称梁王。靖陈十策,高祖命副赵郡王孝恭讨之,遂降。辅,姓,公祏,名,为淮南道行台仆射。武德中,据丹阳反叛,又诏靖副孝恭讨之,擒获,遂平。

〔四〕"大都督府长史",原作"大都督长史",南家本同,据营家本、元刻、韩版、戈本补"府"字。唐制,总十州者为大都督,长史,其上佐也。

〔五〕<u>唐</u>制,刑部掌律令、刑法、徒隶、按覆谳禁,尚书其长也。

〔六〕<u>唐</u>制,<u>武德</u>初,置行军总管以统军。

〔七〕沙土曰碛,地在塞北。

〔八〕可汗,蕃王之称,犹汉时称单于,中国称天子也。<u>突利可汗</u>,始<u>毕可汗</u>之子,名什钵苾,尝自结于<u>太宗</u>,请入朝,<u>太宗</u>礼见良厚,拜右卫将军。

〔九〕<u>处罗可汗</u>之弟,名<u>莫贺咄设</u>,牙直<u>五原</u>北,<u>太宗</u>因其地置<u>伊西州</u>。

〔一〇〕<u>李陵</u>,字少卿,<u>汉武帝</u>时为侍中,将兵伐<u>匈奴</u>,无救而败,遂降<u>匈奴</u>。

〔一一〕西北之地。

〔一二〕<u>秦</u>官,典客。<u>汉武</u>时,更名大鸿胪,郊庙行礼,赞道九宾,鸿声胪传之也。<u>唐</u>制,掌宾客及凶仪之事。

〔一三〕字<u>茂约</u>,<u>并州</u>人。闻<u>隋</u>政日乱,说<u>秦王</u>建大计,为天策长史。

〔一四〕<u>唐</u>制,户部掌天下土地、人民、钱谷之政,贡赋之差,尚书其长也。诏除而非正命谓之摄。

〔一五〕<u>安</u>,姓,<u>修仁</u>,名。

〔一六〕字<u>弘慎</u>,<u>魏州</u>人。仕<u>王世充</u>为<u>洧州</u>长史,挈城归<u>高祖</u>,授检校<u>邹州</u>别驾,<u>李勣</u>等启<u>秦王</u>引入府。<u>贞观</u>初,为<u>代州</u>都督,谋破<u>颉利</u>有功,封<u>邹国公</u>,改封<u>襄州</u>都督,以惠政闻。七年,卒。

〔一七〕北边广漠之地。

〔一八〕<u>汉</u>时蕃王之号,犹可汗也。

〔一九〕<u>汉武帝</u>礼祭中岳<u>太室</u>,从官在山下,闻若有言万岁者三,后世臣下称万岁者,本此。

〔二〇〕<u>吐谷浑</u>,<u>西域</u>国名,本<u>辽东鲜卑徒河涉归</u>长子之名,其孙<u>叶</u>

延,遂以其名为氏。

〔二一〕"及靖妻亡",原作"及靖身亡",元刻、韩版、戈本同,据南家本、萱家本及旧唐改。

〔二二〕卫青、霍去病,皆汉武时为大将军,讨匈奴有大功。去病尚公主,及亡,诏与主合葬,起冢象庐山。

〔二三〕按史传,十四年,靖妻卒,故有坟茔之诏。十八年,上幸其第问疾。上将伐辽东,靖入阁赐坐,谓曰:"公南平吴会,北清沙漠,西定慕容,惟东有高丽未服,公意如何?"对曰:"臣往者凭借天威,薄展微效,今残年朽骨,唯拟此行。陛下若不弃老臣,病其瘳矣。"上愍其羸老,不许。二十三年,薨,赠司徒,谥曰景武。

30〇虞世南〔一〕,会稽馀姚人也。贞观初,太宗引为上客,因开文学馆,馆中号为多士,咸推世南为文学之宗,授以记室,与房玄龄对掌文翰。尝命写列女传以装屏风,于时无本,世南暗书之,一无遗失。贞观七年,累迁秘书监。太宗每机务之隙,引之谈论,共观经史。世南虽容皃儒懦,若不胜衣,而志性抗烈,每论及古先帝王为政得失,必存规讽,多所补益。及高祖晏驾〔二〕,太宗执丧过礼,哀容毁悴,久替万机,文武百僚,计无所出,世南每入进谏,太宗甚嘉纳之,益所亲礼。尝谓侍臣曰:"朕因暇日,每与虞世南商榷古今,朕有一言之善,世南未尝不悦;有一言之失,未尝不怅恨。近尝戏作一诗,颇涉浮艳,世南进表谏曰:'陛下此作虽工,体非雅正。上之所好,下必随之。此文一行,恐致风靡,轻薄成俗,非为国之利。赐令继和,不敢不作。而今之后,更有斯文,继以死请,不奉诏[三]。'其恳诚若此,朕用嘉焉。群臣皆若世南,天下何忧不理?"因赐帛一百五十段[四]。太宗尝称世南有五绝:一曰德行,二曰忠直,三曰博学,四曰词藻,五曰书翰。及卒,太宗举哀于别次,哭之甚恸。丧事官给,仍赐以东园秘器[五],赠礼部尚书[六],谥曰文懿。太宗手敕魏王泰曰:"虞世南于我,犹一体也。拾遗补阙,无日暂忘,实当世名臣,人伦准的。吾有小善,必将顺而成之;吾有小失,必犯颜而谏之。今其云亡,石渠、东观之中,无复人矣[七],痛惜岂可言耶!"未几,太宗为诗一篇,追思往古理乱之道,既而叹曰:"锺子期死,伯牙毁琴[八]。朕之此篇,将何所示?"因令起居[九]褚遂良[一〇]诣其灵帐读讫焚之,其悲悼也若此。又令与房玄龄、长孙无忌、杜如晦、李靖等二十四人,图形于凌烟阁[一一]。

校 注

〔一〕字伯施。性沈静寡欲,笃意学问。与兄世基仕隋,俱有重名,时人方晋二陆。累迁至秘书郎、起居舍人。从宇文化及至聊城,又陷于窦建德,伪授黄门侍郎。太宗后灭建德,引为秦府参军。馀见下文。

〔二〕汉书曰:"宫车晏驾。"注:"谓天子当晨起早作,而方崩殒,故称晏驾者,臣子之心,犹谓宫车晚出也。"按高祖以贞观九年五月崩。

〔三〕"近尝戏作一诗"至"不奉诏",原无此七十四字,元刻、韩版、戈本同,据南家本、荜家本及册府补。

〔四〕"因赐帛一百五十段",原无此八字,元刻、韩版、戈本同,据南家本、荜家本补。

〔五〕葬具也。

〔六〕唐制,礼部掌礼仪、祭享、贡举之政,尚书其长也。凡既没而加之以官曰赠。

〔七〕汉置石渠阁、东观,皆藏图籍秘书之所。

〔八〕列子曰:"锺子期与伯牙为友,伯牙鼓琴,子期善听。子期死,伯牙绝弦,以世无知音者。"

〔九〕官名。唐制,门下省置起居郎,中书省置起居舍人,掌录天子之动作法度,以修记事之史,书以授之于国史焉。

〔一○〕字登善,杭州人。博涉经史,工楷隶。累迁起居郎。十五年,拜谏议大夫,兼起居事。后授太子宾客。高宗时,拜仆射,因沮立武后,后立,被贬,卒。

〔一一〕按史传,十七年,诏赵国公长孙无忌、河间元王孝恭、莱国成公杜如晦、郑国文贞公魏徵、梁国公房玄龄、申公高士廉、鄂国公尉迟敬德、卫国公李靖、宋国公萧瑀、褒忠壮公段志玄、夔国公刘弘基、蒋忠公屈突通、郧节公殷开山、谯襄公柴绍、邳襄公长孙顺德、郧国公张亮、陈国公侯君集、郯襄公张公谨、卢国公程知节、永兴文懿公虞世南、渝襄公刘政会、莒国公唐俭、英国公李勣、胡壮公秦叔宝二十四人,可并图画于凌烟阁。

31 ○李勣[一],曹州离狐人也。本姓徐氏,仕李密[二],为右武候大将军。密后为王世充所破[三],拥众归国,勣犹据密旧境十郡之地[四]。武德二年,谓其长史郭孝恪[五]曰:"魏公既归大唐,今此人众、土地,魏公所有也。吾若上表献之,则是利主之败,自为己功,以邀富贵,是吾所耻。今宜具录州县及军人户口,总启魏公,听公自献,此则魏公之功也,不亦可乎?"乃遣使启密。使人初至,高祖闻无表,惟有启与密,甚怪之。使者以勣意闻奏,高祖方大喜曰:"徐勣感德推功,实纯臣也。"拜黎州总管,赐姓李氏,附属籍于宗正[六]。封其父盖为济阴王,固辞王爵,乃封舒国公,授散骑常侍[七]。寻加勣右武候大将军[八]。及李密反叛诛,勣发丧行服,备君臣之礼,表请收葬,高祖遂归其尸。于是大具威仪,三军缟素[九],葬于黎阳山。礼成,释服而散,朝野义之。寻为窦建德所攻,勣陷于建德,又自拔归京师[一〇]。从太宗征王世充、窦建德,平之。贞观元年,拜并州都督[一一],令行禁止,号为称职,突厥甚畏惮。太宗谓侍臣曰:"隋炀帝不解精选贤良,镇抚边境,惟远筑长城,广屯将士,以备突厥[一二],而情识之惑,一至于此。朕今委任李勣于并州,遂得突厥畏威远遁,沙垣安静,岂不胜数千里长城耶?"其后并州改置大都督府,又以勣为长史,累封英国公。在并州凡十六年。召拜兵部尚书,兼知政事。勣时遇暴疾,验方云须灰可以疗之,太宗乃自剪须为其和药,勣顿首见血,泣以陈谢。太宗曰:"吾为社稷计耳,不烦深谢。"十七年,高宗居春宫,转太子詹事[一三],加特进,仍知政事。

太宗又尝宴，顾谓勣曰："朕将属以孤幼，思之无越卿者。公往不遗于李密，今岂负于朕哉！"勣雪涕致辞，因啮指流血。俄沉醉，御服覆之，其见委信如此。勣每行军用师，颇任筹算临敌应变，动合事机。自贞观已来，讨击突厥颉利及薛延陀〔一四〕、高丽等，并大破之。太宗尝曰："李靖、李勣二人，古之名将韩、白〔一五〕、卫、霍，岂能及也。"〔一六〕

【案】本章自"离狐人也"以下至章末，原据戈本配补，现改用常熟市图书馆藏明洪武庚午遵正堂刊本配补。

校　注

〔一〕本名世勣，字茂功。永徽中，以犯太宗讳，单名勣焉。馀见下文。

〔二〕李密，字玄邃。其先辽东人。大业末，韦城人翟让聚众为盗，勣往从之。密初从杨玄感起兵谋事，及玄感败，亡命雍丘。勣说让奉密为主，号魏公。密后杀让，而人心始离。武德初，入关见高祖，拜光禄卿。复以反诛。

〔三〕王世充，字行满。本西域人，姓支，幼从母嫁王氏，因冒其姓。仕隋，为民部侍郎，阴结豪杰，自为太尉，矫隋主侗策禅位，杀侗自立。武德初，破李密，高祖诏秦王攻之，擒归长安，族徙于蜀。

〔四〕密旧境，东至于海，南至于江，西至汝州，北至魏郡，时未有所附，勣并据之。

〔五〕"郭孝恪"，原作"郭恪"，南家本、萱家本、元刻、韩版同，据戈本及旧唐补"孝"字。郭孝恪，许州人。初附密为长史，后谒秦王,上策擒窦建德,拜上柱国。后迁大总管,破龟兹国,为流矢所中而卒。

〔六〕唐制,宗正府掌亲属以别昭穆,宗室居之。〔案〕"宗正府"当作"宗正寺","宗正府"为元代官衙,戈直粗疏致误。

〔七〕唐制,掌规讽过失、侍从顾问之职。

〔八〕唐制,武卫之职。

〔九〕"三军缟素",原无此四字,元刻、韩版同,据南家本、营家本、戈本补。三军,上军、中军、下军也。

〔一〇〕窦建德,贝州人。世为农,材力绝人。大业中,募兵伐辽,补队长。后据渤海,自立为夏王,建元,置官属。武德初,擒化及于魏县,进兵攻勣,力屈降之。收勣父为质,令勣复守黎阳。三年,勣自拔归京师。四年,从太宗平建德,于是获而斩之。

〔一一〕唐制,武德七年,改总管曰都督,立府置佐。

〔一二〕隋大业三年,诏发丁男百馀万筑长城,西距榆林,东至紫河,旬而毕工。

〔一三〕唐制,东宫官,掌统三寺、十率府之政。

〔一四〕北狄国名,本延陀部,与薛种杂居,号薛延陀。贞观中,拔灼立,勣灭其国,置为州县。

〔一五〕汉将韩信、秦将白起也。

〔一六〕按史传,二十三年,帝疾,谓太子曰:"李勣才智有馀,然汝与之无恩,恐不能怀服。我今黜之,若其即行,俟我死,汝用为仆射,亲任之。若徘徊顾望,当杀之。"乃授叠州都督,受诏,不至家而去。高宗立,召进仆射。后欲立武昭仪为后,畏大臣异议,未决。帝密访勣,勣曰:"此陛下家事,无须问外人。"帝意遂定,诏勣率册立武氏。总章二年,卒,赠太尉,谥曰贞武。

32○马周〔一〕,博州茌平人也。贞观五年至京师,舍于中郎将〔二〕常何之家〔三〕。时太宗令〔四〕百官上书言得失,周为何陈便宜二十馀事,令奏之,事皆合旨。太宗怪其能,问何,答曰:"此非臣所发意,乃臣家客马周也。"太宗即日召之,未至间,凡四遣使催,乃谒见,与语甚悦,令直门下省。授监察御史〔五〕,累除中书舍人〔六〕。周有机辩,能敷奏,深识事端,故动无不中。太宗尝曰:"我于马周,暂时不见便思之。"十八年,历迁中书令,兼太子右庶子〔七〕。周既职兼两宫,处事平允,甚获当时之誉。又以本官摄吏部尚书。太宗尝谓侍臣曰:"马周见事敏速,性甚贞正。至于论量人物,直道而言,朕比任使之,多称朕意。既写忠诚,亲附于朕,实借此人,共康时政。"〔八〕

校 注

〔一〕字宾王。家贫嗜学,资志旷远。武德中,补州助教,不治事而去,密州赵仁本高其才,厚赠使入关。留汴为浚仪令崔贤所辱,遂感激而西。舍新丰逆旅,主人不之顾,周命酒一斗八升,悠然独酌,众异之。馀见下文。

〔二〕唐制,中郎将,太子府属,掌校尉、旅帅,及亲、勋、翊卫之属。

〔三〕常,姓,何,名。史无传。

〔四〕"马周博州茌平人也"至"时太宗令",原据戈本配补,现改用常熟市图书馆藏明洪武庚午遵正堂刊本配补。

〔五〕唐制,掌分察百寮,巡按州郡,狱讼、军戎、祭祀、营作、太府出纳,皆隶焉。

〔六〕唐制,掌侍进奏,参议表章。

〔七〕"右庶子",原作"左庶子",元刻、韩版、戈本同,据南家本、萱家本及旧唐改。

〔八〕按史传,帝尝以飞白书赐周曰:"鸾凤冲霄,必假羽翼。股肱之寄,要在忠力。"周疾甚,诏使视护,躬为调药。周以所上章奏悉焚之,曰:"管、晏暴君之过,取身后名,吾不为也。"二十一年,卒。按此章曰贞观五年,周为何陈便宜,与旧史同。通鉴考异曰:"五年不见有诏令百官上封事。"唐历曰:"三年六月,诏文武官言得失,马周代常何陈事。"旧史或本于政要,而吴氏所纪是也。

求谏第四

【案】元刻、韩版、明本十章。南家本、萱家本八章,有二章(36、38)在纳谏篇。戈本有一章(38)被分为两章,故戈注"凡十一章"。

33〇太宗威仪俨肃,百僚进见者,皆失其举措。太宗知其若此,每见人奏事,必假借颜色,冀闻谏净,知政教得失。贞观初,尝谓公卿曰:"人欲自照,必须明镜;主欲知过,必借忠臣。主若自贤,臣不匡正,欲不危败,岂可得也?故君失其国,臣亦不能独全其家。至如隋炀帝暴虐,臣下钳口,卒令不闻其过,遂至灭亡。虞世基等,寻亦诛死。前事不远,公等每看事有不利于人,必须直言规谏。"

【案】本章事略同于卷三君臣鉴戒篇第一章(68)。

34○贞观元年,太宗谓侍臣曰:"正主任邪臣,不能致理;正臣事邪主,亦不能致理。惟君臣相遇,有同鱼水,则海内可安。朕虽不明,幸诸公数相匡救,冀凭直言鲠议〔一〕,致天下于太平。"谏议大夫王珪对曰:"臣闻木从绳则正,君从谏则圣〔二〕。故古者圣主必有争臣七人,言而不用,则相继以死〔三〕。陛下开圣虑,纳刍荛,愚臣处不讳之朝,实愿罄其狂瞽。"太宗称善,诏令自是宰相入内平章国计,必使谏官〔四〕随入,预闻政事。有所开说,必虚己纳之〔五〕。

校　注

〔一〕鲠,刺在喉也。
〔二〕商书傅说告高宗之辞,明谏之不可不受。
〔三〕孝经曰:"天子有争臣七人,虽无道,不失其天下。"
〔四〕唐制,谏官,左右散骑常侍四人,掌规讽过失,侍从顾问。左右谏议大夫八人,掌谏谕得失,侍从赞相。左右补阙十二人,掌供奉讽谏,大事廷议,小事则上封事。左右拾遗十二人,掌同补阙。
〔五〕按通鉴曰:"诏谏官随中书门下同三品官入阁。"

35○贞观二年,太宗谓侍臣曰:"明主思短而益善,暗主护短而永愚。隋炀帝好自矜夸,护短拒谏,诚亦实难犯忤。虞世基不敢直言,或恐未为深罪。昔微子佯狂自全,孔子亦称其仁〔一〕。及炀帝被杀，世基合同死否？"杜如晦对曰："天子有争臣，虽无道不失其天下。仲尼称：'直哉史鱼，邦有道如矢，邦无道如矢〔二〕。'世基岂得以炀帝无道，不纳谏诤，遂杜口无言？偷安重位，又不能解职请退，则与微子佯狂而去，事理不同。昔晋惠帝〔三〕贾后〔四〕将废愍怀太子〔五〕，司空张华〔六〕竟不能苦争，阿意苟免。赵王伦〔七〕乃举兵废后，使让张华，华曰：'将废太子日，非是无言，当时不被纳用。'其使曰：'公为三公，太子无罪被废，言既不从，何不引身而退？'华无词以答，遂斩之，夷其三族。古人云：'危而不持，颠而不扶，则将焉用彼相？'故'君子临大节而不可夺也〔八〕。'张华既抗直不能成节，逊言不足全身，王臣之节固已坠矣。虞世基位居宰辅，在得言之地，竟无一言谏争，诚亦合死。"太宗曰："公言是也。人君〔九〕必须忠良辅弼，乃得身安国宁。炀帝岂不以下无忠臣，身不闻过，恶积祸盈，灭亡斯及。若人主所行不当，臣下又无匡谏，苟在阿顺，事皆称美，则君为暗主，臣为谀臣，主暗臣谀，危亡不远。朕今志在君臣上下，各尽至公，共相切磋，以成理道。公等各宜务尽忠谠，匡救朕恶，终不以直言忤意，辄相责怒。"

校　注

〔一〕箕，国名。子，爵也。纣之诸父，见纣无道，谏之，纣囚之为奴。箕子因佯狂而受。孔子曰："殷有三仁焉。"谓微子去之，箕子为之奴,比干谏而死也。

〔二〕仲尼,孔子字。史,官名,鱼,卫大夫,名鳅。如矢,言直也。史鱼自以不能进贤退不肖,既死,犹以尸谏。事见家语。

〔三〕姓司马,名衷,武帝次子也。西晋昏庸之主。

〔四〕惠帝之后,后为赵王伦所废,矫诏赐死。

〔五〕名遹,惠帝太子,为贾后所杀,赵王伦后谥曰愍怀。

〔六〕司空,三公之官。张华,字茂先,范阳人也,惠帝时为丞相。

〔七〕字子彝,晋宣帝第九子,后以篡逆诛死。

〔八〕皆论语之辞。

〔九〕"人君",原作"人臣",韩版同,据南家本、菅家本、戈本改。

36 贞观三年,太宗谓司空裴寂〔一〕曰:"比有上书奏事,条数甚多,朕总黏之屋壁,出入观省。所以孜孜不倦者,欲尽臣下之情。每一思政理,或三更方寝。亦望公辈用心不倦,以副朕怀。"

【案】本章南家本、菅家本为纳谏篇第二章。

校 注

〔一〕字玄真,蒲州人。仕隋,为晋阳宫副监。秦王方建大计,未敢白高祖,以寂最善,遂以情告之,寂乃以宫人私侍高祖胁从之。武德初,拜仆射,呼裴监不名。贞观初,进拜司空,后坐罪放静州。会羌反,或言寂为主。既而寂率家僮破羌。帝念寂,诏入朝。会卒,封河东公。

37○贞观五年,太宗谓房玄龄曰:"自古帝王多任情喜怒,喜则滥赏无功,怒则滥杀无罪。以是天下丧乱,莫不由此。朕今夙夜未尝不以此为心,恒欲公等尽情极谏。公等亦须受人谏语,岂得以人言不同己意,便即护短不纳?若不能受谏,安能谏人?"

38○贞观六年,太宗以御史大夫〔一〕韦挺〔二〕、中书侍郎〔三〕杜正伦〔四〕、秘书少监〔五〕虞世南、著作郎〔六〕姚思廉〔七〕等上封事称旨,召而谓曰:"朕历观自古人臣立忠之事,若值明主,便得尽诚规谏,至如龙逄、比干〔八〕,竟不免孥戮〔九〕。为君不易,为臣极难。朕又闻龙可扰而驯之,然颔下有逆鳞,触之则杀人,人主亦然。卿等遂不避犯触,各进封事。常能如此,朕岂虑社稷之倾败!每思卿等此意,不能暂忘,故诏卿等设宴为乐。"仍赐帛有差。

太常卿〔一〇〕韦挺常上疏陈得失,太宗赐书曰:"得所上意见,极是谠言,辞理可观,甚以为慰。若齐桓之难,夷吾有射钩之罪;蒲城之役,勃鞮为斩袂之仇。而小白不以为疑,重耳待之若旧〔一一〕。岂非各吠非主〔一二〕,志在无二。卿之深诚,见于斯矣。若能克全此节,则保令名。如其怠之,可不惜也。勉励终始,垂范将来,当使后之视今,亦犹今之视古,不亦美乎?朕比不闻其过,未睹其阙,赖竭忠恳,数进嘉言,用沃朕怀,一何可道!"〔一三〕

【案】本章南家本、萱家本为纳谏篇第四章。戈本别作二章。

校　注

〔一〕唐制,以掌刑法典章,纠正百官之罪恶,御史台之长也。
〔二〕京兆人,少与隐太子善,后为太子宫臣。武德七年,或言太子与宫臣谋逆,帝专责宫臣,遂流嶲州。贞观初,王珪数荐之,拜御史大夫。俄兼魏王府事,复改太常卿。帝讨辽东,命挺主饷料,运渠塞不通,挺以待冻泮,帝怒,废为民。
〔三〕唐制,贰令之职也,朝廷大政参议焉。临轩册命,则为使以授之。四夷来朝,则受其表疏而奏之。献赘币,则受以付有司。
〔四〕相州人,隋世举秀才。贞观初,魏徵荐之,擢兵部员外郎,迁知起居注,累进中书侍郎。后行左庶子,漏泄,帝怒。太子废,坐流驩州。显庆初,迁中书令。出为横州刺史,卒。
〔五〕唐制,秘书监之贰职也。
〔六〕唐制,秘书省属官也。掌修撰碑志、祝文、祭文,与佐郎分判局事。
〔七〕名简,以字行,京兆人。仕隋,为河间郡司法,迁代王侍郎。高祖定京师,府僚皆奔,独思廉侍王。帝义之,授秦王府文学。王即位,改弘文馆学士,迁著作郎。
〔八〕龙逄,桀之贤臣。比干,纣之贤臣。皆以忠谏见杀。
〔九〕一作仇戮。孥,子也。戮,杀也。谓并妻、子而戮之也。
〔一〇〕唐制,掌礼乐郊庙社稷之事。
〔一一〕夷吾射钩事,见任贤篇注。勃鞮,晋寺人披也。重耳,晋文公名。晋献公使勃鞮杀重耳,重耳逾垣,勃鞮逐斩其衣祛,重耳奔狄。后重耳归晋,即位为晋君,怀公之党欲弒之,勃鞮欲以告,求见解前罪。文公使人让之,勃鞮曰:"臣不敢以一心事君,故得罪。君已反国,其无蒲、狄乎?"于是见之。〔案〕"臣不敢以一心事君"当为"臣不敢以二心事君"。

〔一二〕"各吠非主",原作"各吠其主",据南家本、萱家本、戈本改。汉书:"桀犬吠尧,尧非不仁,特吠非其主耳。"

〔一三〕旧本,此与上章通为一章,今按不同,分为二章。

39○贞观八年,上谓侍臣曰:"朕每闲居静坐,则自内省。恒恐上不称天心,下为百姓所怨。但思正人匡谏,欲令耳目外通,下无冤滞。又比见人来奏事者,多有怖慑,言语致失次第。寻常奏事,情犹如此,况欲谏诤,必当畏犯龙鳞。所以每有谏者,纵不合朕心,亦不以为忤。若即嗔责,深恐人怀惧,岂敢更言!"

40○贞观十五年,太宗问魏徵曰:"比来朝臣都不论事,何也?"对曰:"陛下虚心采纳,诚宜有言。然古人云:'未信而谏,则谓之谤己;信而不谏,谓之尸禄〔一〕。'但人之材器,各有不同。懦弱之人,怀忠直而不能言;疏远之人,恐不信而不得言;怀禄之人,虑不便身而不敢言。所以相与缄默,俯仰过日。"太宗曰:"诚如卿言。朕每思之,臣欲进谏,辄惧死亡之祸,夫与赴鼎镬、冒白刃,亦何异哉!故忠贞之臣,非不欲竭诚,乃是极难。所以禹拜昌言〔二〕,岂不谓此也! 朕今开怀抱、纳谏诤,卿等无劳怖畏,遂不极言。"

校 注

〔一〕论语子夏曰:"信而后谏,未信则以为谤己也。"尸禄,谓尸位而窃禄。

〔二〕语见虞书益稷谟。

41○贞观十六年,太宗谓房玄龄曰:"自知者明,信为难矣。如属文之士、伎巧之徒,皆自谓己长,他人不及。若名工文匠,商略诋诃,芜词拙迹,于是乃见。由此言之,人君须得匡谏之臣,举其愆过〔一〕。一日万机,一人听断,虽复忧劳,安能尽善?常念魏徵随事谏正,多中朕失,如明镜鉴形,美恶毕见〔二〕。"因举觞赐玄龄等数人以勖之〔三〕。

校 注

〔一〕愆,与愆同。

〔二〕"美恶毕见",原作"美恶必见",元刻、韩版、戈本同,据南家本、菅家本及吴兢上玄宗皇帝纳谏疏引太宗语改。

〔三〕勖,勉也。魏徵以贞观十七年春正月卒。太宗谓玄龄尝念魏徵随事谏正,如镜照形,美恶必见。举觞赐玄龄等数人以勖之,盖欲群臣亦如徵之极言无隐也。然此言恐在徵卒之后,未必在十六年也。

42○贞观十七年〔一〕,太宗尝问谏议大夫褚遂良曰:"昔舜造漆器〔二〕,禹雕其俎〔三〕,当谏舜、禹十有馀人。食器之间,何须苦谏?"遂良曰:"雕琢害农事,纂组伤女工[四]。首创奢淫,危亡之渐。漆器不已,必金为之。金器不已,必玉为之。所以诤臣必谏其渐,及其满盈,无所复谏。"太宗曰:"卿言是也。朕所为事,若有不当,或在其渐,或已将终,皆宜进谏。比见前史,或有人臣谏事,遂答云'业已为之',或道'业已许之',竟不为停改。此则危亡之祸,可反手而待也。"[五]

【案】本章南家本、萱家本、元刻、韩版与前章通为一章,明本虽未系年,却单独为一章。

校 注

〔一〕"贞观十七年",原无,南家本、萱家本、元刻、韩版同,据戈本补。

〔二〕漆,木名,可以髹物。世传造漆器自舜始。

〔三〕俎,荐肉之器。雕,镂饰也。

〔四〕组,绣作也。

〔五〕旧本,此与前章通为一章。今按不同,分为二章,仍按通鉴标年于此章之首。

纳谏第五　直谏附

【案】南家本、萱家本、戈本无"直谏附"三字,戈注"凡十章。直谏另为一类,附此篇之后。"元刻、明本、韩版九章,南家本、萱家本无三章(45、46、51前半),有求谏篇一章(38)被分作二章,实为十章。戈本分51为二章,故戈注"凡十章"。

43〇贞观初,太宗与黄门侍郎王珪宴语〔一〕。时有美人侍侧〔二〕,本庐江王瑗之姬也〔三〕,瑗败籍没入宫。太宗指珪曰:"庐江不道,贼杀其夫而纳其室,暴虐之甚,何有不亡者乎!"珪避席曰:"陛下以庐江取之为是耶,为非也?"太宗曰:"安有杀人而取其妻,卿乃问朕是非,何也?"珪对曰:"臣闻于管子曰〔四〕:'齐桓公之郭国〔五〕,问其父老曰:"郭何故亡?"父老曰:"以其善善而恶恶也。"桓公曰:"如子之言,乃贤君也,何至于亡?"父老曰:"不然,郭君善善而不能用,恶恶而不能去,所以亡也〔六〕。"'今此妇人尚在左右,臣窃以圣心为是之也,陛下若以为非,所谓知恶而不去也。"太宗大悦,称为至言,遽令美人还其亲族〔七〕。

【案】此处南家本、萱家本有求谏篇一章(36)。

校 注

〔一〕通鉴作贞观二年十二月,以黄门侍郎王珪为守侍中,上尝闲居,与珪语。

〔二〕美人,女官,九员,充世妇之数。

〔三〕庐江王,名瑗。太祖生蔚,蔚生哲,哲生瑗。武德末,为幽州都督右领军。王君廓诱瑗反,后瑗传首至京师。

〔四〕管仲著书十八篇,曰管子。

〔五〕齐桓公,名小白。郭,小国,齐灭之。之,犹往也。

〔六〕已上,王珪述管子之言以为喻也。

〔七〕按新旧史,皆云"帝虽不出此美人,而甚重其言",与此异。通鉴考异曰:"太宗贤主,既重珪言,何得反弃而不用乎?且是人泛侍左右,又非嬖宠著名之人,太宗何爱而留之。"此章为是也。

44○贞观四年,诏发卒修洛阳之乾元殿〔一〕,以备巡狩〔二〕,给事中〔三〕张玄素〔四〕上书谏曰:

陛下智周万物,囊括四海。令之所行,何往不应?志之所欲,何事不从?微臣窃思秦始皇之为君也,借周室之馀,因六国之盛,将贻之万叶,及其子而亡〔五〕,谅由逞嗜奔欲,逆天害人者也。是知天下不可以力胜,神祇不可以亲恃。惟当弘俭约、薄赋敛,慎终如始,可以永固。

方今承百王之末,属凋弊之馀,必欲节之以礼制,陛下宜以身为先。东都未有幸期,即令补葺;诸王今并出藩,又须营构。兴发数多,岂疲人之所望?其不可一也。陛下初平东都之始,层构广殿,皆令撤毁,天下翕然,同心倾仰。岂有初则恶其侈靡,今乃袭其雕丽?其不可二也。每承音旨,未即巡幸,此乃事不急之务,成虚费之劳。国无兼年之积,何用两都之好〔六〕?劳役过度,怨蘦将起。其不可三也。百姓承乱离之后,财力凋尽,天恩含育,粗见存立,饥寒犹切,生计未安,三五年间,恐未能复。奈何营未幸之都,而夺疲人之力？其不可四也。昔汉高祖将都洛阳,娄敬一言,即日西驾〔七〕。岂不知地惟土中,贡赋所均,但以形胜不如关内也。伏惟陛下化凋弊之人,革浇漓之俗,为日尚浅,未甚淳和,斟酌事宜,讵可东幸？其不可五也。

臣尝见隋室初造此殿,楹栋宏壮,大木非近道所有,多自豫章采来。二千人拽一柱,其下施毂,皆以生铁为之,中间若用木轮,动即火出。略计一柱,用数十万功,则馀费又过倍于此。臣闻阿房成,秦人散〔八〕；章华就,楚众离〔九〕；乾元毕工,隋人解体。且陛下今时功力,何如隋日？承凋残之后,役疮痍之人,费亿万之功,袭百王之弊,以此言之,甚于炀帝远矣。深愿陛下思之,无为由余所笑〔一〇〕,则天下幸甚。

太宗谓玄素曰："卿以我不如炀帝,何如桀、纣？"对曰："若此殿卒兴,所谓同归于乱。"太宗叹曰："我不思量,遂至于此。"顾谓房玄龄曰："今玄素上表,洛阳亦实未宜修造,后必事理须行,露坐亦复何苦？所有作役,宜即停之。然以卑干尊,古来不易,非其忠直,安能若此？且众人之唯唯,不如一士之谔谔。可赐绢五百匹。"魏徵叹曰："张公遂有回天之力,可谓仁人之言,其利博哉！"〔一一〕

【案】此处南家本、萱家本有求谏篇一章(38)。

校　注

〔一〕乾元殿,隋所建。

〔二〕孟子曰:"天子适诸侯曰巡狩。"巡狩者,巡所守也。

〔三〕唐制,掌侍左右,分判省事之官。察弘文馆缮写校雠之课,大事覆奏,小事署而行之。

〔四〕蒲州人。仕隋为景城县户曹,窦建德陷景城,将杀之,邑人号泣曰:"此清吏,杀之,是无天也。"遂释之。贞观初,召问以政道。历太子詹事,迁左庶子。会东宫废,坐罪为民。顷之,召授刺史。麟德初,卒。

〔五〕周之季世,天下大乱,秦并吞之六国,齐、楚、燕、韩、赵、魏也。始皇曰:"朕为始皇帝,后世以数计,二世三世,至于万世,传之无穷。"始皇殁,二世立,而赵高弑之。子婴立,而遂降于汉。

〔六〕两都,东都洛阳、西都长安也。

〔七〕汉高祖,姓刘,名邦,沛人。伐秦得天下,国号汉。娄敬,齐人。高祖在洛阳,敬说曰:"陛下取天下与周异,宜入关而都,按秦之故。"上未决。张良言入关便,即日驾西,都长安。赐敬姓刘氏,拜郎中。

〔八〕见政体篇注。

〔九〕楚灵王为章华之台,纳亡人以实之。

〔一〇〕由余观秦,缪公示以宫室、积聚。由余曰:"鬼为之,则劳神矣。人为之,亦苦民矣。"公怪之,问曰:"中国以诗书礼乐法度为政,然尚时乱,今戎夷无此,何以为治?"由余笑曰:"此乃中国所以乱也"云云。出史记。

〔一〕按史传,此疏有曰:"臣闻东都始平,太上皇诏宫室过度者焚之,陛下谓瓦木可用,请赐贫人。事虽不从,天下称为盛德。今复度而营之,是隋役又兴,不五六年间,一舍一取,天下将谓何?"帝顾玄龄曰:"洛阳朝贡天下中,朕营之,意欲便四方百姓。今玄素言如此,使后必往,虽露坐,庸何苦?"即诏罢役。

45〇太宗有一骏马,特爱之,恒于宫中养饲,无病而暴死。帝怒养马宫人,将杀之。皇后〔一〕谏曰:"昔齐景公以马死杀人〔二〕,晏子请数其罪云〔三〕:'尔养马而死,尔罪一也。使公以马杀人,百姓闻之,必怨吾君,尔罪二也。诸侯闻之,必轻吾国,尔罪三也。'公乃释罪。陛下尝读书见此事,岂忘之耶?"太宗意乃解。又谓房玄龄曰:"皇后庶事相启沃,极有利益尔。"

【案】本章南家本、萱家本无。

校　注

〔一〕长孙氏。

〔二〕齐景公,名杵臼。

〔三〕晏子,名婴,字平仲,齐大夫。

46〇贞观七年,太宗将幸九成宫〔一〕,散骑常侍姚思廉进谏曰:"陛下高居紫极,宁济苍生,应须以欲从人,不可以人从欲。然则离宫游幸,此秦皇、汉武之事〔二〕,固非尧、舜、禹、汤之所为也。"言甚切至。太宗谕之曰:"朕有气疾〔三〕,热便顿剧,故非情好游幸,甚嘉卿意。"因赐帛五十段。

【案】本章南家本、萱家本无。

校 注

〔一〕隋仁寿宫也。

〔二〕始皇,姓嬴,名政,国号秦。武帝,姓刘,名彻,国号汉。

〔三〕气疾,即"气病",为上气、贲豚气、七气、九气、逆气、短气等症候,见隋巢元方诸病源候论。

47〇李大亮〔一〕,贞观初为凉州都督,尝有台使至州境,见有名鹰,讽大亮献之。大亮密表曰:"陛下久绝畋猎,而使者求鹰。若是陛下之意,深乖昔旨;如其自擅,便是使非其人。"太宗下书曰:"以卿兼资文武,志怀贞确,故委藩牧〔二〕,当兹重寄。比在州镇,声绩远彰,念此忠勤,无忘寤寐。使遣献鹰,遂不曲顺,论今引古,远献直言,披露腹心,非常恳到,览用嘉叹,不能已已。有臣若此,朕复何忧!宜守此诚,终始若一。诗云:'靖恭尔位,好是正直。神之听之,介尔景福〔三〕。'古人称一言之重,侔于千金,卿之此言,深足贵矣。今赐卿金壶瓶、金碗各一枚,虽无千镒之重〔四〕,是朕自用之物。卿立志方直,竭节至公,处职当官,每副所委,方大任使,以申重寄。公事之闲,宜观典籍。兼

赐卿荀悦汉纪一部〔五〕,此书叙致简要,论议深博,极为政之体,尽君臣之义,今以赐卿,宜加寻阅。"〔六〕

【案】本章南家本属前"太常卿韦挺尝上疏陈得失"章(38后半章)。

校 注

〔一〕京兆人,有文武才。高祖入关,自归,授土门令。击盗皆降,擢金州司马。贞观初,授太府卿。复出为凉州都督,俄为西北道安抚大使,以绥诸部降者。八年,讨吐谷浑有功,进爵为公,拜右卫将军。临终,表请罢辽东役。

〔二〕藩,屏;牧,守也。

〔三〕诗小雅小旻篇之辞。

〔四〕重二十四两为镒。

〔五〕荀悦,字仲豫,颍川人。后汉时为秘书监,撰汉纪三十卷。

〔六〕旧本此章之首曰"贞观初",今按通鉴标年。

48○贞观八年,陕县丞皇甫德参〔一〕上书忤旨,太宗以为讪谤。侍中魏徵进言曰:"昔贾谊当汉文帝上书云云,'可为痛哭者,可为长叹者〔二〕。'自古上书,率多激切。若不激切,则不能起人主之心。激切即似讪谤,惟陛下详其可否。"太宗曰:"非公无能道此者。"赐德参帛二十段。〔三〕

【案】卷六杜谗佞篇另有一章(163)载此事,较本章稍详。

校 注

〔一〕皇甫,复姓,德参,名也。

〔二〕汉文帝,名恒,高祖次子也。贾谊,洛阳人,文帝召为博士,后为梁怀王傅。上书陈事,多所匡建。其略曰:"臣窃为事执可为痛哭者一,可为流涕者二,可为长太息者六。"

〔三〕按通鉴,中牟丞皇甫德参上言:"修洛阳宫,劳人;收地租,厚敛,俗好高髻,盖宫中所化。"上怒,谓房玄龄等曰:"德参欲国家不役一人,不收斗租,宫人皆无发,乃可其意耶?"欲治讪谤之罪。魏徵谏曰云云。上曰:"朕罪斯人,则谁敢言?"乃赐绢二十匹。它日,徵奏言:"陛下近日不好直言,虽勉强含容,非曩时之豁如。"上乃更加优赐,拜监察御史。与此章虽小异而详,故附见焉。

49○贞观中,遣使诣西域立叶护可汗〔一〕,未还,又令人多赍金帛,历诸国市马。魏徵谏曰:"今发使以立可汗为名,可汗未定立,即诣诸国市马,彼必以为意在市马,不为专立可汗。可汗得立,则不甚怀恩;不得立,则生深怨。诸蕃闻之,且不重中国。但使彼国安宁,则诸国之马,不求自至。昔汉文帝有献千里马者,曰:'吾吉行日三十〔二〕,凶行日五十〔三〕,銮舆在前〔四〕,属车在后〔五〕,吾独乘千里马,将安之乎〔六〕?'乃偿其道里所费而返之。又光武〔七〕有献千里马及宝剑者,马以驾鼓车〔八〕,剑以赐骑士。今陛下凡所施为,皆远过三主之上,奈何至此欲为孝文、光武之下乎?又魏文帝〔九〕求市西域大珠,苏则曰〔一〇〕:'若陛下惠及四海,则不求自至,求而得之,不足贵也。'陛下纵不能慕汉文之高行,可不畏苏则之言耶?"太宗欣然而止。〔一一〕

【案】本章南家本属前章。

校　注

〔一〕叶护,突厥大臣之号也。本曰叶护统叶护,嗣其兄射匮可汗,乃号叶护可汗。是年,叶护数遣使入贡。秋七月,左领军将军张大师持节即其所号,立为可汗,赐以鼓纛。

〔二〕吉行,谓巡幸祭祀也。

〔三〕凶,汉书作师。凶行,谓出兵行师也。

〔四〕舆,汉书作旗。

〔五〕汉因秦制,大车八十一,乘相属也。〔案〕"大车八十一"当作"大驾属车八十一"。

〔六〕之,犹往也。

〔七〕名秀,汉中兴之君。

〔八〕"马以驾鼓车",原作"以马驾鼓车",据南家本、萱家本、元刻、戈本改。

〔九〕姓曹,名丕,操之子也。受汉禅,国号魏。

〔一〇〕苏,姓,则,名,字文师,扶风人,仕魏为侍中。

〔一一〕旧本,此章之首曰"贞观中",今按通鉴标年。

50○贞观十七年,太子右庶子高季辅〔一〕上疏陈得失。特赐钟乳一剂〔二〕,谓曰:"卿进药石之言〔三〕,故以药石

相报。"〔四〕

校　注

〔一〕名冯,以字行,德州人,以孝闻。贞观初,拜监察御史,不避权要。累转中书舍人,列上五事,后除是职。迁吏部侍郎。及卒,谥曰宪。

〔二〕钟乳,产于石,食之使人通气生胃。

〔三〕谓其言有益于国,犹药石有益于病也。

〔四〕按史传,季辅后为吏部侍郎,善铨叙人物。帝赐金背镜一,以况其清鉴焉。

51○贞观十八年,上谓长孙无忌等曰:"夫人臣之对帝王,多顺从而不逆,甘言以取容。朕今发问,不得有隐,宜以次言朕过失。"长孙无忌、唐俭等咸曰:"陛下圣化,道致太平,以臣观之,不见其失。"黄门侍郎刘洎〔一〕对曰:"陛下拨乱造化,实功高万古,诚如无忌等言。然顷有人上书,辞理不称者,或对面穷诘,无不惭退,恐非奖进言者。"上曰:"此言是也,当为卿改之。"〔二〕

太宗尝怒苑西监〔三〕穆裕〔四〕,命于朝堂斩之。时高宗〔五〕为皇太子,遽犯颜进谏,太宗意乃解。司徒长孙无忌曰:"自古太子之谏,或承间从容而言。今陛下发天威之怒,太子申犯颜之谏,斯诚古今未有。"太宗曰:"夫人久相与处,自然染习。自朕御天下,虚心正直,即有魏徵朝夕进谏。自徵云亡,刘洎、岑文本〔六〕、马周、褚遂良等继之。太子幼在朕膝前,每见朕心悦谏者,因染以成性,故有今日之谏。"〔七〕

【案】本章前半章,南家本、萱家本无,元刻、明本、韩版、戈本卷六悔过篇第五章(169)重出,以此为详。本章后半章,南家本、萱家本属"贞观十七年太子右庶子高季辅上疏陈得失"章(50),戈本别作一章。

校　注

〔一〕字思道,荆州人。贞观七年为治书侍御史,迁右丞,号称职。十七年,递日直东宫,迁侍中。太宗征辽东,诏辅太子监国,洎曰:"愿无忧,大臣有罪,当按法诛之。"帝怪其言,及还,遂赐死。

〔二〕按通鉴,是年夏四月,上至太平宫,因有是问,无唐俭名。又载马周曰:"陛下比来赏罚,微以喜怒有所高下,此外不见其失。"上皆纳之。

〔三〕掌宫苑之官。

〔四〕穆,姓;裕,名。

〔五〕高宗名治,初封晋王,十七年立为皇太子。

〔六〕字景仁,邓州人。贞观初,除秘书郎,奏籍田颂,擢中书舍人,号善职,迁侍郎。十七年,文本不欲兼东宫官,乃诏五日一参东宫,后迁中书令,卒。

〔七〕旧本,此章与前章通为一章。今按不同,分为二章。

直谏附

【案】南家本、菅家本、写字台本无。明本十六章,见于写字台本卷四者十二章,依次为辅弼篇第三、四章,直言谏争篇第一、五、六、七、八、九、十、十一、十二、十三章。戈本合54、55两章为一章,移出五章,一章(61)在卷五忠义篇、一章(53)在卷六杜谗邪篇、一章(62)在卷八辩兴亡篇、一章(67)在卷十行幸篇、一章(65)在卷十畋猎篇,故戈注"凡十章"。

52○贞观二年,隋通事舍人〔一〕郑仁基女年十六七,容色绝姝,当时莫及。文德皇后〔二〕访求得之,请备嫔御,太宗乃聘为充华〔三〕。诏书已出,策使未发,魏徵闻其已许嫁陆氏,方遽进而言曰:"陛下为人父母〔四〕,抚爱百姓,当忧其所忧,乐其所乐。自古有道之主,以百姓心为心,故君处台榭,则欲民有栋宇之安;食膏粱,则欲民无饥寒之患;顾嫔御,则欲民有室家之欢。此人主之常道也。今郑氏之女,久已许人,陛下取之不疑,无所顾问,播之四海,岂为民父母之义乎?臣传闻虽或未的,然恐亏损圣德,情不敢隐。君举必书,所愿特留神虑。"太宗闻之大惊,手诏答之,深自克责,遂停策使,乃令女还旧夫。左仆射房玄龄、中书令温彦博、礼部尚书王珪、御史大夫韦挺等云:"女适陆氏,无显然之状,大礼既行,不可中止。"又陆氏抗表云:"某父康在日,与郑家还往,时相赠遗资财,初无婚姻交涉。亲戚并云。外人不知,妄有此说。"大臣又劝进。太宗于是颇以为疑,问徵曰:"群臣或顺旨,陆氏何为过尔分疏?"徵曰:"以臣度之,其意可识,将以陛下同于太上皇。"太宗曰:"何也?"徵曰:"太上皇初平京城,得辛处俭妇,稍蒙遇宠。处俭时为太子舍人〔五〕,太上皇闻之不悦,遂令东宫出为万全县〔六〕,每怀战惧,常恐不全首领。陆爽〔七〕以为陛下今虽容之,恐后阴加谴谪〔八〕,所以反覆自陈,意在于此,不足为怪。"太宗笑曰:"外人意见,或当如此。然朕之所言,未能使人必信。"乃出敕曰:"今闻郑氏之女,先已受人礼聘,前出文书之日,事不详审,此乃朕之不是,亦为有司之过。授充华者宜停。"时莫不称叹。

【案】本章南家本、菅家本无。写字台本为卷四辅弼篇第三章。元刻、明本、韩版、戈本均为直谏附篇第一章。

校 注

〔一〕隋制,掌引纳通奏。

〔二〕长孙氏,喜图传,尚礼法,性约素,尝著女则十篇。又为论斥汉马后不能检抑外家,使与政事,乃戒其车马之侈,此谓开本源、恤末事。临终请帝纳忠谏,勿受谗,省游畋作役。

〔三〕唐制,女官号,九嫔之一。

〔四〕书曰:"元后作民父母"。

〔五〕唐制,东宫右春坊置舍人,掌行令书表启。

〔六〕见任贤篇注。

〔七〕陆氏名。

〔八〕责也。

53○贞观十年,太宗谓侍臣曰:"太子保傅,古难其选。成王幼小,以周、召为保傅,左右皆贤,足以长仁,致理太平,称为圣主。及秦之胡亥,始皇所爱,赵高作傅,教以刑法。及其篡也,诛功臣、杀亲戚,酷烈不已,旋踵亦亡。以此而言,人之善恶,诚由近习。朕弱冠交游,惟柴绍〔一〕、窦诞等〔二〕,为人既非三益〔三〕。及朕居兹宝位,经理天下,虽不及尧、舜之明,庶免乎孙皓、高纬之暴〔四〕。以此而言,复不由染,何也?"魏徵曰:"中人可与为善,可与为恶,然上智之人自无所染。陛下受命自天,平定寇乱,救万民之命,理致升平,岂绍、诞之徒能累圣德?但经云:'放郑声,远佞人〔五〕。'近习之间,尤宜深慎。"太宗曰:"善。"〔六〕

【案】本章南家本、萱家本无。写字台本为卷四辅弼篇第四章,元刻、明本、韩版为直谏附篇第二章,戈本移为卷六杜谗邪篇第三章。自"贞观十年"至"诚由近习",与卷四尊敬师傅篇第三章(95)略同。

校注

〔一〕字嗣昌,临汾人。以任侠闻,高祖妻以平阳公主。武德初,拜左翊卫大将军,累从战伐而有功。

〔二〕外戚也。贞观为宗正卿,太宗与语,昏谬失对,以光禄大夫罢。

〔三〕论语曰:"益者三友:友直,友谅,友多闻。"

〔四〕孙皓,三国吴主,是为乌程侯,降于晋。高纬,北齐后主,为周所虏。

〔五〕放郑声远佞人　原作"放郑声淫远佞人",元刻、韩版作"郑声淫远佞人",据写字台本、戈本及论语改。论语孔子答颜渊问为邦之辞。

〔六〕按:自"诚由近习"已上,文重出师傅篇,旧本此章在直谏篇,今附入于此。〔案〕指卷六杜逸邪篇。

54○贞观三年,诏关中免二年租税,关东给复一年〔一〕。寻有敕:已役已纳,并遣输了,明年总为准折。给事中魏徵上书曰:"臣伏见八月九日诏书,率土皆给复一年,老幼相欢,咸歌且舞。又闻有敕,丁已配役,即令役满折造,馀物亦遣输了,待明年总为准折。道路之人,或失所望。此诚平分百姓,均同己子。但下民难与图始,日用不足,皆以国家追悔前言,二三其德。臣窃闻之,天之将辅者仁,人之所助者信。今陛下初膺大宝〔二〕,亿兆观德。始发大号,便有二言。生八表之疑心,失四时之大信。纵国家有倒悬之急,犹必不可。况以太山之安,而辄行此事!为陛下为此计者,于财利小益,于德义大损。臣诚智识浅短,窃为陛下惜之。伏愿少览臣言,详择利益。冒昧之罪,臣所甘心。"

【案】本章南家本、萱家本无。写字台本为卷四直言谏争篇第一章前半章。明本单独一章,为<u>直谏附篇第三章</u>。元刻、韩版为<u>直谏附篇第三章前半章</u>。戈本为<u>直谏附篇二章前半章</u>。

校 注

〔一〕<u>关东</u>,潼关以东也。

〔二〕<u>易大传</u>曰:"圣人之大宝曰位。"

55○简点使、右仆射<u>封德彝</u>等,并欲中男十八已上简点入军。敕三四出,<u>徵</u>执奏以为不可。<u>德彝</u>重奏:"今见简点使云,次男内大有壮者。"<u>太宗</u>怒,乃出敕:"中男已上,虽未十八,身形壮大亦取。"<u>徵</u>又不从,不肯署敕。<u>太宗召徵及王珪</u>,作色而待之,曰:"中男若实小,自不点入军。若实大,亦可简取,于君何嫌?过作如此固执,朕不解公意!"<u>徵</u>正色曰:"臣闻竭泽取鱼,非不得鱼,明年无鱼。焚林而畋,非不获兽,明年无兽。若次男已上尽点入军,租赋杂徭,将何取给?且比年国家卫士不堪攻战,岂为其少,但为礼遇失所,遂使人无斗心。若多点取,人还充杂使,其数虽众,终是无用。若精简壮健,遇之以礼,人百其勇〔一〕,何必在多?陛下每云,'我之为君,以诚信待物,欲使官人百姓,并无矫伪之心。'自登极以来,大事三数件,皆是不信,复何以取信于人?"<u>太宗</u>愕然曰:"所云不信,是何等也?"<u>徵</u>曰:"陛下初即位,诏书曰:'逋租宿债〔二〕,欠负官物,并悉原免。'即令所司,列为事条,<u>秦府</u>国司,亦非官物。陛下自<u>秦王</u>为天子,国司不为官物,其馀物复何所有?又关中免二年租调,关外给复一年。百姓蒙恩,无不欢悦。更有敕旨:'今年白丁多以役讫,若从此放免,并是虚荷国恩,若已折已输,令总纳取了,所免者皆以来年为始。'散还之后,方更徵收,百姓之心,不能无怪。已徵得物,便点入军,来年为始,何以取信?又共理所寄,在于刺史[三]、县令[四],常年兑税,并悉委之。至于简点,即疑其诈伪,望下诚信,不亦难乎?"太宗曰:"我见君固执不已,疑君蔽此事。今论国家不信,乃人情不通。我不寻思,过亦深矣。行事往往如此错失,若为致理?"乃停中男,赐徵金瓮一口,赐珪绢五十匹。

【案】本章南家本、菅家本无。写字台本为卷四直言谏争篇第一章后半章。明本单独一章,为直谏附篇第四章。元刻、韩版与上章通作一章,为直谏附篇第三章后半章。戈本与上章通作一章,为直谏附篇第二章后半章。

校 注

〔一〕谓一人可当百夫也。

〔二〕"逋租宿债",原作"逋私宿债",元刻、韩版同,据戈本改"私"为"租"。

〔三〕唐制,武德初,罢郡为州,改太守曰刺史,掌宣德化,岁巡属县,观风俗,录囚,恤鳏寡。

〔四〕唐制,县置令,掌导扬风化,抚字黎氓,敦民业,崇地利,养鳏寡,恤孤贫,审冤屈,亲狱讼。

56○贞观五年,治书侍御史[一]权万纪[二]、侍御史[三]李仁发,俱以告讦谮毁数蒙引见,遂任心弹射,肆其欺罔,令在上震怒,臣下无以自安。内外[四]知其不可而莫能论争。给事中魏徵正色而奏之曰:"权万纪、李仁发并是小人,不识大体,以谮毁为是、告讦为直,凡所弹射,皆非有罪。陛下掩其所短,收其一切。乃骋其奸计,附下罔上,多行无礼,以取强直之名。诬房玄龄[五],斥退张亮[六],无所肃厉,徒损圣明。道路之人,皆兴谤议。臣伏度圣心,必不以为谋虑深长,可委以栋梁之任,将以其无所避忌,欲以警厉群臣。若信其回邪,犹不可以小谋大,群臣素无矫伪,空使臣下离心。以言其龄、亮之徒,犹不可得伸其枉直,其馀疏浅,孰能免其欺罔?伏愿陛下留意再思,自驱使二人以来,有一弘益,臣即甘心斧钺,受不忠之罪。陛下纵未能举善以崇德,岂可进奸而自损乎?"太宗欣然纳之,赐徵绢五百匹。其万纪又奸状渐露,仁发亦解黜,万纪贬连州司马[七]。朝廷咸相庆贺焉。

【案】本章南家本、萱家本无。写字台本为卷四直言谏争篇第五章,明本为直谏附篇第五章,元刻、韩版为直谏附篇第四章,戈本为直谏附篇第三章。

校 注

〔一〕唐制,举劾官品。

〔二〕权,姓,万纪,名,京兆人。性悻直,为治书侍御史。魏徵奏黜之,后数年,复是官。

〔三〕唐制,掌纠举百寮,及入阁承诏,推弹杂事。

〔四〕"内外",原作"外",据南家本、萱家本、元刻、戈本补"内"字。

〔五〕"诬房玄龄",原作"諲房玄龄",据戈本改。玄龄尝掌内外官考,万纪劾其不平。

〔六〕郑州人,初,玄龄荐为车骑将军,详见公平篇注。

〔七〕司马,州僚佐也。

57○贞观六年,有人告尚书右丞魏徵,言其阿党亲戚。太宗使御史大夫温彦博案验其事,乃言者不直。彦博奏称,徵既为人臣,须存形迹。不能远避嫌疑〔一〕,为人所道,虽在无私,亦有可责。遂令彦博谓徵曰:"尔谏正我数百条,岂以此小事便损众美。自今已后,不得不存形迹。"居数日,太宗问徵曰:"昨来在外,闻有何不是事?"徵正色曰:"前日令彦博宣敕语臣云:'因何不作形迹?'此言大不是。臣闻君臣同契,义皆一体。未闻不存公道,惟事形迹。若君臣上下同遵此路,则邦国之兴丧或未可知!"太宗矍然改容曰〔二〕:"前发此语,寻已悔之。实大不是,公亦不得遂怀隐避。"徵乃拜而言曰:"臣以身许国,直道而行,必不敢有所欺负。但愿陛下使臣为良臣,勿使臣为忠臣。"太宗曰:"良、忠有异乎?"徵曰:"良臣,稷、契、咎繇是也。忠臣,龙逢、比干是也〔三〕。良臣使身获美名,君受显号,子孙传世,福禄无疆。忠臣身受诛夷,君陷大恶,家国并丧,独有其名。以此而言,相去远矣。"太宗曰:"君但莫违此言,我必不忘社稷之计。"乃赐绢二百匹〔四〕。

【案】本章南家本、萱家本无。写字台本为卷四直言谏争篇第六章,明本为直谏附篇第六章,元刻、韩版为直谏附篇第五章,戈本为直谏附篇第四章。

校 注

〔一〕"为人臣须存形迹不能远避嫌疑",原无此十三字,元刻、韩版、戈本同,据写字台本及谏录、旧唐、会要、册府补。

〔二〕矍,惊悟貌。

〔三〕"良臣稷契咎繇是也忠臣龙逄比干是也",原无此十六字,元刻、韩版、戈本同,据写字台本及谏录、旧唐、会要补。

〔四〕按通鉴,徵又曰:"稷、契、皋陶,良臣也;龙逄、比干,忠臣也。"

58○贞观六年,匈奴克平,远夷入贡,符瑞日至,年谷频登。岳牧等屡请封禅〔一〕,群臣等又称述功德,以为"时不可失,天不可违,今行之,臣等犹谓其晚",惟魏徵以为不可。太宗曰:"朕欲得卿直言之,勿有所隐。朕功不高耶?"曰:"功高矣。""德未厚耶?"曰:"德厚矣。""华夏未理耶?"曰:"理矣。""远夷未慕耶?"曰:"慕矣。""符瑞未至耶?"曰:"至矣〔二〕。""年谷不登耶?"曰:"登矣。""然则何为不可?"对曰:"陛下功高矣,民未怀惠。德厚矣,泽未滂流。华夏安矣,未足以供事。远夷慕矣,无以供其求。符瑞虽臻,而尉罗犹密。积岁丰稔,而仓廪尚虚。此臣所以切谓未可。臣未能远譬,且借近喻于人。有人十年长患,疼痛不能任持,疗理且愈,皮骨仅存,便欲负一石米,日行百里,必不可得。隋氏之乱,非止十年。陛下为之良医,除其疾苦,虽已乂安,未甚充实,告成天地,臣窃有疑。且陛下东封〔三〕,万国咸萃,要荒之外〔四〕,莫不奔驰。今自伊、洛之东,暨乎海、岱〔五〕,灌莽巨泽,茫茫千里,人烟断绝,鸡犬不闻,道路萧条,进退艰阻。宁可引彼戎狄,示以虚弱?竭财以赏,未厌远人之望〔六〕;加年给复,不偿百姓之劳。或遇水旱之灾,风雨之变,庸夫邪议,悔不可追。岂独臣之诚恳,亦有舆人之论。"太宗称善,于是乃止。〔七〕

【案】本章南家本、萱家本、写字台本无。明本为直谏附篇第七章,元刻、韩版为直谏附篇第六章,戈本为直谏附篇第五章。

校 注

〔一〕封禅者,封土于山,禅祭于地也。

〔二〕"远夷未慕耶曰慕矣符瑞未至耶曰至矣",原无此十六字,元刻、韩版同,据戈本及谏录补。

〔三〕谓东封泰山也。

〔四〕要服、荒服,蛮夷之地也。

〔五〕岱,泰山也。

〔六〕厌,足也。

〔七〕按通鉴,是年正月,文武官请封禅。上曰:"卿辈皆以封禅为帝王盛事,朕意不然。若天下乂安,家给人足,虽不封禅,庸何伤乎!昔秦始皇封禅,汉文帝不封禅,后世岂以文帝之贤不及始皇耶?且事天扫地而祭,何必登泰山之颠,封数尺之土,然后可以展其诚敬乎!"群臣犹请之不已,上亦欲从之,魏徵独以为不可云云。会河南、北数州大水,事遂寝。

59〇贞观七年,蜀王[一]妃父杨誉在省竞婢,都官郎中[二]薛仁方留身勘问,未及予夺。其子为千牛[三],于殿廷陈诉云:"五品以上非反逆不合留身。以是国亲,故生节目,不肯决断,淹留岁月。"太宗闻之怒曰:"知是我亲戚,故作如此艰难。"即令杖仁方一百,解所任官。魏徵进曰:"城狐社鼠皆微物,为其有所凭恃,故除之犹不易[四]。况世家贵戚,旧号难理。汉、晋已来,不能禁御。武德之中,以多骄纵,陛下登极,方始萧条。仁方既是职司,能为国家守法,岂可枉加刑罚,以成外戚之私乎!此源一开,万端争起,后必悔之,将无所及。自古能禁断此事,惟陛下一人。备豫不虞,为国常道,岂可以水未横流,便欲自毁堤防?臣切思度,未见其可。"太宗曰:"诚如公言,向者不思。然仁方辄禁不言,颇是专擅,虽不合重罪,宜少加惩肃。"乃令杖二十而赦之。

【案】本章南家本、菅家本无。写字台本为卷四直言谏争篇第七章,明本为直谏附篇第八章,元刻、韩版为直谏附篇第七章,戈本为直谏附篇第六章。

校 注

〔一〕名愔,太宗第六子也。〔案〕旧唐太宗诸子传,愔,贞观五年封梁王,十年改封蜀王;旧唐太宗纪、新唐郁林王恪传,太宗第三子恪,武德九年进封汉王,贞观二年徙封蜀王。贞观七年之蜀王当恪非愔。

〔二〕唐制,刑部官,掌配役徒隶,簿录俘囚,以给衣粮药疗,以理诉竟雪冤,凡公私良贱,必周知之。凡反逆相坐,没其家为官奴婢。

〔三〕后魏官名,隋有千牛刀,人主防身刀也。其职本掌御刀,盖取庄子庖丁为惠文君解牛,十九年所割者数千牛,而刀刃若新发硎石,言此刀可以备身,因以名官。唐制,左右千牛卫将军,掌宫殿侍卫,及供御仪仗,左右执弓箭宿卫。〔案〕千牛,非左右千牛卫将军,乃"千牛备身"的简称,左右千牛卫属官,为王公、高品子孙起家之职,掌宫殿侍卫及供御仪仗。

〔四〕古语,城狐不灌,社鼠不熏。谓其所栖穴者,得所凭恃也。故议者率谓人君左右近习,为城狐社鼠。

60○贞观八年,左仆射房玄龄、右仆射高士廉〔一〕于路逢少监〔二〕窦德素,问北门近来更何营造。德素以闻,上乃谓玄龄曰:"君但知南衙事,我北门少有营造,何预君事?"玄龄等拜谢。魏徵进曰:"臣不解陛下责,亦不解玄龄、士廉拜谢。玄龄既任大臣,即陛下股肱耳目,有所营造,何容不知?责其访问官司,臣所不解。且所为有利害,役工有多少〔三〕，陛下所为善，当助陛下成之；所为不是，虽营造，当奏陛下罢之。此乃君使臣、臣事君之道〔四〕。玄龄等问既无罪，而陛下责之，臣所不解〔五〕；玄龄等〔六〕不识所守，但知拜谢，臣亦不解。"太宗深愧之。

【案】本章南家本、菅家本无。写字台本为卷四直言谏争篇第八章，明本为直谏附篇第九章，元刻、韩版为直谏附篇第八章，戈本为直谏附篇第七章。

校 注

〔一〕名俭，齐清河王岳之孙。初隐居终南山，武德初秦王领雍州牧，举为治中。及居东宫，授右庶子。迁益州都督长史，励风俗有声。入为吏部尚书，拜仆射。卒，赠司徒。

〔二〕唐制：掌百工缮作之政。〔案〕少监，少府监副长官，置二人。

〔三〕"且所为有利害役工有多少"，原作"且有利害役工多少"，元刻、韩版、戈本同，据写字台本及谏录、会要，"且"下补"所为"、"工"下补"有"字。

〔四〕论语：孔子对鲁定公曰："君使臣以礼，臣事君以忠。"

〔五〕"臣所不解"，原无此四字，写字台本、元刻、韩版同，据戈本补。

〔六〕"玄龄等"，原作"玄龄"，元刻、韩版同，据写字台本、戈本补"等"字。

61 ○贞观八年，先是桂州都督〔一〕李弘节以清慎著闻，及身殁后，其家卖珠。太宗闻之，乃宣于朝曰："此人生平宰相皆言其清，今日既然，所举者岂得无罪？必当深理之，不可舍也。"侍中魏徵承间言曰："陛下生平言此人浊，未见受财之所。今闻其卖珠，将罪举者，臣不知所谓。自圣朝已来，为国尽忠，清贞慎守，终始不渝，屈突通、张道源而已[二]。通子三人来选，有一匹羸马，道源儿子不能存立，未见一言及之。今弘节为国立功，前后大蒙赏赉，居官殁后，不言贪残，妻子卖珠，未为有罪。审其清者，无所存问，疑其浊者，旁责举人，虽云疾恶不疑，实亦好善不笃。臣窃思度，未见其可，恐有识闻之，必生枉议，伏愿留心再思[三]。"太宗抚掌曰："造次不思，遂有此语[四]，方知谈不容易，并勿问之。其屈突通、张道源儿子，宜各与一官。"[五]

【案】本章南家本、菅家本无。写字台本为卷四直言谏争篇第九章，明本为直谏附篇第十章，元刻、韩版为直谏附篇第九章，戈本移为卷五忠义篇第六章。

校 注

〔一〕"都督"，原作"都督府"，元刻、韩版同，据写字台本、戈本删"府"字。

〔二〕张道源，并州人。初，守并州，贼平，拜大理卿。时何稠得罪，籍家，属以赐群臣，道源曰："祸福无常，安可利人之亡，取其子女自奉？仁者不为也。"更资以衣食遣之。家无赀产，比亡，馀粟二斛。

〔三〕"伏愿留心再思"，原无此六字，元刻、韩版、戈本同，据写字台本及谏录补。

〔四〕"遂有此语",原作"遂闻此语",元刻、韩版、戈本同,据写字台本及谏录、会要改。

〔五〕旧本此章附直谏类,今附入此。〔案〕指卷五忠义篇。

62○贞观九年,北蕃〔一〕归朝人奏称:"突厥内大雪,人饥,羊马并死。中国人在彼者皆入山作贼,人情大恶。"太宗谓侍臣曰:"观古人君,行仁义、任贤良则理;行暴乱、任小人则败。突厥所信任者,并共公等见之,略无忠正可取者。颉利复不忧百姓,恣情所为,朕以人事观之,亦何可久矣?"魏徵进曰:"昔魏文侯〔二〕问李克〔三〕,诸侯谁先亡?克曰:'吴先亡。'文侯曰:'何故?'克曰:'数战数胜,数胜则主骄,数战则民疲。主骄民疲,不亡何待?'颉利逢隋末中国丧乱,遂恃众内侵,今尚不息,此其必亡之道。"太宗深然之。

【案】本章南家本、萱家本无。写字台本为卷四直言谏争篇第十章,明本为直谏附篇第十一章,元刻、韩版为直谏附篇第十章,戈本移为卷八辩兴亡篇第四章。

校 注

〔一〕北突厥之国。

〔二〕名斯,晋卿,桓子之子,为诸侯。

〔三〕战国时人。

63○贞观十年,越王[一],长孙后所生,太子介弟,聪敏绝伦,太宗特所宠异。或言三品已上皆轻蔑王者,意在潜侍中魏徵等,以激上怒。上御齐政殿,引三品以上入,坐定,大怒作色而言曰:"我有一言向公等道,往前天子即是天子,今时天子非天子耶?往年天子儿是天子儿,今日天子儿非天子儿耶?我见隋家诸王,达官已下,皆不免被其踬顿。我之儿子,自不许其纵横,公等所容易过,岂得相共轻蔑。我若纵之,岂不能踬顿公等!"玄龄等战慄,皆拜谢。徵正色谏曰:"当今群臣,必无轻越王者。然在礼,臣、子一例。传称,王人虽微,列于诸侯之上。诸侯用之为公即是公,用之为卿即是卿。若下为公卿,即下士于诸侯也。今三品已上列为公卿,并天子大臣,陛下所加敬异。纵其小有不是,越王何得辄加折辱?若国家纪纲废坏,臣所不知。以当今圣明之时,越王岂得如此。且隋高祖不知礼义,宠树诸王,使行无礼,寻以罪黜,不可为法,亦何足道!"太宗闻其言,喜形于色,谓群臣曰:"凡人言语理到,不可不伏。朕之所言,当身私爱。魏徵所道,国家大法。朕向者忿怒,自谓理在不疑。及见魏徵所论,始觉大非道理,为人君言何容易!"召玄龄等而切责之,赐徵绢一千匹。

【案】本章南家本、萱家本无。写字台本为卷四直言谏争篇第十一章,明本为直谏附篇第十二章,元刻、韩版为直谏附篇第十一章,戈本为直谏附篇第八章。

校　注

〔一〕名贞,太宗第八子也。〔案〕戈注误。太宗第八子贞,贞观五年封汉王,十年改封原王,寻徙封越王,非长孙皇后所生,乃燕妃所生。此越王,名泰,字惠褒,太宗第四子,长孙皇后所生。贞观二年封越王,十年徙封魏王。

64○贞观十一年,所司奏凌敬乞贷之状〔一〕,太宗责侍中魏徵等滥进人。徵曰:"臣等每蒙顾问,常具言其长短。有学识、强谏争,是其所长;爱生活、好经营,是其所短。今凌敬为人作碑文,教人读汉书,因兹附托,回易求利,与臣等所说不同。陛下未用其长,惟见其短,以为臣等欺罔,实不敢心服。"太宗纳之。

【案】本章南家本、菅家本、写字台本无。明本为直谏附篇第十三章,元刻、韩版为直谏附篇第十二章,戈本为直谏附篇第九章。

校　注

〔一〕凌,姓,敬,名,初仕窦建德为祭酒。

65○贞观十一年,太宗谓侍臣曰:"朕昨往怀州,有上封事者云:'何为恒差山东众丁于苑内营造?即日徭役,似不下隋时。怀、洛以东,残人不堪其命,而田猎犹数,骄逸之主也。今者复来怀州畋猎,忠谏不复至洛阳矣。'四时蒐田〔一〕,既是帝王常礼,今者怀州,秋毫不干于百姓。凡上书谏正,自有常准。臣贵有词,主贵能改。如斯诋毁,有似咒咀。"侍中魏徵奏称:"国家开直言之路,所以上封事者尤多。陛下亲自披阅,或冀其言可取,所以侥幸之士得肆其丑。臣谏其君,甚须折衷,从容讽谏。汉元帝〔二〕尝以酎祭高庙〔三〕,出便门,御楼船,御史大夫薛广德〔四〕当乘舆,免冠曰:'宜从桥,陛下不听臣言,臣自刎,以颈血污车轮,陛下不得入庙矣。'元帝不悦。光禄〔五〕张猛进曰:'臣闻主圣臣直,乘船危,就桥安。圣主不乘危,广德言可听。'元帝曰:'晓人不当如是耶!'乃从桥。以此而言,张猛可谓直臣谏君也。"太宗大悦。

【案】本章南家本、菅家本无。写字台本为卷四直言谏争篇第十二章,明本为直谏附篇第十四章,元刻、韩版为直谏附篇第十三章,戈本移为卷十畋猎篇第三章。

校 注

〔一〕春曰蒐,夏曰苗,秋曰狝,冬曰狩。

〔二〕名奭。

〔三〕酎,三重酿酒也,味厚,故以荐宗庙。

〔四〕字长卿,沛郡人。

〔五〕"光禄",写字台本作"光禄勋",元刻、戈本作"光禄卿"。
〔案〕汉代称"光禄",既指"光禄勋",又指"光禄大夫",张猛时为光禄大夫。

66○贞观十一年,太宗谓魏徵曰:"比来所行得失政化,何如往前?"对曰:"若恩威所加,远夷朝贡,比于贞观之始,不可等级而言。若德义潜通,民心悦服,比于贞观之初,相去又甚远。"太宗曰:"远夷来服,应由德义所加。往前功业何因益大?"徵曰:"昔者四方未定,常以德义为心。旋以海内无虞,渐加骄奢自溢。所以功业虽盛,终不如往初。"太宗又曰:"所行比往前何为异?"徵曰:"贞观之初,恐人不言,导之使谏。三年已后,见人谏,悦而从之。一二年来,不悦人谏,虽俛勉听受,而意终不平,谅有难也。"太宗曰:"于何事如此?"对曰:"即位之初,处元律师死罪[一],孙伏伽[二]谏曰:'法不至死,无容滥加酷罚。'遂赐以兰陵公主园[三],直钱百万。人或曰:'所言乃常,而所赏太厚。'答曰:'我即位来,未有谏者,所以赏之。'此导之使言也。徐州司户柳雄[四],于隋资妄加阶级,人有告之者,陛下令其自首,不首与罪。遂固言是实,竟不肯首。大理推得其伪,将处雄死罪,少卿戴胄奏法止合徒[五]。陛下曰:'我已与其断当讫,但当与死罪。'胄曰:'陛下既不然,即付臣法司。罪不合死,不可酷滥。'陛下作色遣杀,胄执之不已,至于四五,然后赦之。乃谓法司曰:'但能为我如此守法,岂畏滥有诛夷。'此则悦以从谏也。往年陕县丞皇甫德参上书有忤圣旨,陛下以为讪谤。臣奏称上书不激切,不能起人主意,激切即似讪谤。于时虽从臣言,赏物二十段,意甚不平,难于受谏也。"太宗曰:"诚如公言,非公无能道此者。

人皆苦不自觉,公向未道时,都自谓所行不变。及见公论说,过失堪惊。公但存此心,朕终不违公语。"

【案】本章南家本、菅家本无。写字台本为卷四直言谏争篇第十三章,明本为直谏附篇第十五章,元刻、韩版为直谏附篇第十四章,戈本为直谏附篇第十章。

校　注

〔一〕元,姓,律师,名。
〔二〕贝州人。武德中,上言三事,帝称之曰谊臣。贞观中,拜御史,迁大理卿。
〔三〕此句以下抄写错乱,且重出直言谏争篇第三章"一人善恶"至章末一百七十馀字。
〔四〕司户,州属户曹。柳,姓,雄,名。
〔五〕唐制,徒刑五,一年至于三年。

67○贞观十二年,太宗东巡狩,将入洛,次于显仁宫,宫苑官司多被责罚。侍中魏徵进言曰:"陛下今幸洛州,为是旧征行处,庶其安定,故欲加恩故老。城郭之民未蒙德惠,官司苑监多及罪辜,或以供奉之物不精,又以不为献食,此则不思止足,志在奢靡。既乖行幸本心,何以副百姓所望?隋主先命在下多作献食,献食不多,则有威罚。上之所好,下必有甚,竞为无限,遂至灭亡。此非载籍所闻,陛下目所亲见,为其无道,故天命陛下代之。当战战慄慄,每事省约,参踪盛列,昭训子孙,奈何今日欲在人之下？陛下若以为足,今日不啻足矣。若以为不足,万倍于此亦不足也。"太宗大惊曰:"非公,朕不闻此言。自今已后,庶几无如此事。"〔一〕

【案】本章南家本、萱家本、写字台本无。明本为直谏附篇第十六章,元刻、韩版为直谏附篇第十五章,戈本移为卷十论行幸篇第四章。

校 注

〔一〕按通鉴系十一年,上至显仁宫,官吏以阙诸待,有被谴责。魏徵谏曰云云,上惊曰:"非公,不闻此言。"因谓长孙无忌等曰:"朕昔过此,买饭而食,僦舍而宿,今供顿如此,岂得犹嫌不足乎!"

贞观政要卷第三

史臣吴兢撰

论君臣鉴戒第六

【案】南家本、菅家本、写字台本、元刻、韩版、戈本均无"论"字。元刻、明本、韩版八章。南家本、菅家本四章,无三章(68、69、75),在卷七礼乐篇一章(72)。写字台本四章,无二章(68、75),在卷七礼乐篇一章(72),在卷四辅弼篇一章(69)。戈本以末章(75)与卷六贪鄙篇末章(188)重出而删去此处一章,故戈注"凡七章"。

68○贞观三年,上谓侍臣曰:"君臣本同治乱,共安危。若主纳忠谏,臣进直言,斯故君臣合契,古来所重。若君自贤,臣不匡正,欲不危亡,不可得也。君失其国,臣亦不能独全其家。至如隋炀帝暴虐,天下钳口,卒令不闻其过,遂至灭亡。虞世基等,寻亦诛死。前事不远,朕与卿等可得不慎,无为后所嗤!"

【案】本章南家本、萱家本、写字台本无。事略同于卷二求谏篇第一章(33)。

69○贞观四年,上论隋日。魏徵对曰:"臣往在隋朝,曾闻有盗发,炀帝令於士澄捕逐[一]。但有疑似,苦加拷掠,枉承贼者二千馀人,并令同日斩决。大理丞[二]张元济怪之,试寻其状,乃有六七人盗发之日先禁他所,被放才出,亦遭推勘,不胜苦痛,自诬行盗。元济因此更事究寻,二千人内惟九人逗遛[三]不明。官人有谙识者,就九人内四人非贼。有司以炀帝已令斩决,遂不执奏,并杀之。"太宗曰:"非是炀帝无道,臣下亦不尽心。须相匡谏,不避诛戮,岂得惟行谄佞,苟求悦誉。君臣如此,何能不败?朕赖公等共相辅佐,遂令囹圄空虚,愿公等善始克终,恒如今日!"

【案】本章南家本、萱家本无,写字台本为卷四辅弼篇第二章。

校 注

〔一〕於,姓也,士澄,名,为隋将,以魏郡降唐。
〔二〕隋狱官之贰职。
〔三〕逗遛,迁延也。

70○贞观六年,太宗谓侍臣曰:"朕闻周、秦初得天下,其事不异。然周则惟善是务,积功累德,所以能保七百之基。

秦乃恣其奢淫,好行刑罚,不过二世而灭。岂非为善者福祚延长,为恶者降年不永?朕又闻桀、纣,帝王也,以匹夫比之,则以为辱。颜、闵,匹夫也〔一〕,以帝王比之,则以为荣。此亦帝王深耻也。朕每将此事以为鉴戒,常恐不逮,为人所笑。"魏徵对曰:"臣闻鲁哀公〔二〕谓孔子曰:'有人好忘者,移宅乃忘其妻。'孔子曰:'又有好忘甚于此者,丘见桀、纣之君〔三〕乃忘其身。'愿陛下每以此为虑,免后人笑!"

【案】本章南家本、萱家本、写字台本为第一章。"魏徵对曰"以下至章末,同卷一政体篇第十三章(18)。

校 注

〔一〕颜回,字子渊。闵损,字子骞。皆孔子弟子,以德行称。

〔二〕鲁君,名蒋。

〔三〕丘,孔子名。

71○贞观十四年,以高昌平〔一〕,召侍臣赐宴于两仪殿,谓房玄龄曰:"高昌若不失臣礼,岂至灭亡?朕平此一国,甚怀危惧,惟当戒骄逸以自防,纳忠謇以自正〔二〕。黜邪佞、用贤良,不以小人之言而议君子,以此慎守,庶几于获安也。"魏徵进曰:"臣观古来帝王拨乱创业,必自戒慎,采刍荛之议,从忠谠之言。天下既安,则恣情肆欲,甘乐谄谀,恶闻正议。张子房,汉王计画之臣,及高祖为天子,将废嫡立庶,子房曰:'今日之事,非口舌所能争也〔三〕。'终不敢复有开说。况陛下功德之盛,以汉祖方之,彼不足准。即位十有五年〔四〕,圣德光被,今又平殄高昌。屡以安危系意,方欲纳用忠良,开直言之路,天下幸甚。昔齐桓公〔五〕与管仲、鲍叔牙、宁戚〔六〕四人饮,桓公谓叔牙曰:'盍起为寡人寿乎〔七〕?'叔牙捧觞而起曰:'愿公无忘出在莒时〔八〕,使管仲无忘束缚于鲁时〔九〕,使宁戚无忘饭牛车下时〔一〇〕。'桓公避席而谢曰:'寡人与二大夫能无忘夫子之言,则社稷不危矣!'"太宗谓徵曰:"朕必不敢忘布衣时,公不得忘叔牙之为人也。"〔一一〕

【案】本章南家本、营家本、写字台本为第二章。

校 注

〔一〕高昌,西域国名,都交河城,汉车师之地,其王麴文泰。是年文泰卒,子智盛立。平,谓征讨平定也。

〔二〕謇,言也。

〔三〕张子房,名良,汉封留侯。高祖欲废太子盈,立赵王如意。或谓吕后曰:"留侯善画计,上信用之。"后劫良曰:"君为上谋臣,今上欲易太子,君安得高枕而卧?"良曰:"始上在急困中,幸用臣策,天下已定,以爱欲易太子,虽臣等百人何益?"后强要曰:"为我画计。"良曰:"此难以口舌争。"遂为太子请四皓为辅,赖以不废。

〔四〕太宗以武德九年即帝位,至是十有五年。

〔五〕齐君,名小白。

〔六〕三人,皆齐相。

〔七〕诸侯自称曰寡人,言寡德之人也。

〔八〕桓公初出奔于莒,鲍叔为之傅。

〔九〕桓公立,谓鲁曰:"管仲,仇也,请得甘心醢之。"管仲请囚,叔牙迎受之,及堂阜而脱桎梏。

〔一〇〕宁戚尝候桓公出,扣牛角歌曰:"南山矸,白石烂,中有鲤鱼长尺半。生不遭尧与舜禅,短布单衣才至骭,从昏饭牛至夜半。"公遂召之为相。

〔一一〕按通鉴十三年,高昌王麹文泰遏绝西域朝贡。伊吾既内属,高昌又与西突厥共击之。上征其臣阿史那矩,文泰不遣。中国人在突厥者或奔高昌,诏使归之,亦不遣。又与西突厥共破焉耆,上遣使责之,文泰语不逊。于是诏侯君集等击之,遂降。由此唐地东极于海,西至焉耆,南尽林邑,北抵大漠,皆为州县,凡东西九千五百一十里,南北一万九百一十八里,为唐之极盛焉。

72○贞观十四年,特进魏徵上疏曰:

臣闻君为元首,臣作股肱,齐契同心,合而成体,体或不备,未有成人。然则首虽尊极,必资手足以成体;君虽明哲,必借股肱以致理。故礼云:"人以君为心,君以人为体,心庄则体舒,心肃则容敬〔一〕。"书云:"元首明哉,股肱良哉,庶事康哉。""元首丛脞哉,股肱惰哉,万事堕哉〔二〕。"然则委弃股肱,独任胸臆,具体成理,非所闻也。

夫君臣相遇,自古为难。以石投水,千载一合,以水投石,无时不有。其能开至公之道,申天下之用,内尽心膂,外竭股肱,和若盐梅[三],固同金石者,非惟高位厚秩,在于礼之而已。昔周文王游于凤皇之墟,袜系解,顾左右莫可使者,乃自结之。岂周文之朝尽为俊乂,圣明之代独无君子哉?但知与不知,礼与不礼耳!是以伊尹,有莘之媵臣;韩信,项氏之亡命。殷汤致礼,定王业于南巢;汉祖登坛,成帝功于垓下。若夏桀不弃于伊尹,项羽垂恩于韩信,宁肯败已成之国为灭亡之虏乎[四]?又微子,骨肉也,受茅土于宋;箕子,良臣也,陈洪范于周。仲尼称其仁,莫有非之者[五]。礼记称:"鲁缪公问于子思曰[六]:'为旧君反服,古欤?'子思曰:'古之君子,进人以礼,退人以礼,故有旧君反服之礼也。今之君子,进人若将加诸膝,退人若将坠诸泉[七]。无为戎首,不亦善乎,又何反服之有[八]?'"齐景公问于晏子曰:"忠臣之事君,如之何?"晏子对曰:"有难不死,出亡不送。"公曰:"裂地以封之,疏爵以待之,有难不死,出亡不送,何也?"晏子曰:"言而见用,终身无难,臣何死焉?谏而见纳,终身不亡,臣何送焉?若言不见用,有难而死,是妄死也。谏不见纳,出亡而送,是诈忠也。"春秋左氏传曰[九]:"崔杼弑齐庄公[一〇],晏子立于崔氏之门外,其人曰:'死乎?'曰:'独吾君也乎哉,吾死也?'曰:'行乎?'曰:'吾罪也乎哉,吾亡也?故君为社稷死,则死之,为社稷亡,则亡之。若为己死,为己亡,非其亲昵,谁敢任之。'门启而入,枕尸股而哭,兴,三踊而出〔一一〕。"孟子曰:"君视臣如手足,臣视君如腹心;君视臣如犬马,臣视君如国人;君视臣如粪土,臣视君如寇仇〔一二〕。"虽臣之事君无有二志,至于去就之节,当缘恩之厚薄,然则为人主者,安可以无礼于下哉!

窃观在朝群臣,当主枢机之寄者,或地邻秦、晋,或业预经纶,并立事立功,皆一时之选,处之衡轴,为任重矣。任之虽重,信之未笃;信之未笃,则人或自疑;人或自疑,则心怀苟且;心怀苟且,则节义不立;节义不立,则名教不兴;名教不兴,而可与固太平之基、保七百之祚,未之有也。又闻国家重惜功臣,不念旧恶,方之前圣,一无所间。然但宽于大事,急于小罪,临时责怒,未免爱憎之心,不可以为政。君严其禁,臣或犯之,况上启其源,下必有甚,川壅而溃,其伤必多,欲使凡百黎元,何所措其手足!此则君开一源,下生百端之变,无不乱者也。礼记曰:"爱而知其恶,憎而知其善〔一三〕。"若憎而不知其善,则为善者必惧;爱而不知其恶,则为恶者实繁。诗曰:"君子如怒,乱庶遄沮〔一四〕。"然则古人之震怒,将以惩恶,当今之威罚,所以长奸,此非尧、舜之心也,非禹、汤之事也。书曰:"抚我则后,虐我则仇〔一五〕。"孙卿子〔一六〕曰:"君,舟也。人,水也。水所以载舟,亦以覆舟〔一七〕。"孔子曰:

"鱼失水则死,水失鱼犹为水也。"故尧、舜战战慄慄,日慎一日。安可不深思之乎?安可不熟虑之乎?

夫委大臣以大体,责小臣以小事,为国之常也,为理之道也。今委之以职,则重大臣而轻小臣;至于有事,则信小臣而疑大臣。信其所轻,疑其所重,将求至治,岂可得乎?又政贵有恒,不求屡易。今或责小臣以大体,或责大臣以小事。小臣乘非其据〔一八〕,大臣失其所守;大臣或以小过获罪,小臣或以大体受罚。职非其位,罚非其辜,欲其无私,求其尽力,不亦难乎?小臣不可委以大事,大臣不可责以小罪。任以大官,求其细过,刀笔之吏,顺旨承风,舞文弄法,曲成其罪。自陈也,则以为心不伏辜;不言也,则以为所犯皆实。进退惟咎,莫能自明。莫能自明〔一九〕,则苟求免祸;大臣苟免,则谲诈萌生;谲诈萌生,则矫伪成俗;矫伪成俗,则不可以臻至理矣!

又委任大臣,欲其尽力,每官有阙,责其取人。或言所知,则以为私意〔二○〕;有所避忌不言,则为不尽。若举得其人,何嫌于故旧;若举非其任,何贵于疏远。待之不尽诚信,何以责其忠恕哉!臣虽或有失之,君亦未为得也。夫上之不信于下,必以为下无可信矣。若必下无可信,则上亦有可疑矣!礼云:"上人疑,则百姓惑。下难知,则君长劳〔二一〕。"上下相疑,则不可以言至理矣。当今群臣之内,远在一方,流言三至而不投杼者〔二二〕,臣窃思度,未见其人。夫以四海之广,士庶之众,岂无一二可信者哉?盖信之则无不可信,疑之则无可信者,岂独臣之过乎?且以一介庸夫结为交友,以身相许,死且不渝,况君臣契合,意同鱼水。若君为尧、舜,臣为稷、契〔二三〕,岂有遇小事则变志,见小利则易心哉!此虽下之立忠未能明著,亦由上怀不信、待之过薄之所致也。岂君使臣以礼,臣事君以忠乎?以陛下之圣明,以当今之功业,诚能博求时俊,上下同心,则三皇可追而四〔二四〕,五帝可俯而六矣。夏、殷、周、汉,夫何足数!

太宗深嘉纳之,赐骏马一匹〔二五〕。

【案】本章南家本、萱家本、写字台本为卷七礼乐篇第九章,元刻两处重出。

校　注

〔一〕"心庄",原作"心壮",南家本、萱家本、写字台本同,据元刻、韩版、戈本改。礼缁衣篇之辞。

〔二〕"股肱惰哉万事堕哉",原作"股肱堕哉万事隳哉",南家本、萱家本、写字台本、元刻同,据韩版、戈本改。虞书皋陶赓歌之辞。

〔三〕商书高宗命傅说曰:"若作和羹,尔惟盐梅。"

〔四〕伊,姓,尹,字也。伊尹名挚,汤三聘之,遂佐汤伐桀,放桀于南巢之地。有莘,国名。送女曰媵。汤妃,有莘氏之女也。史记谓伊尹欲行道以致君而无由,乃为有莘氏之媵臣,说汤致于王道。盖战国时有为此说者。韩,姓,信,名也,淮阴人,数以策干项羽,羽弗听,信亡归汉。高祖用萧何言,于是择日斋戒,设坛场,拜信为大将,后围羽于垓下之地。

〔五〕微、箕,二国名。子,爵也。微子,纣之庶兄,谏纣不听,遂去之。武王克商,封微子于宋。箕子,纣之诸父,谏纣不听,被囚为奴。武王即位,访之,箕子为陈洪范九畴。论语曰:"微子去之,箕子为之奴,比干谏而死,子曰:殷有三仁焉。"

〔六〕穆公,鲁君,名显。子思,孔子之孙,名伋。

〔七〕泉,礼作渊,盖避高祖讳,故以泉代渊。

〔八〕礼檀弓篇之辞。

〔九〕春秋,孔子所作,而左氏为传。

〔一〇〕崔武子也。庄公名光。

〔一一〕事见左传襄公二十五年。

〔一二〕孟子告齐宣王之辞。

〔一三〕礼曲礼篇之辞。

〔一四〕诗小雅巧言篇之辞。

〔一五〕周书武王誓师之辞。

〔一六〕名况,赵人。卿者,时人相尊之号。著书曰荀子。

〔一七〕此本家语之辞,而荀子述之也。

〔一八〕"小臣乘非其据",原无"小臣"二字,据南家本、菅家本、写字台本、元刻、韩版、戈本补。

〔一九〕"莫能自明",原无此四字,韩版、戈本同,据南家本、菅家本、写字台本、元刻补。

〔二〇〕"有阙责其取人或言所知则以为私意",原无此十五字,元刻、

〔二一〕礼缁衣篇之辞。

〔二二〕秦甘茂告秦王曰:"鲁人有与曾参同姓名者杀人,人告其母,母织自若。三人告之,其母投杼下机,逾墙而走。臣之贤不及曾参,王之信臣不如其母,疑臣者非特三人,臣恐大王之投杼也。"

〔二三〕稷,农官。舜命弃曰:"汝后稷播时百谷。"命契曰:"汝作司徒敬敷五教。"

〔二四〕三皇,史记谓庖牺氏、女娲氏、神农氏也。孔安国书序以伏羲、神农、黄帝为三皇。一说谓天皇、地皇、人皇。未详孰是。

〔二五〕"赐骏马一匹",原无此五字,元刻、韩版、戈本同,据南家本、营家本、写字台本补。

73〇贞观十六年,太宗问特进魏徵曰:"朕克己为政,仰企前烈。至如积德、累仁、丰功、厚利四者,常以为称首,朕皆庶几自勉。人苦不能自见,不知朕之所行,何等优劣?"徵曰:"德、仁、功、利,陛下兼而行之。然则内平祸乱,外除戎狄,是陛下之功。安诸黎元,各有生业,是陛下之利。由此言之,功利居多,惟德与仁,愿陛下自强不息,必可致也。"

【案】本章南家本、营家本、写字台本为第三章。

74〇贞观十七年,太宗谓侍臣曰:"自古草创之主,至子孙多乱,何也?"司空房玄龄曰:"此为幼主生长深宫,少居富贵,未尝识人间情伪、理国安危,所以为政多乱。"太宗曰："公意推过于主，朕则归咎于臣。夫功臣子弟多无才行，借祖父资荫遂处大官，德义不修，奢纵是好。主既幼弱，臣又不才，颠而不扶，岂能无乱？隋炀帝录宇文述在藩之功，擢化及于高位，不思报效，翻行弑逆[一]。此非臣下之过欤？朕发此言，欲公等戒勖子弟，使无愆犯，即国家之庆也。"太宗又曰："化及与玄感，即隋大臣受恩深者，子孙皆反，其故何也[二]？"岑文本对曰："君子乃能怀德，小人不能[三]荷恩，玄感、化及之徒，并小人也。古人所以贵君子而贱小人。"太宗曰："然。"

【案】本章南家本、萱家本、写字台本为第四章。

校　注

〔一〕化及，隋相宇文述之子，为右屯卫将军。武德初，弑炀帝于江都，立秦王浩。复杀浩自立，称许帝。二年，窦建德破化及于聊城，杀之。

〔二〕玄感，隋相杨素之子，为大将。大业九年，起兵黎阳，围东都。隋主命宇文述等讨之，遂败死。

〔三〕"小人不能"，原无此四字，元刻、韩版、戈本同，据南家本、萱家本、写字台本补。

75○贞观十九年，太宗谓侍臣曰："古人云：'鸟栖于林，犹恐其不高，复巢于木杪；鱼藏于泉，犹恐其不深，复窟穴于泥下。然为人所获者，皆由贪饵故也。'今大臣受委任，居高位、食厚禄,皆须履忠信,蹈公清,则无咎悔,长守富贵矣。陷其刑者,只为贪冒财利,与鱼鸟何异哉!卿等宜记此语,用为鉴诫。"

【案】本章与卷六贪鄙篇末章(188)重出,文字略异。南家本、萱家本、写字台本无,戈本去此存彼。

论择官第七

【案】戈本无"论"字。元刻、明本、韩版、戈本十一章,戈注"凡十一章"。南家本、萱家本、写字台本十章,以82、83两章为一章,第二章(77)在第四章(79)之后。

76○贞观元年,太宗谓房玄龄等曰:"致理之本,惟在于审。量才授职,务省官员。故书称:'任官惟贤才。'又云:'官不必备,惟其人〔一〕。'若得其善者,虽少亦足矣。其不善者,纵多亦奚为?古人亦以官不得其才,比于画地作饼,不可食也。诗曰:'谋夫孔多,是用不就〔二〕。'又孔子曰:'官事不摄,焉得俭〔三〕?'且'千羊之皮,不如一狐之腋〔四〕。'此皆载在经典,不能具道。当须更并省官员,各当所任,则无为而理矣。卿宜详思此理,量定庶官员位。"玄龄等由是所置文武总六百四十员。太宗从之,因谓玄龄曰:"自此傥有乐工杂类,假使术逾侪辈者,只可特赐钱帛以赏其能,必不可超授官爵,与夫朝臣君子比肩而立、同坐

而食,遣诸衣冠以为耻累。"〔五〕

【案】南家本、萱家本、写字台本以第三章(78)在此处。

校 注

〔一〕商周书之辞。〔案〕此下,南家本、萱家本、写字台本有"孔子曰官事不必摄焉得称俭"十二字。

〔二〕诗小雅小旻篇之辞。

〔三〕论语孔子言管仲之辞。

〔四〕史记,商君问赵良曰:"子观我治秦也,孰与五羖大夫贤?"良曰:"千羊之皮,不如一狐之腋。千人之诺诺,不如一士之谔谔。"

〔五〕按通鉴:唐初士大夫以乱离之后,不乐仕进,官员不充。省符下诸州差人赴选,勒赴省选,集者七千馀人。吏部刘林甫随材铨叙,各得其所,时人称之。上谓玄龄曰:"官在得人,不在员多。"命并省,留文武总六百四十三员。百官志曰:太宗省内外官,定制七百三十员,曰:"吾以此待天下贤材,足矣!"

77○贞观二年,太宗谓房玄龄、杜如晦曰:"公为仆射,当助朕忧劳,广开耳目,求访贤哲。比闻公等听受词讼,日有数百。此则读符牒不暇,安能助朕求贤哉?"因敕尚书省〔一〕,细碎务皆付左右丞〔二〕,惟冤滞大事合闻奏者,关于仆射。

【案】本章南家本、萱家本、写字台本为第四章。

校 注

〔一〕唐制,尚书谓之都省,置令一人,典领百官。贞观中,以太宗曾为之,故缺而不置。其次左、右仆射各一人,左、右丞各一人。其属有六部,庶务皆会决焉。凡符移关牒必遣于都省乃下,天下大事不决者皆上都省。

〔二〕唐制,掌辨六官之仪,纠正省内,劾御史举不当者。吏、户、礼三部,左丞总焉。兵、刑、工三部,右丞总焉。

78 贞观二年,太宗谓侍臣曰:"朕每夜恒思百姓间事,或至夜半不寐,惟恐都督〔一〕、刺史〔二〕堪养百姓以否。故于屏风上录其姓名,坐卧恒看。在官如有善事,亦具列于名下。朕居深宫之中,视听不能及远,所委者惟都督、刺史,此辈实理乱所系,尤须得人。"

【案】本章南家本、营家本、写字台本为第二章。

校 注

〔一〕唐制,武德七年,改总管曰都督,掌督诸州兵马、甲械、城隍、镇戍、粮廪,总判府事。

〔二〕见前篇注。

79 ○贞观二年,上谓右仆射封德彝曰:"致安之本,惟在得人。比来命卿举贤,未尝有所推荐。天下事重,卿宜分朕忧劳。卿既不言,朕将安寄?"对曰:"臣愚岂敢不尽情,但今所见,未有奇才异能。"上曰:"前代明王使人如器,不借才于异代,皆取士于当时。岂得待梦傅说〔一〕、逢吕尚〔二〕然后为政乎?且何代无贤,但患遗而不知耳!"德彝惭赧而退〔三〕。

【案】本章南家本、萱家本、写字台本为第三章。

【又案】南家本、萱家本、写字台本以第二章(77)在此处。

校 注

〔一〕傅说,商贤相也。武丁梦得圣人名曰说。以梦所见,视群臣百吏皆非也。乃使营求之野,得说于岩中,立为相。

〔二〕吕,周太公也。本姓姜,从其封姓。周西伯将出猎,卜之曰:"所获非龙、非彲、非虎、非罴,霸王之辅。"果遇太公于渭之阳,与语,大悦。遂载与俱归,立为师。

〔三〕赧,愧忿也。按史传,系元年二月,帝谓封伦曰:"大理之职,人命所悬,此官极须妙选公直。"伦未对。帝曰:"戴胄忠直,每事用心,即其人也。"又谓伦曰云云。

80○贞观三年,太宗谓吏部尚书杜如晦曰:"比见吏部择人,惟取其言词刀笔,不悉其景行。数年之后,恶迹始彰,虽加刑戮,而百姓已受其弊。如何可获善人?"如晦对曰:"两汉取人,皆行著乡闾,州郡贡之,然后入用,故当时号为多士。今每年选集,向数千人,厚貌饰词,不可知悉,选司但配其阶品而已。铨简之理,实所未精,所以不能得才。"上乃将依汉时法,令本州郡辟召。会功臣等将行世封,其事遂止。

81○贞观六年,上谓魏徵曰:"古人云,王者须为官择人,不可造次即用。朕今行一事,则为天下所观;出一言,则为天下所听。用得正人,为善者皆劝;误用恶人,不善者竞进。赏当其劳,无功者自退;罚当其罪,为恶者戒惧。故知赏罚不可轻行,用人弥须慎择。"徵对曰:"知人之事,自古为难,故考绩黜陟〔一〕,察其善恶。今欲求人,必须审访其行。若知其善,然后用之。设令此人不能济事,只是才力不及,不为大害。误用恶人,假令强干,为害极多。但乱代惟求其才,不顾其行。太平之时,必须才行俱兼,始可任用。"

校　注

〔一〕虞书曰:"三载考绩,三考黜陟幽明。"

82○贞观十一年,侍御史马周上疏曰:"理天下者,以人为本。欲令百姓安乐,在刺史、县令。县令既众,不可皆贤。若每州得良刺史,则合境苏息。天下刺史,悉称圣意,则陛下可端拱岩廊之上,百姓不虑不安。自古郡守、县令,皆妙选贤德。欲有迁擢为将相者,必先试以临民,或从二千石〔一〕入为丞相及司徒、太尉者,朝廷必不可独重内臣,外刺史、县令,遂轻其选。所以百姓未安,殆由于此。"太宗因谓侍臣曰:"刺史,朕当自简择。县令,诏京官五品已上,各举一人。"〔二〕

校 注

〔一〕汉世郡守曰二千石。

〔二〕按史传,此与谏营造奢侈及论太子诸王定分同一疏。

83○贞观十一年,治书侍御史刘洎以为左右丞宜特加精简,上疏曰:

臣闻尚书万机,实为政本,伏寻此选,授任诚难。是以八座比于文昌〔一〕,二丞方于管辖〔二〕,爰至曹郎,上应列宿〔三〕,苟非称职,窃位兴讥。伏见比来尚书省诏敕稽停,文案壅滞,臣诚庸劣,请述其源。贞观之初,未有令、仆〔四〕,于时省务繁杂,倍多于今。而左丞戴胄、右丞魏徵,并晓达吏方,质性平直,事应弹举〔五〕,无所回避。陛下又假以恩慈,自然肃物。百司匪懈,抑此之由。及杜正伦续任右丞,颇亦厉下。比者纲维不举,并为勋亲在位,器非其任,功势相倾。凡在官僚,未循公道,虽欲自强,先惧嚣谤〔六〕。所以郎中予夺,惟事咨禀;尚书依违,不能断决。或惮闻奏〔七〕,故事稽延,案虽理穷,仍更盘下。去无程限,来不责迟,一经出手,便涉年载。或希旨失情,或避嫌抑理。有司以案成为事了,不究是非;尚书用便僻为奉公,莫论当否。互相姑息,惟事弥缝。且选众授能,非才莫举,天工人代[八],焉可妄加?至于懿戚、元勋,但宜优其礼秩,或年高及耄[九],或积病智昏,既无益于时宜,当置之以闲逸。久妨贤路,殊为不可。将救兹弊,且宜精简。尚书左右丞及左右郎中[一〇],如并得人,自然纲维备举,亦当矫正趋竞,岂惟息其稽滞哉!疏奏,寻以洎为尚书左丞。

【案】本章南家本、萱家本、写字台本与前章通为一章。

校 注

〔一〕左右仆射及六部,是为八座。汉志曰:"斯乃文昌天府,众务渊薮。"

〔二〕二丞,左右丞也。六典曰:"掌管辖省事。"

〔三〕汉明帝曰:"郎官上应列宿。"

〔四〕尚书令及仆射也。

〔五〕"事应弹举",原脱"事"字,据南家本、萱家本、写字台本、元刻、韩版、戈本补。

〔六〕嚣,浮薄也。

〔七〕"或惮闻奏",原作"或纠弹闻奏",元刻、韩版、戈本同,据南家本、萱家本、写字台本及旧唐改。

〔八〕虞书曰:"天工人其代之。"言人君代天理物,官所治皆天事。

〔九〕八十、九十曰耄。

〔一〇〕唐制,副二丞所辖诸司事,署录目,勘稽失,知省内宿直之事。

84〇贞观十三年，太宗谓侍臣曰："朕闻太平后有大乱，大乱后必有太平。承大乱之后，即是太平之运也。能安天下者，惟在用得贤才。公等既不能知贤，朕又不可遍识。日复一日，无得人之理。今欲令人自举，于事何如？"魏徵曰："知人者智，自知者明。知人既以为难，自知诚亦不易。且愚暗之人，皆矜能伐善，恐长浇竞之风，不可令其自举。"

85〇贞观十四年，特进魏徵上疏曰：

臣闻知臣莫若君，知子莫若父。父不能知其子，则无以睦一家；君不能知其臣，则无以齐万国。万国咸宁，一人有庆，必借惟良作弼，俊乂在官，则庶绩其凝，无为而化矣。故尧、舜、文、武见称前载，咸以知人则哲，多士盈朝，元、凯翼巍巍之功〔一〕，周、召光焕乎之美〔二〕。然则四岳〔三〕、九官〔四〕、五臣〔五〕、十乱〔六〕，岂惟生之于曩代，而独无于当今者哉？在乎求与不求，好与不好耳！何以言之？夫美玉明珠，孔翠犀象，大宛之马〔七〕、西旅之獒〔八〕，或无足也，或无情也，生于八荒之表，途遥万里之外，重译入贡〔九〕，道路不绝者，何哉？盖由乎中国之所好也。况从仕者，怀君之荣，食君之禄，率之以义，将何往而不至哉？臣以为与之为忠，则可使同乎龙逄、比干矣〔一〇〕。与之为孝，则可使同乎曾参、子骞矣〔一一〕。与之为信，则可使同乎尾生、展禽矣〔一二〕。与之为廉，则可使同乎伯夷、叔齐矣[一三]。

然而今之群臣,罕能贞白卓异者,盖求之不切,励之未精故也。若勖之以公忠,期之以远大,各有职分,得行其道。贵则观其所举,富则观其所养,居则观其所好,习则观其所言,穷则观其所受,贱则观其所不为。因其材以取之,审其能以任之,用其所长,掩其所短。进之以六正,戒之以六邪,则不严而自励,不劝而自勉矣[一四]。故说苑曰[一五]:"人臣之行,有六正六邪。行六正则荣,犯六邪则辱。何谓六正?一曰,萌牙未动,形兆未见,昭然独见存亡之机,得失之要,预禁乎未然之前,使主超然立乎荣显之处,如此者,圣臣也。二曰,虚心尽意,日进善道,勉主以礼义,谕主以长策,将顺其美,匡救其恶,如此者,良臣也。三曰,夙兴夜寐,进贤不懈,数称往古之行事,以厉主意,如此者,忠臣也。四曰,明察成败,早防而救之,塞其间[一六],绝其源,转祸以为福,使君终以无忧,如此者,智臣也。五曰,守文奉法,任官职事,不受赠遗,辞禄让赐,饮食节俭,如此者,贞臣也。六曰,国家昏乱,所为不谀,敢犯主之严颜,面言主之过失,如此者,直臣也。是谓六正。何谓六邪?一曰,安官贪禄,不务公事,与代浮沉,左右观望,如此者,具臣也。二曰,主所言皆曰善,主所为皆曰可,隐而求主之所好而进之,以快主之耳目,偷合苟容,与主为乐,不顾其后害,如此者,谀臣也。三曰,内实险诐,外兒小谨,巧言令色,妒善疾贤,所欲进,则明其美、隐其恶;所欲退,则明其过、匿其美,使主赏罚不当,号令不行,如此者,奸臣也。四曰,智足以饰非,辩足以行说,内离骨肉之亲,外构乱于朝廷,如此者,谗臣也。五曰,专权擅势,以轻为重,私门成党,以富其家,擅矫主命,以自显贵,如此者,贼臣也。六曰,谄主以邪佞,陷主于不义,朋党比周,以蔽主明,使黑白无别,是非无间,使主恶布于境内,闻于四邻,如此者,亡国之臣也。是谓六邪。贤臣处六正之道,不行六邪之术,故上安而下理。生则见乐,死则见思,此人臣之术也。"礼记曰〔一七〕:"权衡诚悬,不可欺以轻重。绳墨诚陈,不可欺以曲直。规矩诚设,不可欺以圆方。君子审礼,不可诬以奸诈〔一八〕。"然则臣之情伪,知之不难矣。又设礼以待之,执法以御之,为善者蒙赏,为恶者受罚,安敢不企及乎?安敢不尽力乎?

国家思欲进忠良、退不肖,十有馀载矣,徒闻其语,不见其人,何哉?盖言之是也,行之非也。言之是,则出乎公道;行之非,则涉乎邪径。是非相乱,好恶相攻。所爱虽有罪,不及于刑;所恶虽无辜,不免于罚。此所谓爱之欲其生,恶之欲其死者也。或以小恶弃大善,或以小过忘大功。此所谓君之赏不可以无功求,君之罚不可以有罪免者也。赏不以劝善,罚不以惩恶,而望邪正不惑,其可得乎?若赏不遗疏远,罚不阿亲贵,以公平为规矩,以仁义为准绳,考事以正其名,循名以求其实,则邪正莫隐,善恶自分。然后取其实,不尚其华,处其厚,不居其薄,则不言而化,期月而可知矣!若徒爱美锦而不为人择官,有至公之言,无至公之实,爱而不知其恶,憎而遂忘其善,循私情以近邪佞,背公道而远忠良,则虽〔一九〕夙夜不怠,劳神苦思,将求至理,不可得也!

书奏,太宗甚嘉纳之。

校 注

〔一〕舜举八凯使主后土,百揆时序;举八元使布五教,内平外成。

〔二〕周公名旦,武王之弟。召公名奭,为周太保。二公夹辅成王。

〔三〕唐虞官名,掌四岳诸侯之事,或一人而总兼之。

〔四〕舜命禹作司空,稷播百谷,契为司徒,皋陶作士,垂为共工,益掌山泽,伯夷为秩宗,夔典乐,龙作纳言,是为九官。

〔五〕论语曰:"舜有臣五人,而天下治。"谓禹、稷、契、皋陶、伯益也。

〔六〕周书武王曰:"予有乱臣十人。"乱,治也。十人,谓周公旦、召公奭、太公望、毕公、荣公、大颠、闳夭、散宜生、南宫适,其一文母。论语曰:"有妇人焉,九人而已。"先儒以为子无臣母之义,盖邑姜也。九人治外,邑姜治内。

〔七〕大宛,西域国。汉武时,李广利破其国,获汗血马以献。

〔八〕西旅,西夷国,武王时贡獒。犬高八尺曰獒。

〔九〕言语不通,必重译而求也。

〔一〇〕龙逢,桀臣,比干,纣臣,皆以忠谏见杀。

〔一一〕曾参,字子舆;子骞,姓闵,名损,皆孔子弟子。孟子曰:"事亲若曾子可也。"论语曰:"孝哉,闵子骞,人不间于其父母昆弟之言。"

〔一二〕庄子曰:"尾生与女子期于梁下,女子不来,水至不去,抱梁柱而死。"展禽,鲁大夫展获,名禽,食邑柳下,谥曰惠。

〔一三〕伯夷、叔齐,孤竹国君之二子,让国而逃,谏伐而饿。

〔一四〕"自勉",原作"日勉",据南家本、萱家本、写字台本、元刻、韩版、戈本改。

〔一五〕前汉光禄大夫刘向,字子政,楚元王交之后,采传记行事,著说苑三十篇。

〔一六〕隙也。

〔一七〕"礼记曰",原作"记曰",元刻、韩版同,据南家本、萱家本、写字台本、戈本改。

〔一八〕"诬以",原作"諲以",据南家本、萱家本、写字台本、元刻、韩版、戈本及礼记改。礼经解篇之辞。

〔一九〕"则虽",原作"则",韩版同,据南家本、萱家本、写字台本、元刻、戈本补"虽"字。

86○贞观二十一年,太宗在翠微宫〔一〕,授司农卿〔二〕李纬户部尚书。房玄龄是时留守京城。会有自京师来者,太宗问曰:"玄龄闻李纬拜尚书,如何?"对曰:"玄龄但云李纬大好髭须,更无他语。"由是改授纬洛州刺史。

校 注

〔一〕在长安县,武德八年置,贞观十年废,是年复修方成。
〔二〕唐制,掌仓储委积之事。

论封建第八

【案】戈本无"论"字。各本均二章,戈注"凡二章"。

87○贞观元年,封中书令房玄龄为邢国公〔一〕,兵部尚书〔二〕杜如晦为蔡国公,吏部尚书长孙无忌为齐国公,并为第一等,食实封一千三百户〔三〕。皇从父淮安王神通〔四〕上言:"义旗初起,臣率兵先至〔五〕,今房玄龄等刀笔之人,功居第一,臣窃不服。"太宗曰:"国家大事,惟赏与罚。若赏当其劳,无功者自退;罚当其罪,为恶者咸惧。则知赏罚不可轻行也。今计勋行赏,玄龄等有筹谋帷幄,画定社稷之功,所以汉之萧何,虽无汗马,指踪推毂,故得功居第一〔六〕。叔父于国至亲,诚无爱惜,但以不可缘私滥与勋臣同赏矣!"由是诸功臣自相谓曰:"陛下以至公赏,不私其亲,吾属何可妄诉。"初,高祖举宗正籍,弟侄、再从、三从童孩已上封王者数十人。至是,太宗谓群臣曰:"自两汉已降,惟封子及兄弟,其疏远者,非有大功,如汉之贾、泽〔七〕,并不得受封。若一切封王,多给力役,乃至劳苦万姓,以养己之亲属。"于是宗室先封郡王其间无功者,皆降为县公〔八〕。

校　注

〔一〕"邢国公",原作"邗国公",戈本同,韩版作"郏国公",据南家本、萱家本、写字台本及旧唐、会要改。

〔二〕"兵部尚书",原作"工部尚书",元刻、韩版同,据南家本、萱家本、写字台本、戈本及旧唐改。

〔三〕"食实封一千三百户",原作"食实封三千三百户",写字台本、韩版同,萱家本、戈本作"食邑实封一千三百户",南家本作"实封千三百户",从南家本、旧唐改。

〔四〕神通与高祖为从兄弟,从高祖平京师,典兵宿卫,封淮安王。

〔五〕隋大业十三年五月,高祖起兵太原,六月,传檄称义师,故曰"义旗"。神通自长安入鄠南山,举兵应太原,从平京师有功。

〔六〕汉高祖论功行封,群臣争功不决,帝以萧何功盛,先封酂侯。功臣皆曰:"何无汗马之劳,徒持文墨议论,顾居臣等上,何也?"帝曰:"夫猎,追杀兽者狗也,发纵指示者人也。诸君徒能得兽耳,功,狗也。何之功,人也。"群臣皆莫敢言。

〔七〕汉高祖封从兄弟贾为荆王,从祖昆弟泽为燕王,并为将军有功。

〔八〕"县公",据旧唐宗室列传"于是宗室率以属疏降爵为郡公",当以郡公为是。按本纪,降封事,系武德九年十一月。又按胶东郡王道彦传云:"唐兴,务广藩镇,故从昆弟子自胜衣已上,皆爵郡王。太宗即位,举属籍问大臣曰:尽王宗子于天下,可乎? 封德彝曰:汉所封,惟帝子若亲昆弟,其属远,非大功不王。如周郇滕、汉贾泽,尚不得茅土,所以别亲疏也。先朝一切封之,爵命崇而力役多,以天下为私奉,非所以示至公。帝曰:朕君天下以安百姓,不容劳百姓以养己之亲。于是疏属王者皆降为公,惟有功者不降。故道彦等并降封公。"由是言之,其初所封郡王者,后所降皆郡公也。县字疑衍。

88○贞观十一年,太宗以周封子弟,八百馀年,秦罢诸侯,二世而灭,吕后欲危刘氏,终赖宗室获安[一],封建亲贤,当是子孙长久之道。乃定制,以子弟荆州都督荆王元景[二]、安州都督吴王恪[三]等二十一人,又以功臣司空赵州刺史长孙无忌、尚书左仆射宋州刺史房玄龄等一十四人,并为世袭刺史。礼部侍郎[四]李百药[五]奏论以驳世封事曰:

臣闻经国庇民,王者之常制;尊主安上,人情之大方。思闻理定之规,以弘长世之业,万古不易,百虑同归。然命历有赊促之殊,邦家有理乱之异。遐观载籍,论之详矣。咸云周过其数[六],秦不及期[七],存亡之理,在于郡国。周氏以鉴夏、殷之长久,遵皇王之并建,维城磐石,深根固本,虽王纲弛废,而枝干相持,故使逆节不生,宗祀不绝。秦氏背师古之训[八],弃先王之道,茍华恃险,罢侯置守,子弟无尺土之邑,兆庶罕共理之忧,故一夫号呼而七庙隳圮[九]。

臣以为自古皇王君临宇内,莫不受命上玄,册名帝箓,缔构遇兴王之运,殷忧属启圣之期。虽魏武携养之资[一〇],汉高徒役之贱[一一],非止意有觊觎,推之亦不能去也。若其狱讼不归[一二],菁华已竭,虽帝尧之光被四表[一三],大舜之上齐七政[一四],非止情存揖让,守之亦不可固[一五]焉!以放勋、重华之德[一六],尚不能克昌厥后。是知祚之长短,必在于天时;政或兴衰,有关于人事。隆周卜世三十,卜年七百,虽沦胥之道斯极,而文、武之器尚存,斯龟鼎之祚,已悬定于杳冥也。至使南征不反[一七],东迁避逼[一八],禋祀阙如,郊畿不守,此乃陵夷之渐,有累于封建焉。暴秦运距闰馀,数终百六[一九]。受命之主,德异禹、汤;继世之君,才非启、诵[二〇]。借使李斯、王绾之辈咸开四履[二一],将闾、子婴之徒俱启千乘[二二],岂能逆帝子之勃兴,抗龙颜之基命者也[二三]!

然则得失成败,各有由焉。而著述之家,多守常辙,莫不情忘今古,理蔽浇淳,欲以百王之季,行三代之法。天下五服之内,尽封诸侯[二四];王畿千里之间,俱为采地[二五]。是则以结绳之化行虞、夏之朝[二六],用象刑之典治刘、曹之末[二七],纪纲弛紊,断可知焉。锲船求剑,未见其可[二八];胶柱成文,弥多所惑[二九]。徒知问鼎请隧,有惧勤王之师[三〇];白马素车,无复藩维[三一]之援。不悟望夷之衅[三二],未堪羿、浞之灾[三三];高贵之殃[三四],宁异申、缯之酷[三五]。此乃钦明昏乱,自革安危,固非守宰公侯,以成兴废。且数世之后，王室浸微，始自藩屏[三六]，化为仇敌。家殊俗，国异政，强陵弱，众暴寡，疆场彼此，干戈侵伐。狐骀之役，女子尽髽[三七]；殽陵之师，只轮不反[三八]。斯盖略举一隅，其馀不可胜数。陆士衡[三九]方规规然云："嗣王委其九鼎[四〇]，凶族据其天邑[四一]，天下晏然，以治待乱。"何斯言之谬也！而设官分职，任贤使能，以循良之才，膺共治之寄，刺举分竹，何世无人[四二]。至使地或呈祥，天不爱宝[四三]，民称父母[四四]，政比神明[四五]。曹元首[四六]区区然称："与人共其乐者，必急其忧；与人同其安者，必拯其危。"岂容以为侯伯，则同其安危；任之牧宰，则殊其忧乐？何斯言之妄也！

封君列国，籍其门资，忘其先业之艰难，轻其自然之崇重，莫不世增淫虐，代益骄侈。离宫别馆，切汉凌云，或刑人力而将尽，或召诸侯而共乐。陈灵则君臣悖礼，共侮徵舒[四七]；卫宣则父子聚麀，终诛寿、朔[四八]。乃云为己思治，岂若是乎？内外群官，选自朝廷，擢士庶以任之，澄水镜以鉴之，年劳优其阶品，考绩明其黜陟。进取事切，砥砺情深，或俸禄不入私门[四九]，妻子不之官舍[五〇]。班条之贵，食不举火[五一]；剖符之重，衣惟补葛[五二]。南阳太守[五三]，敝布裹身[五四]；莱芜县长，凝尘生甑[五五]。专知为利图物，何其爽欤！总而言之，爵非世及，用贤之路斯广；民无定主，附下之情不固。此乃愚智所辨，安可惑哉？

至如灭国弑君,乱常干纪,春秋二百年间,略无宁岁[五六]。次睢咸秩,遂用玉帛之君[五七];鲁道有荡,每等衣裳之会[五八]。纵使西汉哀、平之际[五九],东洛桓、灵之时[六〇],下吏淫暴,必不至此。为政之理,可以一言蔽焉。

伏惟陛下握纪御天,应期启圣,救亿兆之焚溺,扫氛祲于寰区。创业垂统,配二仪以立德;发号施令,妙万物而为言。独照宸衷,永怀前古。将复五等而修旧制,建万国以亲诸侯。窃以汉、魏已还,馀风之弊未尽;勋、华既往,至公之道斯革。况晋氏失御[六一],宇县崩离;后魏乘时,华夷杂处[六二]。重以关、河分阻,吴、楚悬隔,习文者学长短纵横之术,习武者尽干戈战争之心,毕为狙诈之阶,弥长浇浮之俗。开皇在运[六三],因借外家。驱御群英,任雄猜之数;坐移明运,非克定之功。年逾二纪[六四],人不见德。及大业嗣立[六五],世道交丧,一人一物,扫地将尽。虽天纵神武,削平寇虐,兵威不息,劳心未康。

自陛下顷顺圣慈,嗣膺宝历,情深致理,综核前王。虽至道无名,言象所绝,略陈梗概,实所庶几。爱敬蒸蒸[六六],劳而不倦,大舜之孝也。访安内竖,亲尝御膳,文王之德也[六七]。每宪司谳罪,尚书奏狱,大小必察,枉直咸举,以断趾之法,易大辟之刑,仁心隐恻,贯彻幽显,大禹之泣辜也[六八]。正色直言,虚心受纳,不简鄙讷,无弃刍荛,帝尧之求谏也[六九]。弘奖名教,劝励学徒,既擢明经于青紫,将升硕儒于卿相,圣人之善诱也[七〇]。群臣以宫中暑湿,寝膳或乖,请移御高明,营一小阁。遂惜家人之产,竟抑子来之愿,不吝阴阳之感,以安卑陋之居。顷岁霜俭,普天饥馑,丧乱甫尔,仓廪空虚。圣情矜愍,勤加赈恤,竟无一人流离道路,犹且食惟藜藿,乐彻簨簴[七一],言必凄动,貌成癯瘦。公旦喜于重译[七二],文命矜其即序[七三]。陛下每见四夷款附,万里归仁,必退思进省,凝神动虑,恐妄劳中国,以求远方,不借万古之英声,以存一时之茂实。心切忧劳,迹绝游幸,每旦视朝,听受无倦,智周于万物,道济于天下。罢朝之后,引进名臣,讨论是非,备尽肝膈,惟及政事,更无异词。才日昃,必命才学之士,赐以清闲,高谈典籍,杂以文咏,间以玄言,乙夜忘疲[七四],中宵不寐。此之四道,独迈往初,斯实生民以来,一人而已。弘兹风化,昭示四方,信可以期月之间,弥纶天壤。而淳粹尚阻,浮诡未移,此由习之永久,难以卒变。请待雕琢成器,以质代文,刑措之教一行,登封之礼云毕,然后定强理之制,议山河之赏,未为晚焉。易称:"天地盈虚,与时消息,况于人乎[七五]?"美哉斯言也。

中书舍人马周又上疏曰:

伏见诏书令宗室勋贤作镇藩部,贻厥子孙,嗣守其政,非有大故,无或黜免。臣窃惟陛下封植之者,诚爱之重,欲其胤裔承守,为国无疆,可使世官也。何则?以尧、舜之父,犹有朱、均之子[七六],况下此已还,而欲以父取子,恐失之远矣。傥有孩童嗣职,万一骄逸,则兆庶被其殃,而国家受其败。政欲绝之也,则子文之理犹在[七七];政欲留之也,而栾黡之恶已彰[七八]。与其毒害于见存之百姓,则宁使割恩于已亡之一臣,明矣。然则向所谓爱之者,乃适所以伤之也。臣谓宜赋以茅土[七九],畴其户邑,必有材行,随器方授,则翰翮非强,亦可以获免尤累。昔汉光武不任功臣以吏事,所以终全其世者,良由得其术也。愿陛下深思其宜,使夫得奉天恩,而子孙终福禄也。

太宗并嘉纳其言。于是竟罢子弟及功臣世袭刺史也。[八〇]

【案】本章实应别作三章,诏荆州都督荆王元景等二十一王、长孙无忌等十四人世袭刺史,在贞观十一年;李百药官礼部侍郎,上疏在贞观二年;马周上疏,在贞观六年。

校　注

〔一〕吕后,名雉,汉高祖后,惠帝母也。惠帝崩,吕后临朝,欲王诸吕。诸吕擅权,朱虚侯刘章因侍宴,以军法斩诸吕一人,自是诸吕惮之,刘氏益强。

〔二〕高祖第六子。

〔三〕太宗次子也。

〔四〕尚书之贰。

〔五〕字重规，定州人，幼多病，祖母赵以百药名之。贞观初，拜中书舍人，后迁是职，复授右庶子，卒，谥曰康。

〔六〕昔成王定鼎，卜世三十，卜年七百，后历三十七主，八百六十七年，过其数也。

〔七〕初秦皇谓二世、三世至于万世，后二世被弑，子婴降汉，不及期也。

〔八〕商书傅说告高宗曰："事不师古，匪说攸闻。"

〔九〕礼，天子七庙。贾谊曰："斩华为城，因河为津，自以关中之固，金城千里，子孙万世之业也。秦皇没，山东豪杰并起而亡秦，一夫作难而七庙隳，身死人手，为天下笑。"

〔一〇〕曹操，沛人。父嵩为汉中常侍曹腾养子，不能审其生出本末。操子丕受汉禅，国号魏，追号操为武皇帝。

〔一一〕汉高祖，姓刘名邦，字季，沛人。初为泗上亭长，为县送徒骊山，徒多道亡，自度比至必皆亡，乃纵所送徒，徒中愿从者十馀人，由是起兵。

〔一二〕孟子曰："狱讼者，不之尧之子而之舜。"

〔一三〕虞书赞尧之辞，谓德之光显被及于四外也。

〔一四〕虞书曰："在璇玑玉衡以齐七政。"谓日月五星也。

〔一五〕"亦不可固"，原作"亦不可"，元刻、韩版、戈本同，据南家本、营家本、写字台本及旧唐、会要、英华补"固"字。

〔一六〕放勋者，总言尧之德。重华者，总言舜之德。史记因以为尧、舜之名。

〔一七〕周昭王德衰，南巡济于汉，人恶之，以胶船进，王御船至中流，胶液船解，王没水中。

〔一八〕周平王东迁雒邑，以避戎寇。

〔一九〕秦世为闰馀。百六为周之厄数也。汉王莽传云："馀分闰位，阳九之厄，百六之会。"谓莽为闰位。百六为汉之厄数也。律历志曰："易九厄曰：初入元，百六。"注："易爻有九六七八，百六与三百七十四，六乘八之数也，六八四十八，合为四百八十岁也。"

〔二〇〕启，夏禹子。诵，周武王之子成王也。

〔二一〕李斯、王绾皆秦丞相。四履，为诸侯而有四方所履践之界也。

〔二二〕将闾，秦公子，为二世所杀。子婴，始皇之孙，赵高立为秦王，后杀高降汉。千乘，诸侯之国，其地可出兵车千乘者也。

〔二三〕汉高祖应赤帝子之谶，隆准而龙颜。

〔二四〕五服者，甸、侯、绥、要、荒也。虞、夏制，王城之外四面各五百里曰甸服，甸服外又各五百里曰侯服，侯服外又各五百里曰绥服，绥服外又各五百里曰要服，要服外又各五百里曰荒服。周制，乃分其五服为九。见周礼。

〔二五〕周制，天子畿内之地方千里。诗曰"邦畿千里"是也。采地者，天子之卿大夫邑地也。

〔二六〕易大传曰："上古结绳而治，后世圣人易之以书契。"此言虽虞、夏之时，已不可行上古之法也。

〔二七〕虞书曰："象以典刑。"象如天之垂象以示人，而典者，常也。刘，汉之姓，曹，魏之姓，言汉、魏之时，又岂可以帝世之法而为治也。

〔二八〕吕氏春秋曰："楚人有涉江，其剑自舟中坠于水，遂刻其舟，曰：是吾剑所从水也。舟已行而剑不行，若此求剑，而不其惑乎？"

〔二九〕扬子曰:"以往圣之法治将来,譬犹胶柱而调瑟。"

〔三〇〕左传宣公三年,楚子观兵于周疆,定王使王孙满劳之。楚子问鼎之大小轻重。对曰:"在德不在鼎。"僖公二十五年,晋侯朝王,王享之,请隧,弗许,曰:"王章也。未有代德而有二王,亦叔父之所恶也。"

〔三一〕汉高祖初至霸上,使人约降,秦王子婴系颈以组,白马素车,奉天子玺符,降轵道旁而降。

〔三二〕秦相赵高弑二世望夷宫。

〔三三〕夏帝相既立,后羿有穷氏篡位。帝相徙商丘。羿耽于畋猎,信用寒浞。浞后杀羿自立为帝,因羿之室,生子奡。奡弑帝相,夏之贵臣杀浞,后灭奡,立帝相子,是为少康。

〔三四〕魏高贵乡公,名髦,文帝之孙,嗣明帝位六年,司马昭擅政,遂勒兵诛昭而败,为昭党所弑。

〔三五〕"申缯",原作"申胥",元刻、韩版同,据南家本、菅家本、写字台本、戈本改。周幽王嬖褒姒,而废申后,立褒姒之子伯服而黜太子。申侯怒,与缯及犬戎杀王骊山下。

〔三六〕诗曰:"价人维藩,大邦维屏。"

〔三七〕戈注:"髽,麻发合结也。左传襄公四年,邾人、莒人伐鄫,臧纥救鄫,侵邾,败于狐骀。国人逆丧者皆髽,鲁于是乎髽。礼记曰:"鲁妇人髽而吊。"

〔三八〕公羊传僖公二十三年,晋人及姜戎败秦师于殽,匹马只轮无反者。

〔三九〕名机,晋吴郡人。以圣王经国义在封建,著五等诸侯论。

〔四〇〕"委其九鼎",原作"要其九鼎",元刻同,据南家本、菅家本、写字台本、韩版、戈本改。嗣王,谓周惠王、襄王、悼王也。委九鼎,谓三王弃国出奔也。凶族,谓王子颓、王子带、王子朝也。

〔四一〕据天邑,谓三子据国僭位也。

〔四二〕汉文帝初与郡守为铜虎符,当发兵,遣使者至郡合符,乃听受之,以代古之圭璋。分竹亦其义也。

〔四三〕前汉黄霸为颍川太守,政化大行,嘉禾生,凤凰集。后汉秦彭为颍川太守,有甘露、嘉禾、凤麟之瑞。

〔四四〕前汉邵信臣为河南太守,视民如子,号曰邵父。后汉杜诗为南阳太守,为政清平,民为之语曰:"前有邵父,后有杜母。"

〔四五〕后汉孟尝为合浦太守,郡产珠,先守多贪,珠徙交趾,人物无资。尝至,革前弊,去珠复还,百姓反业,谓为神明。

〔四六〕魏人,上六代论感悟曹爽。

〔四七〕左传宣公九年,陈灵公与孔宁、仪行父通于夏姬。十年,公与二人饮酒于夏氏,公谓行父曰:"徵舒似汝。"对曰:"亦似君。"徵舒病之,公出,自其厩而杀之。二子奔楚。徵舒,夏姬之子也。

〔四八〕麀,牝鹿也。聚麀,谓无礼也。卫宣公纳子伋之妻,是为宣姜,生寿及朔。朔与宣姜愬伋于公,公令伋之齐,使贼先待于隘而杀之。寿知之以告伋,伋曰:"君命也,不可逃。"寿窃其节先往,贼杀之。伋至曰:"君命杀我,寿何罪?"贼又杀之。国人哀之。作二子乘舟之诗。寿、朔,当作伋、寿。

〔四九〕后汉杨秉为豫章太守,清俭,计日受禄,馀俸不入私门。

〔五〇〕后汉魏霸为钜鹿太守、何并为颍川太守,每之官,妻子不入官舍。

〔五一〕后汉左雄为冀州刺史,在任不举烟火,常食干饭。

〔五二〕晋邓攸为吴郡太守,载米居官,惟饮吴水而已。

〔五三〕后汉羊续为南阳太守，常敝衣薄食，妻子资藏，布衾敝袛裯而已。

〔五四〕"裹身"，原作"囊身"，据南家本、萱家本、写字台本、元刻、韩版、戈本改。

〔五五〕后汉范丹为莱芜县令，家贫，里歌曰："甑中生尘范史云，釜中生鱼范莱芜。"

〔五六〕春秋始鲁隐公元年，终哀公十四年，凡二百四十二年，言二百者，举大数也。

〔五七〕左传僖公十九年，宋公使邾文公用鄫子于次睢之社。睢，水名。此水受汴入泗，有妖神，东夷祀之。鄫子，小国之君，乃杀而祭之，非礼也。

〔五八〕"鲁道有荡"，诗载驱篇之辞。按春秋鲁庄公夫人姜氏会齐侯者凡六，故齐人作是诗，以刺文姜来会齐襄公也。

〔五九〕前汉都长安，故曰西汉。哀帝名欣，定陶恭王之子。平帝名衎，中山孝王之子。皆元帝之庶孙。

〔六〇〕后汉都洛阳，故曰东洛。桓帝，名志，章帝曾孙。灵帝，名宏，章帝玄孙。

〔六一〕晋司马氏初受魏禅，后逊于宋。

〔六二〕后魏拓拔氏，本北狄种，改姓元氏。

〔六三〕开皇，隋文帝年号。

〔六四〕文帝在位二十四年。

〔六五〕大业，炀帝年号。

〔六六〕虞书称舜曰："克谐以孝，烝烝乂，不格奸。"

〔六七〕礼记曰："文王之为世子，朝于王季日三，鸡初鸣而衣服至寝门外，问内竖之御者曰：'今日安否何如？'曰：'安。'文王乃喜。日中又至,亦如之。及莫又至,亦如之。食上必在视寒暖之节,食下问所膳。"

〔六八〕谳,议也。说苑曰:"禹出见罪人,下车,问而泣之。左右曰:'罪人不顺道,何为痛之?'禹曰:'尧、舜之民,皆以尧、舜之心为心,寡人之民,各自以其心为心,是以痛之。'"

〔六九〕讷,当作陋。虞书曰:"稽于众,舍己从人。"

〔七〇〕论语曰:"夫子循循然善诱人。"

〔七一〕悬钟鼓之栒也。皆以木为之,横曰簨,纵曰簴。

〔七二〕旦,周公名。史记曰:"交趾之南有越裳国,周公居摄六年,制礼作乐,天下和平,越裳以三象重译而献白雉,曰:道路悠远,山川阻深,音使不通,故重译而朝。"

〔七三〕文命,史记以为禹名。夏书曰:"织皮昆仑、析支、渠搜、西戎即叙。"即,就也。言雍州水土既平,而馀功及于西戎也。

〔七四〕太宗尝曰:"若不甲夜视事,乙夜读书,何以为人君?"

〔七五〕易丰卦彖传之辞。

〔七六〕尧之子曰丹朱,舜之子曰商均,皆不肖。

〔七七〕子文,楚令尹,姓鬬,名穀於菟,其孙克黄使齐复命,自拘于司寇。王思子文之治,曰:"子文无后,何以劝善?"使复其官。

〔七八〕栾,姓,黡,名,晋大夫武子之子也。晋士鞅曰:"栾黡汰虐已甚,犹可以免。其在盈乎!黡死,武子所施没矣,而黡之怨实章。后盈见逐。盈,黡之子也。"

〔七九〕古者天子以五色土为坛,封诸侯取其方面,苴以白茅,授之,使立社于其国。

〔八〇〕按通鉴:贞观五年,上令群臣议封建。魏徵以为:"若封建,则卿大夫咸资俸禄,必致厚敛。又京畿赋税不多,所资畿外,若尽封国邑，经费顿阙。又燕、秦、赵、代俱带外夷，若有警急，追兵内地，难以奔赴。"李百药云云。颜师古以为："不若分王宗子，勿令过大，间以州县，离错而居，互相维持，各守其境，协力同心，足扶京室；为置官寮，皆省司选用，法令之外，不得擅作威福，朝贡礼仪，具为条式。一定此制，万代无虞。"十一月，诏："宗室勋贤，作镇藩部"云云。十三年二月，于志宁以为古今事殊，恐非久安之道，上疏争之。马周亦上疏云云。会长孙无忌等皆不愿，上表固让，称："承恩以来，形影相吊，若履春冰；宗室忧虞，如置汤火。缅惟三代封建，盖由力不能制，因而利之，礼乐节文，多非己出。两汉罢侯，蠲除曩弊，深协事宜。今因臣等，复有变更，恐紊圣朝纲纪。且后世愚幼不肖之嗣，或抵冒邦宪，自取诛夷，更因延世之赏，致成剿绝之祸，良可哀愍。愿停涣汗之旨，赐其性命之恩。"又因子妇长乐公主固请于上，且言"臣等披荆棘事陛下，今海内宁一，奈何弃之外州，与迁徙何异？"上曰："割地以封功臣，古今通义，意欲公之后嗣，辅朕子孙，共传永久。而公等乃复发言怨望，朕岂强公等以茅土耶！"诏停世封刺史。与此章所纪年岁不同，今备录于此，亦以见唐世议封建之始末云。

贞观政要卷第四

史臣吴兢撰

论太子诸王定分第九

【案】戈本无"论"字。元刻、明本、韩版、戈本均四章,戈注"凡四章"。南家本、萱家本亦四章,但以89、90两章为一章,篇末有教戒太子诸王篇一章(105)。

89○贞观七年,授吴王恪齐州都督。太宗谓侍臣曰:"父子之情,岂不欲常相见邪!但家国事殊,须出作藩屏。且令其早有定分,绝觊觎之心,我百年后,使其兄弟无危亡之患。"〔一〕

校 注

〔一〕按史传,恪,初王郁林,贞观十年,始改王吴,授安州都督。帝赐书曰:"汝惟茂亲,勉思所以藩王室,以义制事,以礼制心,外为之君臣,内为之父子,今当去膝下,不遗汝珍而遗汝以言,其念之哉!"帝后以晋王为太子,又欲立恪,长孙无忌固争,帝曰:"公岂以非己甥邪?且恪英果类我。"无忌曰:"晋王仁厚,守文之良主,且举棋不定则败,况储位乎?"帝乃止。

90○贞观十一年,侍御史马周上疏曰:

汉、晋已来,诸王皆为树置失宜,不预立定分,以至于灭亡。人主熟知其然,但溺于私爱,故前车既覆而后车不改辙也。今诸王承宠遇之恩有过厚者,臣之愚虑,不惟虑其恃恩骄矜也。昔魏武帝宠树陈思,及文帝即位,防守禁闭,有同狱囚,以先帝加恩太多,故嗣主从而畏之也〔一〕。此则武帝之宠陈思,适所以苦之也。且帝子何患不富贵,身食大国,封户不少,好衣美食外,更何所须?而每年别加优赐,曾无纪极。俚语曰〔二〕:"贫不学俭,富不学奢。"言自然也。今陛下以大圣创业,岂惟处置见在子弟而已,当须制长久之法,使万代遵行。

疏奏,太宗甚嘉之,赐物百段。

【案】本章南家本、菅家本属前章。

校 注

〔一〕魏武帝,曹操也。操生四子,丕、彰、植、熊。丕,文帝也。植,陈思王也。植多艺能,操爱之。文帝既立,植宠日衰,后以悖慢贬安乡侯,后进王东阿。

〔二〕俚语,犹云俗谚也。

91〇贞观十三年,谏议大夫褚遂良以每月〔一〕特给魏王泰府料物有逾于皇太子,上疏谏曰:

昔圣人制礼,尊嫡卑庶。谓之储君〔二〕,道亚霄极,甚尚崇重,用物不计,泉货财帛,与王者共之。庶子体卑,不得为例,所以塞嫌疑之渐,除祸乱之源。而先王必本人情,然后制法,知有国家,必有嫡庶。然庶子虽爱,不得超越嫡子,正礼特须尊崇。如不能明立定分,遂使当亲者疏,当尊者卑,则佞巧之徒承机而动,私恩害公,或至乱国。伏惟陛下功超万古,道冠百王,发号施令,为世作法。一日万机,或未尽美,臣职谏争,无容静默。伏见储君料物翻少魏王,朝野见闻,不以为是。臣闻传曰:"爱子,教以义方。"忠、孝、恭、俭,义方之谓。昔汉窦太后及景帝并不识义方之理,遂骄恣梁孝王,封四十馀城,苑方三百里,大营宫室,复道弥望,积财锯巨万计〔三〕,入警出跸〔四〕,小不得意,发病而死。宣帝亦骄恣淮阳王,几至于败,赖其辅以退让之臣,仅乃获免〔五〕。且魏王既新出阁,伏愿恒存礼训,妙择师傅,示其成败;既敦之以节俭,又劝之以文学。惟忠惟孝,因而奖之,道德齐礼〔六〕,乃为良器。此所谓"圣人之教,不肃而成"者也。

太宗深纳其言〔七〕。

校注

〔一〕"每月",原作"每日",元刻、韩版、戈本同,据南家本、萱家本及旧唐、册府改。

〔二〕储,副也。太子,君之副,故谓之储君。

〔三〕镪,举两切。贯,钱索也。

〔四〕天子出称警,入称跸。窦太后,汉文帝之后,生景帝及梁王。王名武,谥曰孝,事见本传。

〔五〕淮阳王,名钦,汉宣帝庶子也,谥曰宪,事见本传。

〔六〕论语曰:"道之以德,齐之以礼,有耻且格。"

〔七〕萱家本下有"即日减魏王料物"七字。

92〇贞观十六年,太宗谓侍臣曰:"当今国家何事最急?各为我言之。"尚书右仆射高士廉〔一〕曰:"养百姓最急。"黄门侍郎刘洎曰:"抚四夷急。"中书侍郎岑文本曰:"传称:'道之以德,齐之以礼。'由斯而言,礼义为急〔二〕。"谏议大夫褚遂良曰:"即日四方仰德,不敢为非,但太子、诸王须有定分。陛下宜为万代法以遗子孙,此最当今日之急。"太宗曰:"此言是也。朕年将五十,已觉衰怠。既以长子守器东宫,诸弟及庶子数将四十,心常忧虑,正在此耳〔三〕。但自古嫡庶无良,何尝不倾败国家。公等为朕搜访贤德,以辅储宫,爰及诸王,咸求正士。且官人事王,不宜岁久。岁久则分义情深,非意窥闚〔四〕,多由此作。其府官寮,勿令过四考。"

【案】此处南家本、萱家本有教戒太子诸王篇一章（105）。

校　注

〔一〕名俭，以字行。初秦王荐为治中，王为皇太子，授右庶子，既即位，为吏部尚书，封许国公，后迁仆射，摄太傅，掌机务。二十一年，卒。

〔二〕"由斯而言礼义为急"，原作"义为急"，元刻、韩版、戈本同，据南家本、萱家本及旧唐、册府补"由斯而言礼"五字。

〔三〕"正在此耳"，原作"在此耳"，元刻、韩版、戈本同，据南家本、萱家本补"正"字。

〔四〕窥伺貌。

论尊敬师傅第十

【案】南家本、萱家本、元刻、韩版作"论尊师傅第十"，戈本作"尊敬师傅第十"。各本皆六章，戈注"凡六章"。

93〇贞观三年，太子少师李纲〔一〕有脚疾，不堪践履。太宗赐步舆入东宫〔二〕，诏皇太子引上殿，亲拜之，大见崇重。纲为太子陈君臣父子之道，问寝视膳〔三〕之方，理顺辞直，听者忘倦。太子尝商略古来君臣名教〔四〕、竭忠尽节之事，纲懔然曰〔五〕："托六尺之孤，寄百里之命〔六〕，古人以为难，纲以为易。"每吐论发言,皆辞色慷慨,有不可夺之志,太子未尝不耸然礼敬。

校 注

〔一〕字文纪,观州人,始名瑗,慕张纲为人,改焉。仕隋为太子洗马,擢尚书右丞。隋末,贼帅何潘仁劫为长史。高祖平京师,纲上谒。既受禅,拜礼部尚书、太子詹事,谏建成不听,遂乞骸骨。贞观初,拜是职。五年,卒,谥曰贞。

〔二〕唐制,东宫六率府分为上、中、下三等,掌宿卫之事,是为三卫。

〔三〕见封建篇注。

〔四〕"名教",原作"必教",据南家本、萱家本、韩版、戈本改。

〔五〕懔,严毅貌。

〔六〕论语曾子之言,谓辅幼君,摄国政也。

94○贞观六年,诏曰:"朕比寻讨经史,明王圣帝,曷尝无师傅哉! 前所进令,遂不睹三师之位,意将未可,何以然? 黄帝学太颠,颛顼学禄图,尧学尹寿〔一〕,舜学务成昭,禹学西王国,汤学威子伯,文王学子期,武王学虢叔〔二〕。前代圣王,未遭此师,则功业不著乎天下,名誉不传乎载籍。况朕接百王之末,智不同圣人,其无师傅,安可以临兆民者哉? 诗不云乎:'不愆不忘,率由旧章〔三〕。'夫不学,则不明古道,而能政致太平者,未之有也! 可即著令,置三师之位〔四〕。"

校 注

〔一〕一作君畴。

〔二〕已上出刘向新序。〔案〕新序卷五,"大颠"作"大真","禄图"作"绿图","务成昭"作"务成蚶","子期"作"铰时子斯","虢叔"作"郭叔"。

〔三〕诗大雅嘉乐篇之辞。

〔四〕按史志,隋废三师,贞观十一年复置,与三公皆不设官属。

95○贞观八年,太宗谓侍臣曰:"上智之人,自无所染,但中智之人无恒,从教而变。况太子师保,古难其选。成王幼小,周、召为保傅〔一〕。左右皆贤,日闻雅训,足以长仁益德,便为圣君。秦之胡亥,用赵高作傅,教以刑法,及其嗣位,诛功臣、杀宗族,酷暴不已,旋踵而亡〔二〕。故人之善恶,诚由近习。朕今为太子、诸王精选师傅,令其式瞻礼度,有所裨益。公等可访正直忠信者,各举三两人。"

【案】"贞观八年"至"诚由近习",与卷二直谏附篇第二章(53)略同。

校 注

〔一〕贾谊曰:"成王幼,在襁抱之中,召公为太傅,周公为太保。"保,保其身体。傅,傅之德义。

〔二〕胡亥,秦二世名。初,始皇使赵高教胡亥决狱,胡亥幸之。及嗣位,高说曰:"陛下严法而刻刑,令有罪者相坐,诛灭大臣宗室,尽除先帝之故臣,更置陛下之所亲信。"二世乃更为法律,大臣公子有罪辄诛,二世卒为高所弑。

96○贞观十一年,以礼部尚书王珪兼为魏王师〔一〕。太宗谓尚书左仆射房玄龄曰:"古来帝子,生于深宫,及其成人,无不骄逸,是以倾覆相踵,少能自济。我今严教子弟,欲皆得安全。王珪我久驱使,甚知刚直,志存忠孝,选为子师。卿宜语泰,每对王珪,如见我面,宜加尊敬,不得懈怠。"珪亦以师道自处,时议善之也。

校 注

〔一〕唐因隋制,皇叔、昆弟、皇子为亲王者置师,掌傅相训导,匡其过失。

97○贞观十七年,太宗谓司徒长孙无忌、司空房玄龄曰:"三师以德道人者也。若师体卑,太子无所取则。"于是诏令撰太子接三师仪注。太子出殿门迎,先拜,三师答拜。每门让。三师坐,太子乃坐。与三师书,前名"惶恐",后名"惶恐再拜"。

98○贞观十八年,大帝〔一〕初立为皇太子,尚未尊贤重道。太宗又尝令太子居寝殿之侧,绝不往东宫。散骑常侍刘洎上书曰：

　　臣闻郊迎四方，孟侯所以成德[二]；齿学三让，元良由是作贞[三]。斯皆屈主礼之尊，申下交之义。故得昌言咸荐，睿问旁通，不出轩庭，坐知天壤，率由兹道，永固鸿基者焉。至若生乎深宫之中，长乎妇人之手，未曾识忧惧，无由晓风雅。虽复神机不测，天纵生知，而开物成务，终由外奖。匪夫崇彼干籥[四]，听兹谣颂，何以辨章庶类，甄核彝伦？历考圣贤，咸资琢玉[五]。是故周储上哲，师望、奭而加裕[六]；汉蓄两人，引园、绮而昭德[七]。原夫太子，宗祧是系；善恶之际[八]，兴亡斯在。不勤于始，将悔于终。是以晁错上书，令通政术[九]；贾谊献策，务知礼教[一〇]。窃惟皇太子玉裕挺生，金声凤振，明允笃诚之美，孝友仁义之方，皆挺自天姿，非劳审谕，固以华夷仰德，翔泳希风矣。然则寝门侍膳[一一]，已表于三朝；艺宫论道，宜弘于四术[一二]。虽春秋鼎盛，饬躬有渐，实恐岁月易往，堕业兴讥，取适宴安，言从此始。以臣愚短，幸参侍从，思广储明，轻愿闻彻，不敢曲陈故事，请以圣德言之。

　　伏惟陛下诞睿膺图，登庸历试。多才多艺，道著于匡时；允武允文，功成于纂祀。万方即叙，九围清晏。尚曰虽休勿休，日慎一日，求异闻于振古，劳睿思于当年。乙夜观书，事高汉帝[一三]；马上披卷，勤过魏王[一四]。陛下自励如此,而令太子优游弃日,不习图书,臣所未谕一也。加以暂屏机务[一五],即寓雕虫[一六]。纡宝思于天文,则长河韬映;摛玉华于仙札,则流霞成彩。固以锱铢万代[一七],冠冕百王,屈、宋不足以升堂[一八],锺、张何偕于入室[一九]。陛下自好如此,而太子悠然静处,不寻篇翰,臣所未谕二也。陛下备该众妙,独秀寰中,犹晦天聪,俯询凡识。听朝之隙,引见群官,降以温颜,询以今古。故得朝廷是非、闾里好恶,凡有巨细,必关闻听。陛下自行如此,今太子久入趋侍,不接正人,臣所未谕三也。陛下若谓无益,则何事劳神;若谓有成,则宜申贻厥[二〇]。蔑而不急,未见其可。伏愿俯推睿范,训及储君,推以良书,娱之嘉客。朝披经史,观成败于前踪;晚接宾游,访得失于当代。间以书札,继以篇章,则日闻所未闻,日见所未见,副德逾光,群生之福也。

窃以良娣之选,遍于中国。仰惟圣旨,本求典内,冀防微,慎远虑,群下所知。暨乎征简人物,则与躬纳相违,监抚二周[二一],未近一士。愚谓内既如彼,外亦宜然者。恐招物议,谓陛下重内而轻外也。古之太子,问安而退,所以广敬于君父;异宫而处,所以分别于嫌疑。今太子一侍天闱,动移旬朔,师傅以下,无由接见。假令供奉有隙,暂还东朝,拜谒既疏,且事俯仰,规谏之道,固所未暇。陛下不可以亲教,宫寀[二二]

无因以进言,虽有具寮,竟将何补?

伏愿俯循〔二三〕前躅,稍抑下流,弘远大之规,展师友之义。则离徽克茂,帝图斯广,凡在黎元,孰不庆赖。太子温良恭俭,聪明睿哲,含灵所悉,臣岂不知。而浅识勤勤,思效愚忠者,愿沧溟益润,日月增华也。太宗乃令洎与岑文本、马周递日往东宫,与皇太子谈论。〔二四〕

校　注

〔一〕贞观十七年四月,立晋王治为皇太子,是为高宗。

〔二〕月令,"天子立春迎春于东郊,立夏迎夏于南郊,立秋迎秋于西郊,立冬迎冬于北郊。"按此,非王世子之事。或曰:"周制东西南北之学在于四郊。"孟,长也。孟侯,谓世子也。此说于成德为切。迎字疑误。

〔三〕文王世子:行一物而三善皆得者,其齿于学之谓也。故世子齿于学,国人观之曰:"将君我而与我齿让?"曰:"有父在则礼然。"然而众知父子之道矣!二曰:"君在则礼然。"而众著于君臣之义矣!三曰:"长长也。"然而众知长幼之节矣!故父子君臣长幼之道得而国治。礼曰:"一有元良,万邦作贞。"

〔四〕干,舞者所执之楯也。籥,乐管,以竹为之,三孔,长三尺,以和众声者也。

〔五〕学记:"玉不琢不成器,人不学不知道。"

〔六〕周储,谓成王也。望,太公号。奭,召公名。成王以二公为师保。

〔七〕汉嗣,谓惠帝盈也。高祖欲废太子盈,张良教太子迎四皓。高祖置酒,太子侍,四皓从,皆年八十馀。上曰:"烦公幸卒调护太子。"既去,上目送之,曰:"彼四人为之辅,羽翼已成,难动矣。"卒不废。四皓,东园公、绮里季、夏黄公、甪里先生也。

〔八〕"之际",原作"之济",据南家本、菅家本、元刻、韩版、戈本改。

〔九〕汉文帝时,晁错为太子舍人,迁博士,上书曰:"人主所以尊显功名,扬于万世者,以知术数也。故人主知所以临制臣下而治其众,则群臣畏服矣;知所以听言受事,则不欺蔽矣;知所以安利万民,则海内必从矣;知所以忠孝事上,则臣子之行备矣。此四者,臣窃为皇太子急之。"

〔一〇〕贾谊,雒阳人,汉文帝时为梁怀王傅,上书曰:"古之王者,太子乃生,固举以礼,使士负之,有司齐肃端冕,见之南郊,见于天也。过阙则下,过庙则趋,孝子之道也。故自为赤子而教已行矣。"

〔一一〕事见封建篇注。

〔一二〕王制:"乐正崇四术,立四教,顺先王诗书礼乐以造士。"

〔一三〕汉纪,光武讲论经理,夜分乃寐。

〔一四〕魏纪,文帝虽在军旅,手不释卷。

〔一五〕屏,弃也。

〔一六〕扬子曰:"或问:吾子少而好赋?曰:童子雕虫篆刻,壮夫不为也。"

〔一七〕十黍为絫,十絫为铢,十铢为锱。

〔一八〕屈原名平,楚怀王时为大夫,作离骚经,为词赋之祖。宋玉,屈原弟子,楚大夫,以词赋名。

〔一九〕锺繇,字元常,魏太尉,善草书。张芝,字伯英,后汉太尉,临池学书,池水尽黑,时称草圣。

〔二〇〕诗曰:"贻厥孙谋。"

〔二一〕监抚,谓监国抚军也。

〔二二〕寀,寮属也。

〔二三〕迹也。

〔二四〕按通鉴,此疏系十七年。又按高宗谏诛穆裕,太宗归功洎等,事在十八年,则洎上疏当在十七年。

教戒太子诸王第十一

【案】元刻、明本、韩版、戈本均七章,戈注"凡七章"。南家本、萱家本六章,有一章(105)在论太子诸王定分篇。

99○贞观七年,上谓太子左庶子于志宁〔一〕、杜正伦曰:"卿等辅导太子,常须为说百姓间利害事。朕年十八,犹在人间,百姓艰难,无不谙练。及居帝位,每商量处置,时有乖疏,得人谏争,方始觉悟。若无忠谏者为说,何由行得好事?况太子生长深宫,百姓艰难都不闻见乎!且人主安危所系,不可辄为骄纵。朕若欲肆情骄纵〔二〕,但出敕云,有谏者即斩,必知天下士庶〔三〕无敢更发直言。故克己励精,容纳谏诤,卿等常须以此意共其谈说。每见有不是事,宜极言切谏,令有所补益也。"

校 注

〔一〕字仲谧,京兆人,贞观三年为中书侍郎,迁左庶子,上谏苑,俄兼詹事。晋王为皇太子,复拜左庶子。

〔二〕"朕若欲肆情骄纵",原无此七字,元刻、韩版、戈本同,据南家本、萱家本补。

〔三〕"士庶",原作"庶士",据南家本、萱家本、元刻、韩版、戈本乙正。

100○贞观十八年,太宗谓侍臣曰:"古有胎教世子〔一〕,朕则不暇。但近自建立太子,遇物必诲谕,见其临食将饭,谓曰:'汝知饭乎?'对曰:'不知。'曰〔二〕:'凡稼穑艰难,皆出人力,不夺其时,常有此饭。'见其乘马,又谓曰:'汝知马乎?'对曰:'不知。'曰〔三〕:'能代人劳苦者也,以时消息,不尽其力,则可以常有马也。'见其乘舟,又谓曰:'汝知舟乎?'对曰:'不知。'曰:'舟所以比人君,水所以比黎庶,水能载舟,亦能覆舟。尔方为人主,可不畏惧!'见其依于曲木之下,又谓曰:'汝知此树乎?'对曰:'不知。'曰:'此木虽曲,得绳则正,为人君虽无道,受谏则圣。此傅说所言〔四〕,可以自鉴。'"

校 注

〔一〕文王之母大任,为人端一诚庄,惟德之行。及其娠文王,目不视恶色,耳不听淫声,口不出傲言。生文王而明圣,大任教之,以一识百,卒为周宗。而君子谓大任为能胎教。

〔二〕"曰",原无此字,据南家本、萱家本、元刻、韩版、戈本补。

〔三〕"曰",原无此字,元刻同,据南家本、萱家本、韩版、戈本补。

〔四〕商书傅说告高宗曰:"惟木从绳则正,后从谏则圣。"

101○贞观七年,太宗谓侍中魏徵曰:"自古侯王能自保全者甚少,皆由生长富贵,好尚骄逸,多不解亲君子、远小人故尔。朕所有子弟,欲使见前言往行,冀其以为规范。"因命徵录古来帝王子弟成败事,名为自古诸侯王善恶录,以赐诸王。其序曰:

观其膺期受命,握图御宇,咸建懿亲,藩屏王室,布在方策,可得而言。自轩分二十五子〔一〕,舜举十六族〔二〕,爰历周、汉,以建陈、隋,分裂山河,大启磐石者众矣。或保乂王家〔三〕,与时升降;或失其土宇,不祀忽诸。然考其盛衰,察其兴灭,功成名立,咸资始封之君;国丧身亡,多因继体之后。其故何哉?始封之君,时逢草昧,见王业之艰阻,知父兄之忧勤。是以在上不骄,夙夜匪懈,或设醴以求贤〔四〕,或吐餐而接士〔五〕。故甘忠言之逆耳〔六〕,得百姓之欢心〔七〕,树至德于生前,流遗爱于身后。暨乎子孙继体,多属隆平,生自深宫之中,长居妇人之手,不以高危为忧惧,岂知稼穑之艰难〔八〕?昵近小人,疏远君子,绸缪哲妇,傲佷明德。犯义悖礼,淫荒无度,不遵典宪,僭差越等。恃一顾之权宠,便怀匹嫡之心;矜一事之微劳,遂有无厌之望。弃忠贞之正路,蹈奸宄之迷途〔九〕。愎谏违卜,往而不返。虽梁孝、齐冏之勋庸〔一〇〕,淮南、东阿之才俊〔一〕，摧摩霄之逸翮，成穷辙之涸鳞，弃桓、文之大功〔一二〕，就梁、董之显戮〔一三〕。垂为明戒，可不惜乎？皇帝以圣哲之姿，拯倾危之运，耀七德〔一四〕以清六合，总万国而朝百灵，怀柔四荒，亲睦九族〔一五〕。念华萼于棠棣〔一六〕，寄维城于宗子。心乎爱矣，靡日不思，爰命下臣，考览载籍，博求鉴镜，贻厥孙谋。臣辄竭愚浅，稽诸前训。凡为藩为翰，有国有家者，其兴也必由于积善，其亡也皆在于积恶。故知善不积不足以成名，恶不积不足以灭身。然则祸福无门，吉凶由己，惟人所召，岂徒然哉！今录自古诸王行事得失，分其善恶，各为一篇，名曰诸王善恶录，欲使见善思齐，足以扬名不朽；闻恶能改〔一七〕，庶得免乎大过〔一八〕。从善则有誉，改过则无咎。兴亡是系，可不勉与？

太宗览而称善，谓诸王曰："此宜置于坐右，用为立身之本。"

校 注

〔一〕国语，黄帝之子二十五子，其同姓者二人，青阳与夷鼓是也。其同生而异姓者十四人，别为十二姓，姬、酉、祁、己、滕、箴、任、荀、僖、吉、儇、依是也。

〔二〕即八元八凯，见择官篇注。

〔三〕"或保乂王家"，原作"保人王家"，元刻、韩版作"保乂王家"，据南家本、萱家本、戈本及下文改补。

〔四〕汉楚元王敬礼申公等,穆生不嗜酒,元王每置酒,尝为穆生设醴。

〔五〕周公戒伯禽曰:"我于天下亦不贱矣,然我一沐三握发,一饭三吐哺,犹恐失天下之贤人。子之鲁,慎无以国骄人。"

〔六〕家语曰:"忠言逆耳利于行。"

〔七〕孝经曰:"治国者不敢侮于鳏寡,故得百姓之欢心。"

〔八〕周书曰:"相小人,厥父母勤劳于稼穑,厥子乃不知稼穑之艰难。"

〔九〕书曰:"寇贼奸宄。"注:"在外曰奸,在内曰宄。"

〔一〇〕梁孝名武,汉文帝子也,封梁王。七国反,先击梁,杀虏有功,谥曰孝。齐囧姓司马,名囧,晋齐王攸子也,为大司马,封齐王,以功迁游击将军。

〔一一〕"东阿",原作"河东",据南家本、菅家本、元刻、韩版、戈本改。淮南名安,汉武帝诸父也,封淮南王,好书鼓瑟,招宾客,喜文辞。后坐反谋,自杀,谥曰厉。东阿,见定分篇注。

〔一二〕齐桓公、晋文公皆春秋诸侯之伯,有尊王室匡天下之功。

〔一三〕梁冀,汉桓帝时为大将军。后为反谋,冀与妻皆自杀。董卓,汉献帝时自为太尉、相国,作乱被诛,夷三族。

〔一四〕左传,楚子曰:"夫武,禁暴、戢兵、保大、定功(国)、定(安)民、和众、丰财者也,使子孙无忘其章。"注云:"此武王七德之义。"

〔一五〕九族,高祖玄曾之亲也。

〔一六〕棠棣,诗小雅篇名,燕兄弟之乐歌也。

〔一七〕能,一作知。

〔一八〕"庶得免乎大过",原作"得免乎太过",据南家本、菅家本、韩版、戈本改补。

102〇贞观十年，太宗[一]谓荆王元景[二]、吴王恪、魏王泰等曰："自汉以来，帝弟帝子，受茅土、居荣贵者甚众，惟东平及河间王[三]最有令名，得保其禄位。如楚王玮[四]之徒，覆亡非一，并为生长富贵，好自骄逸所致。汝等[五]鉴诫，宜熟思之。简择贤才，为汝师友，须受其谏争，勿得自专。我闻以德服物，信非虚说。比尝梦中见一人云虞、舜，我不觉竦然敬异，岂不为仰其德也！向若梦见桀、纣，必应斫之。桀、纣虽是天子，今若相唤作桀、纣，人必大怒。颜回、闵子骞[六]、郭林宗、黄叔度[七]，虽是布衣，今若相称赞，道类此四贤，必当大喜。故知人之立身，所贵者惟在德行，何必要论荣贵。汝等位列藩王，家食实封，更能克修德行，岂不具美也？且君子、小人本无常，行善事则为君子，行恶事则为小人，当须自克励，使善事日闻，勿纵欲肆情，自陷刑戮！"

校　注

〔一〕"太宗"，原无此二字，元刻、韩版同，据南家本、萱家本、戈本补。

〔二〕"元景"，萱家本、韩版、戈本下有"汉王元昌"四字。

〔三〕东平王，名苍，汉光武子也。好经书，有智思，文称典雅。明帝问处家何事最乐？王曰："为善最乐。"谥曰宪。河间王，名德，汉景帝子也。博学有德，武帝时奏对，推道术而言，得事之中。谥曰献。

〔四〕"玮",原无此字,据南家本、萱家本、元刻、韩版、戈本补。楚王玮,晋武帝第五子也。元康中,掌兵权,刚狠好杀,因矫诏杀太宰汝南王亮、太保卫瓘,贾后遂执玮下廷尉斩之。谥曰隐。

〔五〕"汝等",原脱"等"字,元刻同,据韩版、戈本补。

〔六〕颜回字子渊,闵损字子骞,皆孔子弟子,以德行称。

〔七〕二人皆后汉时高尚之士。郭林宗名太,太原人也。范滂称之曰:"隐不违亲,身不绝俗,天子不得臣,诸侯不得友。"黄叔度名宪,汝南人也。郭林宗称之曰:"汪汪若千顷陂,澄之不清,淆之不浊,不可量也。"

103〇贞观十年,太宗谓房玄龄曰:"朕历观前代拨乱创业之主,生长人间,皆识达情伪,罕至于败亡。逮乎继世守成之君,生而富贵,不知疾苦,动至夷灭。朕少小以来,经营多难,备知天下之事,犹恐有所不逮。至于荆王诸弟,生自深宫,识不及远,能念此哉?朕每一食,便念稼穑之艰难;每一衣,则思纺绩之辛苦,诸弟何能学朕乎?选良佐以为藩弼,庶其习近善人,得免于愆过尔。"

104〇贞观十一年,太宗谓吴王恪曰:"父之爱子,人之常情,非待教训而知也。子能忠孝则善矣!若不遵诲诱,忘弃礼法,必自致刑戮,父虽爱之,将如之何?昔汉武既崩,昭帝嗣位,燕王旦素骄纵,诪张不服〔一〕,霍光遣一折简诛之,则身死国除〔二〕。夫为臣子,不得不慎。"

校 注

〔一〕诪张,狂貌。

〔二〕汉武帝名彻,既崩,少子弗陵立,是为昭帝。燕王名旦,武帝第三子也。霍光为大将军,辅昭帝,燕王与上官桀等潜谋不轨,事败,桀等伏诛,乃赐燕玺书责之,曰"以绶自绞"。赐谥曰剌。

105○贞观中,皇子年小者多授以都督、刺史,谏议大夫褚遂良上疏谏曰:

昔两汉以郡国理人,除郡〔一〕以外,分立诸子,割土分疆,杂用周制。皇唐郡县,粗依秦法。皇子幼年,或授刺史。陛下岂不以王之骨肉,镇扞四方,圣人造制,道高前烈?臣愚见有小未尽,何者?刺史师帅,人仰以安。得一善人,部内苏息;遇一不善人,合州劳弊。是以人君爱恤百姓,常为择贤。或称河润九里,京师蒙福〔二〕;或以人兴咏,生为立祠〔三〕。汉宣帝〔四〕云:"与我共理者,惟良二千石乎!"如臣愚见,陛下子内,年齿尚幼,未堪临人者,请且留京师,教以经学。一则畏天之威,不敢犯禁;二则观见朝仪,自然成立。因此积习,自知为人。审堪临州,然后遣出。臣谨按汉明、章、和三帝〔五〕,能友爱子弟,自兹以降,以为准的。封立诸王,虽各有土,年尚幼小者,各留京师,训以礼法,垂以恩惠。讫三帝世,诸王数十百人,惟二王稍恶〔六〕,自馀皆冲和深粹,惟陛下详察。

太宗嘉纳其言。

【案】本章南家本、萱家本为论太子诸王定分篇第五章。

校 注

〔一〕"除郡",原脱"郡"字,元刻同,据南家本、萱家本、韩版、戈本补。

〔二〕汉光武时颍川盗起,征拜渔阳太守郭伋为颍川太守,召见,帝劳曰:"贤能太守,去帝城不远,河润九里,冀京师并蒙福也。"伋到郡,招怀群盗皆降。

〔三〕汉明帝时,王堂拜巴州太守,时西羌为寇,堂讨平之。巴、庸清静,生为立祠。

〔四〕名询,武帝曾孙,卫太子之孙也。

〔五〕后汉明帝名庄,章帝名炟,和帝名肇。

〔六〕二王,谓楚王英、广陵思王荆也。皆以谋逆自杀。

论规谏太子第十二

【案】南家本、萱家本、戈本无"论"字。元刻、明本、韩版、戈本均四章,戈注"凡四章"。南家本、萱家本五章,以第三章(108)分作二章。

106○贞观五年,李百药为太子右庶子。时太子承乾〔一〕

颇留意典坟[二]，然闲燕之后，嬉游无度。百药作赞道赋以讽焉，其词曰：

下臣则闻先圣之格言，尝览载籍之遗则。伊天地之玄造，洎皇王之建国。曰人纪与人纲，资立言与立德。履之则率性成道，违之则罔念作忒。望兴废如从钧，视吉凶于纠缠。至乃受图膺箓，握镜君临。因万物之恩化，以百姓而为心。伤大仪之潜运[三]，阅往古以来今。尽为善于乙夜，惜勤劳于寸阴[四]。故能释增冰于瀚海[五]，变寒谷于蹛林[六]。总人灵以胥悦，极穹壤而怀音。

赫矣盛唐，大哉灵命；时惟太始，运钟上圣。天纵皇储，固本居正；机晤宏远，神姿凝映。顾三善而必弘[七]，祗四德而为行[八]。每趋庭而闻礼[九]，常问寝而资敬。奉圣训以周旋，诞天文之明令。迈观乔而望梓[一〇]，即元龟与明镜。自大道云革，礼教斯起。以正君臣，以笃父子。君臣之礼，父子之亲，尽情义以兼极，谅弘道而在人[一一]。岂夏启而周诵，亦丹朱以商均。既雕且琢，温故知新。惟忠与敬，曰孝与仁。则可以下光四海，上烛三辰[一二]。昔三王[一三]之教子，兼四时以齿学；将交发于中外，乃先之以礼乐。乐以移风易俗，礼以安上化人。非有悦于钟鼓，将宣志以和神。宁有怀于玉帛，将克己而庇身。生于深宫之中，处于群后之上[一四]；未深思于王业，不自珍于匕鄙[一五]。谓富贵之自然，恃崇高以矜尚。必恣骄很，动衰礼让。轻师傅而慢礼仪，狎奸盗而纵淫放。前星之耀遽隐[一六]，少阳之道斯谅[一七]。虽天下之为家，蹈夷险之非一。或以才而见升，或见谗而受黜。足可以自省厥休咎，观其得失。请粗略而陈之，觊披文以相质。

在宗周之积德，乃执契而膺期；赖昌、发而作贰[一八]，启七百之鸿基。逮扶苏之副秦，非有亏于闻望；以长嫡之隆重，监偏师于亭障[一九]。始祸则金以寒离[二〇]，厥妖则火不炎上[二一]；既树置之违道，见宗祀之遄丧。伊汉氏之长世，固明两之递作[二二]。高惑戚而宠赵，以天下而为谑；惠结皓而因良，致羽翼于寥廓[二三]。景有惭于邓子，成从理之淫虐；终生患于强吴，由发怒于争博[二四]。彻居储两，时犹幼冲，防衰年之绝议，识亚夫之矜功，故能恢弘祖业，绍三代之遗风[二五]。据开博望，其名未融。哀时命之奇舛，遇谗贼于江充；虽备兵以诛乱，竟背义而凶终[二六]。宣嗣好儒，大猷行阐，嗟被尤于德教，美发言于忠謇。始闻道于韦、匡[二七]，终获戾于恭、显[二八]。太孙杂艺，虽异定陶，驰道不绝，抑惟小善。犹见重于通人，当传芳于前典[二九]。中兴上嗣，明、章济济，俱达时政，咸通经礼。极至情于爱敬，惇友于于兄弟，是以固东海之遗堂，因西周之继体[三〇]。五官在魏，无闻德音。或受讥于妲己,且自悦于从禽。虽才高而学富,竟取累于荒淫[三一]。暨贻厥于明皇,构崇基于三世。得秦帝之奢侈,亚汉武之才艺。遂驱役于群臣,亦无救于凋弊[三二]。中抚宽爱,相表多奇。重桃符而致惑,纳钜鹿之明规。竟能扫江表之氛秽,举要荒而见羁[三三]。思惠处东朝,察其遗迹。在圣德其如初,实御床之可惜[三四]。悼愍怀之云废,遇烈风之吹沙。尽性灵之狎艺,亦自败于凶邪。安能奉其粢盛,承此邦家[三五]。

惟圣上之慈爱,训义方于至道。同论政于汉幄,修政戒于京鄗。鄙韩子之所赐[三六],重经术以为宝。咨政理之美恶,亦文身之斧藻。庶有择于愚夫,惭乞言于遗老。致庶绩于咸宁,先得人而为盛。帝尧以则哲垂谟[三七],文王以多士兴咏[三八]。取之于正人,鉴之于灵镜。量其器能,审其检行。必宜度机而分职,不可违方以从政。若其惑于听受,暗于知人,则有道者咸屈,无用者必伸。谄谀竞进以求媚,玩好不召而自臻。直言正谏,以忠信而获罪;卖官鬻狱,以货贿而见亲。于是亏我王度,敦我彝伦[三九]。九鼎遇奸回而远逝[四〇],万姓望抚我而归仁。[四一]

盖造化之至育,惟人灵之为贵。狱讼不理,有生死之异途;冤结不申,感阴阳之和气。士之通塞,属之以深文;命之修短,悬之于酷吏。是故帝尧画像,陈恤隐之言[四二];夏禹泣辜,尽哀矜之志。[四三]

因取象于大壮[四四]，乃峻宇而雕墙。将瑶台以琼室[四五]，岂画栋以虹梁。或凌云以遐观[四六]，或通天而纳凉[四七]。极醉饱而刑人力，命痿蹶而受身殃。是故言惜十家之产，汉帝以昭俭而垂裕[四八]；虽成百里之囿，周文以子来而克商。[四九]

彼嘉会而礼通，重旨酒之为德[五〇]。至忘归而受祉，在齐圣而温克。若其酗醟以致昏[五一]，沈湎以成忒，痛殷受与灌夫，亦亡家而丧国[五二]。是以伊尹以酣室[五三]而作戒，周公以乱邦而贻则。[五四]

咨幽闲之令淑，实好逑于君子[五五]。辞玉辇而割爱，固班姬之所耻[五六]；脱簪珥而思愆，亦宣姜之为美[五七]。乃有祸晋之骊姬[五八]，丧周之褒姒[五九]。尽娥妍于图画，极凶悖于人理。倾城倾国，思昭示于后王；丽质冶容，宜永鉴于前史。[六〇]

复有蒐狩之礼[六一]，驰射之场，不节之以礼义，必自致于禽荒。匪外形之疲极，亦中心而发狂[六二]。夫高深不惧，胥靡之徒；鞲绁为娱，小竖之事[六三]。以宗社之崇重，持先王之名器，与鹰犬之并驱，凌艰险而逸辔。马有衔橛之理[六四]，兽骇不存之地，犹有觊于获多[六五]，独无情而内愧。[六六]

以小人之愚鄙，忝不赀之恩荣。擢无庸于草泽，齿陋质于簪缨。遇大道行而两仪泰，喜元良盛而万国贞。以监抚之多暇，每讲论而肃成。仰惟神之敏速，叹将圣之聪明。自礼贤于秋实,足归道于春卿。芳年淑景,时和气清。华殿邃兮帘帏静,灌木森兮风云轻,花飘香兮动笑日,骄莺啭兮相哀鸣。以物华之繁靡,尚绝思于将迎。犹蹈道而不倦,极耽玩以研精。命庸才以载笔,谢摛藻于天庭。异洞箫之娱侍〔六七〕,殊飞盖之缘情〔六八〕。阙雅言以赞德,思报恩〔六九〕以轻生。敢下拜而稽首,愿永树于风声。奉皇灵之遐寿,冠振古于鸿名。

太宗见而遣使谓百药曰:"朕于皇太子处见卿所作赋,述古来储贰事以戒太子,甚是典要。朕选卿以辅弼太子,正为此事,大称所委,但须善始令终耳。"因赐厩马一匹,彩物三百段。

校 注

〔一〕字高明,太宗长子也。生承乾殿,即以名之。贞观初立为皇太子,甫八岁,特敏惠,及长,过恶浸闻。十七年废为庶人,十八年卒。封常山王,谥曰愍。

〔二〕孔安国曰:"伏羲、神农、黄帝之书,谓之三坟,言大道也。少昊、颛顼、高辛、唐、虞之书,谓之五典,言常道也。"

〔三〕"潜运",原作"僭运",据南家本、萱家本、元刻、韩版、戈本改。

〔四〕淮南子曰:"圣人不贵尺之璧而重寸之阴,时难得而易失也。"

〔五〕"瀚海",原作"涣汗",元刻同,据南家本、萱家本、韩版、戈本及英华改。

〔六〕唐之思结地置蹛林州。汉书注云:"蹛林,匈奴绕林而祭也。"

〔七〕见教戒篇注。

〔八〕易文言传曰:"君子行此四德者,故曰元亨利贞。"

〔九〕论语,伯鱼曰:鲤趋而过庭,曰:"学礼乎?"曰:"未也。"鲤退而学礼。

〔一〇〕商子曰:"乔仰,父道也;梓俯,子道也。"

〔一一〕论语曰:"人能弘道。"

〔一二〕日、月、星也。

〔一三〕"三王",原作"二王",据南家本、萱家本、元刻、韩版、戈本改。

〔一四〕群后,诸侯也。

〔一五〕匕,所以载鼎实。鬯,香酒灌地以求神者也。

〔一六〕心三星,中为君,前为太子,后为少子。

〔一七〕震为少阳,长子之道也。

〔一八〕昌,文王名。发,武王名。

〔一九〕扶苏,秦始皇长子也。始皇欲坑诸生,扶苏切谏,始皇怒,使北监蒙恬上郡。始皇崩,公子胡亥诈受遗诏自立,赐扶苏死。

〔二〇〕左传闵公二年,晋侯使太子申生伐东山皋落氏,衣之偏衣,佩之金玦。狐突叹曰:"衣之尨服,远其躬也。佩以金玦,弃其衷也。尨凉冬杀,金寒玦离,胡可恃也?"金玦,金环也。

〔二一〕五行传曰:"弃法律,逐功臣,杀太子,以妾为妻,则火不炎上。"言火失其性而为灾也。

〔二二〕易曰:"明两作,离,大人以继明,照于四方。"

〔二三〕并见教戒篇注。

〔二四〕汉景帝,名启,文帝太子也。邓子,名通,文帝佞幸臣也。强吴,高祖兄仲之子,吴王濞也。文帝尝病痈,邓通常为帝吮之。帝曰:"天下谁最爱我?"通曰:"宜莫如太子。"太子入问病,帝使吮痈,吮而色难之。已而闻通尝为帝吮,心惭,由此怨通。及即位,邓通免。太子又尝与吴太子饮博,吴太子素骄,博争不恭,太子引博局提吴太子,杀之。吴王由是怨望,稍失藩臣礼。

〔二五〕彻,汉武帝名。储两,为太子时也。亚夫,周勃之子,仕至丞相,景帝甚重之。帝欲废戾太子,亚夫不可,帝由是疏之。帝尝目之曰:"此鞅鞅,非少主臣也。"

〔二六〕据,戾太子名,汉武帝子也。帝为太子立博望苑,使通宾客。赵人江充与太子有隙,见帝年老,恐他日为所诛,因言帝疾祟在巫蛊。帝乃使充入宫治之。充云:"太子宫木人尤多,又有帛书,所言不道。"太子遂捕充,斩之。长安军乱,因言太子反。上怒,太子自经。

〔二七〕"韦匡",原作"匡远",元刻同,南家本作"违匡",萱家本作"匡违",韩版、戈本作"匡韦",英华作"韦匡"。〔案〕"韦匡"指西汉韦玄成、匡衡,先后以儒宗居相位,为元帝丞相。参取南家本、韩版、戈本及英华作"韦匡"。

〔二八〕宣嗣,汉元帝也,名奭,好儒术文辞,用韦玄成、匡衡相继为丞相,多所向纳。复以弘恭、石显相继擅权用事,萧望之、京房、贾捐之等,皆以言显短而死。

〔二九〕汉成帝,名骜,字太孙,元帝太子也。定陶共王,元帝庶子也。成帝博好经书,为太子时,帝急召之。太子出龙楼门,不敢绝驰道,西至直城门得绝,乃度,还入作室门。上迟之,问其故,以状对,帝悦,乃诏太子得绝驰道。其后帝以定陶王有材艺,欲立为嗣,赖侍中史丹辅助太子,得无废。

〔三〇〕光武为汉中兴之君,太子庄,是为明帝,号显宗。明帝太子炟,是为章帝,号肃宗。东海王,明帝之兄,极相友爱。史赞:"显宗不承,业业兢兢,危心恭德,政察奸胜;肃宗济济,天性岂弟,于穆后德,谅惟渊体。"

〔三一〕魏文帝,姓曹,名丕,初为五官中郎将,见袁熙妻甄氏美而悦之,太祖为之聘焉。及受汉禅,尝出射雉,谓群臣曰:"射雉乐哉!"辛毗对曰:"于陛下甚乐,于群臣甚苦。"

〔三二〕明皇,名叡,魏文帝太子也,嗣帝位。侍中刘晔称之曰:"秦始皇、汉孝武之俦,才具微不及耳。"景初元年,起土山于芳林园,使公卿群僚皆负土栽木于其上,捕禽驱兽于其中。群臣皆面目垢黑,由是百姓凋弊,四海分崩。

〔三三〕晋武帝,姓司马,名炎,晋王昭之子也。仕魏为中抚军。桃符,武帝弟齐王攸之小名也。初晋王欲以攸为世子,何曾、裴秀曰:"中抚军聪明神武,人望既茂,天表如此,固非人臣之相也。"晋王由是意定,立炎为世子,嗣晋王位,受魏禅,国号晋。

〔三四〕晋惠帝,名衷,武帝第三子。东朝,为太子时也。是时朝野咸知太子昏愚,不堪为嗣,尚书令卫瓘欲陈启而未敢发。会侍宴陵云台,瓘阳醉,跪帝前,欲言而止者三,因以手抚床曰:"此座可惜。"

〔三五〕晋愍怀太子,名遹,惠帝长子也。有令誉,贾后忌之,使阉官辈媚之为非,于是慢弛益彰,贾后遂设计谮潜于帝,废为庶人。

〔三六〕晋元帝好任刑法,以韩非子赐太子。

〔三七〕虞书曰:"知人则哲,能官人。"

〔三八〕诗曰:"济济多士,文王以宁。"

〔三九〕致,乱也。

〔四〇〕九鼎,周之宝器,周沉泗水中。始皇求之,不能出。

〔四一〕此一节述任用之戒。

〔四二〕虞书曰:"象以典刑。"又曰:"惟刑之恤哉。"汉书:"唐、虞画像而民不犯。"注:"画像者,画衣冠异章服,象五刑也。犯黥者皂其中,犯劓者丹其服,犯宫者杂其屦,大辟之罪,诛殛之刑,布其衣裾无领缘。"

〔四三〕见封建篇注。此一节述刑罚之戒。

〔四四〕易大传曰:"上古穴居而野处,后世圣人易之以宫室,上栋下宇,以待风雨,盖取诸大壮。"

〔四五〕桀作瑶台,纣作琼室。

〔四六〕世说,魏作凌云台,极精巧,随风摇动,终无崩陨。

〔四七〕汉武帝作神明、通天之台于林光明,高三十丈。

〔四八〕汉文帝欲作露台,召匠计之,直百金,帝曰:"百金,中人十家之产也,吾奉先帝宫室,常恐羞之,何以台为?"

〔四九〕孟子曰:"文王之囿方七十里。"此言百里者,举成数言也。囿者,蕃育鸟兽之所。诗曰:"经始勿亟,庶民子来,经之营之,不日成之。"此一节述营缮之戒。

〔五〇〕仪狄作酒,禹饮而甘之,曰:"后世必有以酒亡国者。"遂疏仪狄,而绝旨酒。出战国策。

〔五一〕酗酱,酗怒也。

〔五二〕殷纣名受,以酒为池,竟亡其国。汉灌夫醉酒骂坐,遂诛其身。

〔五三〕商书伊尹作训曰:"敢有恒舞于宫,酣歌于室,时谓巫风。"

〔五四〕周书周公作诰曰:"越小大邦用丧,亦罔非酒。"此一节述甘酒之戒。

〔五五〕逑,匹也。诗曰:"窈窕淑女,君子好逑。"

〔五六〕汉成帝游于后庭,尝欲与班倢伃同辇,辞曰:"观古图画,圣贤之君皆有名臣在侧，三代末主乃有嬖女，今欲同辇，得无近似之乎？"帝善纳其言而后止。

〔五七〕宣姜，周宣王后也。王尝晏起，后乃脱缨珥待罪于永巷，使傅母通言于王曰："王乐色而忘德，失礼而晏起，乱之兴自婢子始，敢请罪。"王曰："寡人不德，实自生过，非夫人之罪也。"自是勤于政事，早朝晏罢，卒成中兴之主。

〔五八〕晋献公伐骊戎，获骊姬，爱之，生奚齐。公有子八人，惟太子申生、重耳、夷吾贤。骊姬佯誉太子，而阴令人潜之，欲立其子，太子自杀，又潜二公子，于是重耳走蒲，夷吾走屈，竟以乱晋。

〔五九〕周幽王嬖爱褒姒，生子伯服。王竟废申后及太子宜曰，以褒姒为后，伯服为太子。后因取褒姒笑失信于诸侯，西夷犬戎杀王骊山下，虏褒姒，尽取周赂而去。

〔六〇〕此一节述色荒之戒。

〔六一〕礼，春曰蒐田，冬曰狩田。

〔六二〕老子曰："驰骋田猎，令人心发狂。"

〔六三〕韝，鹰帽也。绁，所以系犬者。

〔六四〕相如谏猎书："时有衔橛之变。"

〔六五〕靦，惭也。

〔六六〕此一节述禽荒之戒。

〔六七〕汉元帝为太子时，好吹洞箫，自度声被歌调。王褒上洞箫赋，乃令后宫贵人皆诵读之。

〔六八〕魏文帝为世子时，曹植赋诗曰："清夜游西园，飞盖相追随。"

〔六九〕"思报恩"，原作"异报恩"，元刻、韩版同，兴本、松本、萱家本作"思报德"，据建治本、戈本改。

107〇贞观中，太子承乾数亏礼度，侈纵日甚，太子左庶子于志宁撰谏苑二十卷讽之〔一〕。是时，太子右庶子孔颖达〔二〕每犯颜进谏。承乾乳母遂安夫人谓颖达曰："太子长成，何宜屡得面折？"对曰："蒙国厚恩，死无所恨。"谏争愈切。承乾令撰孝经义疏，颖达又因文见意，愈广规谏之道。太宗并嘉纳之，二人各赐帛五百匹、黄金一斤，以励承乾之意〔三〕。

校 注

〔一〕此句以下南家本、萱家本有"太宗大悦赐黄金一斤绢三百匹"十三字，旧唐于志宁传同。

〔二〕字仲达，冀州人，八岁就学，日记千馀言。隋世举明经高第。贞观初，数进忠言，为右庶子。尝撰五经义疏，号为详博。

〔三〕按史传，各赐帛百匹，黄金十斤。〔案〕旧唐孔颖达传为"各赐黄金一斤、绢百匹"。

108〇贞观十三年，太子右庶子张玄素以承乾颇以游畋废学，上书谏曰：

臣闻皇天无亲，惟德是辅〔一〕，苟违天道，人神同弃。然三驱之礼，非欲教杀，将为百姓除害，故汤罗一面，天下归仁〔二〕。今苑内娱猎，虽名异游畋，若行之无恒，终亏雅度。且傅说曰："学不师古，匪说攸闻〔三〕。"然则弘道在于学古，学古必资师训。既奉恩诏，令孔颖达侍讲，望数存顾问，以补万一。仍博选有名行学士，兼朝夕读。览圣人之遗教，察既行之往事，日知其所不足，月无忘其所不能。此则尽善尽美，夏启、周诵，焉足言哉！夫为人上者，未有不求其善，但以性不胜情，耽惑成乱。耽惑既甚，忠言尽塞，所以臣下苟顺，君道渐亏。古人有言："勿以小恶而不去，小善而不为。"故知祸福之来，皆起于渐。殿下地居储贰，当须广树嘉猷。既有好畋之淫，何以主斯匕鬯？慎终如始，犹恐渐衰，始尚不慎，终将安保！

承乾不纳。玄素又上书谏曰：

臣闻称皇子入学而齿胄者，欲令太子知君臣父子尊卑之序、长幼之节〔四〕。用之方寸之内，弘之四海之外者，皆因行以远闻，假言以光被。伏惟殿下，睿质已隆，尚须学文以饰其表。窃见孔颖达、赵弘智等，非惟宿德鸿儒，亦兼达政要。望令数得侍讲，开释〔五〕物理，览古论今，增辉睿德。至如骑射畋游，酣歌妓玩，苟悦耳目，终秽心神。渐染既久，必移情性。古人有言："心为万事主，动而无节即乱。"恐殿下败德之源，在于此矣。

承乾览书愈怒，谓玄素曰："庶子患风狂耶！"

十四年，太宗知玄素在东宫颇有进谏，擢授银青光禄大夫，行太子左庶子。时承乾尝于宫中击鼓，声闻于外，玄素叩阁请见，极言切谏。承乾乃出宫内鼓〔六〕，对玄素毁之。遣户奴伺玄素早朝，阴以马挝击之，殆至于死。

是时承乾好营造亭观，穷奢极侈，费用日广，玄素上书谏曰：

> 臣以愚蔽，窃位两宫，在臣有江海之润，于国无秋毫之益，是用必竭愚诚，思尽臣节者。伏惟储君之寄，荷戴殊重，如其积德不弘，何以嗣守成业？圣上以殿下亲则父子，事兼家国，所应用物，不为节限。恩旨未逾六旬，用物已过七万，骄奢之极，孰云过此。龙楼之下，惟聚工匠；望苑之内，不睹贤良。今言孝敬，则阙侍膳问竖之礼；语恭顺，则违君父慈训之方；求风声，则无学古好道之实；观举措，则有因缘诛戮之罪。宫臣正士，未尝在侧，群邪淫巧，日近深宫。爱好者皆游伎杂色，施与者并图画雕镂。在外瞻仰，已有此失；居中隐密，宁可胜计哉！宣猷禁门，不异阛阓，朝入暮出，恶声渐远。右庶子赵弘智经明行修，当今善士，臣每请望数召进，与之谈论，庶广徽猷。令旨反有嫌猜，谓臣妄相推引。从善如流，尚恐不逮；饰非拒谏，必是招损。古人云："苦药利病，苦言利行。"伏愿安居思危，日慎一日。

书入，承乾大怒，遣刺客将加屠害，俄属宫废。〔七〕

【案】"十四年"以下，南家本、萱家本别作一章。

校 注

〔一〕周书蔡仲之命之辞。

〔二〕汤出,见野张网四面。祝曰:"自天下四方,皆入吾网。"汤曰:"嘻,尽之矣!"乃去其三面,祝曰:"欲左,左;欲右,右。不用命,乃入吾网。"诸侯闻之曰:"汤德至矣,及禽兽。"

〔三〕商书傅说告高宗之辞。

〔四〕见教诫篇注。

〔五〕"开释",原作"问释",元刻、韩版同,据南家本、菅家本、戈本改。

〔六〕"承乾乃出宫内鼓",原作"乃出宫内鼓",元刻、韩版、戈本同,据南家本、菅家本及旧唐补"承乾"二字。

〔七〕按后一书,通鉴系十三年,"诏自今皇太子出用库物,所司勿为限制,于是太子发取无度",故玄素上疏。十七年承乾废。〔案〕"通鉴系十三年"误,当作"通鉴系十六年"。

109○贞观十四年,太子詹事〔一〕于志宁以太子承乾广造宫室,奢侈过度,耽好声乐,上书谏曰:

臣闻克俭节用,实弘道之源;崇侈恣情,乃败德之本。是以陵云概日,戎人于是致讥〔二〕;峻宇雕墙,夏书以之作诫〔三〕。昔赵盾匡晋〔四〕,吕望师周〔五〕,或劝之以节财,或谏之以厚敛。莫不尽忠以佐国,竭诚以奉君,欲使茂实播于无穷,英声被乎物听。咸著简册,用为美谈。且今所居东宫,隋日营建,睹之者尚讥甚侈,见之者犹叹甚华。何庸于此中更有修造,财帛日费,土木不停,役斤斧之工,极磨砻之妙?且丁匠官奴入内,比者无复监。此等或兄犯国章,或弟罹王法,往来御苑,出入禁闱,钳凿缘其身,槌杵在其手[六]。千牛既自不见[七],直长无由得知[八]。爪牙在外,厮役在内[九],所司何以自安,臣下岂容无惧?

又郑、卫之乐,古谓淫声[一〇]。昔朝歌之乡,回车者墨翟[一一];夹谷之会,挥剑者孔丘[一二]。先圣既以为非,通贤将以为失。顷闻宫内,往往取太乐伎儿,入便不出。闻之者股栗,言之者心战。往年口敕,伏请重寻,圣旨殷勤,明诫恳切。在于殿下,不可不思;至于微臣,不得无惧。

臣自驱驰宫阙,已积岁时,犬马识恩,木石知感,臣所有管见,敢不尽言[一三]。但悦意取容,臧孙方以疾疢;犯颜逆耳,春秋比之药石[一四]。伏愿停工巧之作,罢久役之人,绝郑、卫之音,弃群小之辈。则三善允备,万国作贞矣。

承乾览书不悦。

十五年,承乾以务农之时召驾士等役,不许分番,人怀怨苦,又私引突厥群竖入宫,志宁上书谏曰:

上天盖高,日月光其德;明君至圣,辅佐赞其功。是以周诵升储,见匡毛、毕[一五];汉盈居震,取资黄、绮[一六]。姬旦抗法于伯禽[一七],贾生谏争于文帝[一八]。咸殷勤于端士,皆恳切于正人。历代贤君,莫不丁宁于太子者,良以地膺上嗣,位处储君。善则率土沾其恩,恶则海内罹其祸。近闻仆寺习驭[一九]、驾士、兽医,始自春初,迄兹夏晚,恒居内役,不放分番。或家有尊亲,阙于温清[二〇];或室有幼弱,绝于抚养。春既废其耕垦,夏又妨其播殖。事乖存育,恐致怨嗟。傥闻天听,后悔何及?又突厥哥支等,咸是人面兽心[二一],近之有损于英声,昵之无益于盛德。引之入阁,人皆惊骇,岂臣愚识,独用不安?殿下必须上副至尊圣情,下允黎元本望,不可轻微恶而不避,无容略小善而不为。理敦杜渐之方,须有防萌之术。屏退不肖,狎近贤良。如此,则善道日隆,德音自远。

承乾大怒,遣刺客张师政、纥干承基[二二]就舍杀之。志宁是时丁母忧,起复为詹事。二人潜入其第,正见寝处苫庐[二三],竟不忍而止。

及承乾败,太宗知其事,深勉劳之。[二四]

校 注

〔一〕唐制,东宫置詹事府,掌统三寺、十率府之政。

〔二〕秦缪公夸示宫室之盛,为西戎由余所笑。详见纳谏篇注。

〔三〕五子之歌曰:"甘酒嗜音,峻宇雕墙,有一于此,未或不亡。"

〔四〕盾,晋灵公大夫,即赵宣子也。

〔五〕望,太公也,为周太师。

〔六〕戈本下有"监门本防非虑宿卫以备不虞"十二字。

〔七〕千牛,官名,见纳谏篇注。

〔八〕直长,官名。

〔九〕"爪牙在外厮役在内",原无此八字,元刻、韩版同,据南家本、萱家本、戈本补。

〔一○〕郑、卫,二国名。乐记曰:"郑、卫之音,乱世之音也,比于慢矣! 桑间、濮上之音,亡国之音也。其政散,其民流,诬上行私而不可止也。"

〔一一〕朝歌,殷之邑名。汉书邹阳书曰:"邑号朝歌,墨子回车。"

〔一二〕夹谷,鲁地名。家语曰:"定公与齐侯会于夹谷。孔子摄相事,齐使莱人以兵劫定公,孔子历阶而进,以公退,曰:'裔不谋夏,夷不乱华;俘不干盟,兵不逼好。'齐侯心怍,麾而避之。齐奏乐,俳优侏儒戏于前。孔子曰:'匹夫荧惑侮诸侯者,罪应诛。'于是斩侏儒。齐侯惧,有惭色。"

〔一三〕戈本下有"如鉴以丹诚则臣有生路若责其忤旨则臣是罪人"二十字。

〔一四〕臧孙,鲁大夫,名纥,即臧武仲也。左传襄公三十三年,臧孙曰:"季孙之爱我,疾疢也。孟孙之恶我,药石也。美疢不如恶石。夫石犹生我,疢之美,其毒滋多。"

〔一五〕毛叔郑、毕公,周之辅臣。

〔一六〕见定分篇注。

〔一七〕姬,周之姓。旦,周公之名。伯禽,周公子也。礼曰:"成王幼,不能莅阼,周公相,践阼而治,抗世子法于伯禽。"成王有过,则挞伯禽,所以示成王世子之道也。

〔一八〕贾生,即贾谊也。见纳谏篇注。

〔一九〕"习驭",据旧唐职官志、新唐百官志,当作"翼驭"。
〔二〇〕礼记曰:"子之事父母,冬温而夏凊。"
〔二一〕戈本下有"岂得以礼义期不可以仁信待心则未识于忠孝言则莫辩其是非"二十六字。
〔二二〕纥干,复姓。
〔二三〕礼,居父母之丧者,寝苫枕块。
〔二四〕按前一书,通鉴系十四年。旧史曰:"承乾败后,推鞫具得其事。太宗谓志宁曰:"知公数有规谏,事无所隐。"深加勉劳。右庶子令狐德棻等,以无谏书,皆从贬责。

贞观政要卷第五

论仁义第十三

【案】戈本无"论"字。元刻、明本、韩版、戈本均四章,戈注"凡四章"。南家本、萱家本、写字台本六章,有卷八辩兴亡篇二章(238、240),分别在110、112之后。

110○贞观元年,太宗曰:"朕看古来帝王以仁义为治者,国祚延长,任法御人者,虽救一时,败亡亦促。既见前王成事,足是元龟,今欲专以仁义、诚信为治,望革近代之浇薄也。"黄门侍郎王珪对曰:"天下凋丧日久,陛下承其馀弊,弘道移风,万代之福。但非贤不理,惟在得人。"太宗曰:"朕思贤之情,岂舍梦寐!"给事中杜正伦进曰:"世必有才,随时所用,岂待梦傅说、逢吕尚,然后治乎?"太宗深纳其言。

【案】此处南家本、菅家本、写字台本有卷八辩兴亡篇一章(238)。

111○贞观二年,太宗谓侍臣曰:"朕谓乱离之后,风俗难移。比观百姓,渐知廉耻,官人奉法,盗贼日稀,故知人无常俗,但政有治乱耳。是以为国之道,必须抚之以仁义,示之以威信。因人之心,去其苛刻,不作异端,自然安静。公等宜共行斯事也!"

112○贞观四年,房玄龄奏言:"今阅武库甲仗,胜隋日远矣。"太宗曰:"饬兵备寇虽是要事,然朕惟欲[一]卿等存心治道,务尽忠贞,使百姓安乐,便是朕之甲仗。隋炀帝岂无甲仗,适足以致灭亡,正由仁义不修,而群下怨叛故也。宜识此心,当以德义相辅。"

【案】此处南家本、菅家本、写字台本有卷八辩兴亡篇第三章(240)。

校 注

〔一〕"惟欲",原作"惟欲得",据南家本、菅家本、写字台本、元刻、韩版、戈本删"得"字。

113○贞观十三年,太宗谓侍臣曰:"林深则鸟栖,水广则鱼游,仁义积则物自归之。人皆知畏避灾害,不知行仁义则灾害不生。夫仁义之道,当思之在心,常令相继,若斯须懈怠,去之已远。犹如饮食资身,恒令腹饱,乃可存其性命。"王珪顿首曰:"陛下能知此言,天下幸甚!"

论忠义第十四

【案】戈本无"论"字。元刻、明本、韩版九章,据南家本、萱家本、写字台本、戈本补二章(119、120),共十一章,排序依明本,增补的二章参照南家本、萱家本、写字台本编入。戈注"凡十五章",戈本实为十四章,移卷一政体篇一章(120),有卷二直谏附篇一章(61)、卷八禁末作附篇一章(237),分 118 为二章、分 124 为二章。南家本十章,萱家本、写字台本十三章,排序相同,章的分合不一。

114○冯立〔一〕,武德中为东宫率〔二〕,甚被隐太子亲遇。太子之死也,左右多逃散,立叹曰:"岂有生受其恩,而死逃其难!"于是率兵犯玄武门,苦战,杀屯营将军敬君弘〔三〕,谓其徒曰:"微以报太子矣。"遂解兵遁于野。俄而来请罪,太宗数之曰:"汝昨者出兵来战,大杀伤我兵,将何以逃死?"立饮泣而对曰:"立出身事主,期以效命,当战之日,无所顾惮。"因歔欷〔四〕悲不自胜,太宗慰勉之,授左屯卫中郎将〔五〕。立谓所亲曰:"逢莫大之恩,幸而获免,终当以死奉答。"未几,突厥至便桥,率数百骑与虏战于咸阳,杀获甚众,所向皆披靡,太宗闻而嘉叹之〔六〕。

时有齐王元吉府左府车骑谢叔方〔七〕,率府兵与冯立合军拒战,及杀敬君弘、中郎将吕衡〔八〕,王师不振。秦府官属〔九〕乃传元吉首以示之,叔方下马啼哭,拜辞而遁。明日出首,太宗曰:"义士也。"命释之,授左翊卫郎将〔一○〕。

校 注

〔一〕冯翊人。

〔二〕唐制,东宫置左右率府,掌兵仗宿卫之政令,总诸曹之事。

〔三〕绛州人。

〔四〕歔欷,悲叹貌。

〔五〕唐制,掌宿卫之属。

〔六〕"嘉叹之",南家本、营家本下有"曰于生死之间甚众义备矣如此则彼寻行数里矫事谈义者徒自以为人何逮于此也"三十四字。

〔七〕万年人。

〔八〕史作吕世衡,此避太宗讳,除世字。

〔九〕指秦府护军尉迟敬德。尉迟,复姓,名恭,以字行。朔州人,为刘武周将。武德初,举地降,为右府统军。后从讨隐、巢有功,封鄂国公。卒,赠徐州都督。

〔一○〕唐制,掌供奉侍卫之职。按通鉴,武德九年六月,冯立闻建成死,乃与副护军薛万彻、屈哩、直府左车骑谢叔方帅东宫、齐府精兵二千,驰赴玄武门,张公谨多力,独闭关以拒之,不得入。敬君弘掌宿卫兵,屯玄武门,挺身出战,与吕世衡大呼而进,皆死之。守门兵与万彻等力战良久,万彻欲攻秦府,尉迟敬德持建成、元吉首示之,宫、府兵遂溃。万彻亡入终南山,冯立遂解兵逃于野。高祖既赦天下,冯立、谢叔方皆自出,万彻亡匿,屡使谕之,乃出。秦王曰:"皆忠于所事,义士也。"释之。冯立,后授广州都督,卒于官。敬君弘,后赠左屯卫大将军。吕衡,赠右骁卫将军。

115〇贞观元年,太宗尝从容言及隋亡之事,慨然叹曰:"姚思廉不惧兵刃,以明大节,求诸古人,亦何以加也!"思廉时在洛阳,因寄物三百段,并遗其书曰:"想卿忠义之风,故有斯赠。"初,大业末,思廉为隋代王侑侍读〔一〕,及义旗克京城时,代王府寮多骇散,唯思廉侍王,不离其侧。兵士将升殿,思廉厉声谓曰:"唐公举义〔二〕,本匡王室,卿等不宜无礼于王!"众服其言,于是稍却,布列阶下。须臾,高祖至,闻而义之,许其扶侑至顺阳阁下,思廉泣拜而去。见者咸叹曰:"忠烈之士〔三〕,仁者有勇,此之谓乎!"

校 注

〔一〕代王侑,隋元德太子之子,炀帝十三年南巡,以侑留守长安,高祖克长安,立侑为帝。

〔二〕"唐公举义",南家本、菅家本、写字台本、戈本作"唐公举义兵"。高祖初封唐公。

〔三〕"忠烈之士",原无此四字,元刻、韩版同,据南家本、菅家本、写字台本、戈本及旧唐补。

116〇贞观二年,将葬故息隐王建成、海陵王元吉,尚书右丞魏徵与黄门侍郎王珪请预陪送,上表曰:"臣等[一]昔受命太上,委质东宫,出入龙楼,垂将一纪。前宫结衅宗社,得罪人神,臣等不能死亡,甘从夷戮,负其罪戾,置录周行,徒竭生涯,将何上报?陛下德光四海,道冠前王,陟岗有感,追怀常棣,明社稷之大义,申骨肉之深恩,卜葬二王,远期有日。臣等永惟畴昔,忝曰旧臣,丧君有君,虽展事君[二]之礼;宿草将列,未申送往之哀。瞻望九原,义深凡百,望于葬日,送至墓所。"太宗义而许之,于是宫府旧僚吏,尽令送葬。

【案】本章南家本属前章。

校 注

〔一〕"臣等",原无"等"字,元刻、韩版同,据南家本、萱家本、写字台本、戈本补。

〔二〕"事君",原作"事居",据南家本、萱家本、写字台本、元刻、韩版、戈本改。

117〇贞观五年,太宗谓侍臣曰:"忠臣烈士,何代无之,公等知隋朝谁为忠贞?"侍臣王珪曰:"臣闻太常丞[一]元善达在京留守,见群贼纵横,遂转骑远诣江都谏炀帝,令还京师。既不受其言,后更涕泣极谏,炀帝怒,乃远使追兵,身死瘴疠之地。有武贲郎将独孤盛[二]在江都宿卫,宇文化及起逆,盛惟一身,抗拒而死。"太宗曰:"屈突通为隋将[三],共国家战于潼关,闻京师陷,乃引兵东走。义兵追及于桃林,朕遣其家人往招慰,遽杀其奴。又遣其子往,乃云:'我蒙隋家驱使,已事两帝,今者吾死节之秋,汝旧于我家为父子,今则于我家为仇雠。'因射之,其子避走,所领士卒多溃散。通惟一身,向东南恸哭尽哀,曰:'臣荷国恩,任当将帅,智力俱尽,致此败亡,非臣不竭诚于国。'言尽,追兵擒之。太上皇授其官,每托疾固辞。此之忠节,足可嘉尚。"因敕所司,采访大业中直谏被诛者子孙闻奏。

【案】本章南家本为第三章。

校　注

〔一〕卿之佐也。

〔二〕"武贲郎将",原作"武贲郎中",元刻同,戈本作"虎贲郎中",据韩版及唐书职(百)官志改。独孤,复姓,盛,名也。

〔三〕屈突,复姓,通,名。仕隋为虎贲郎将。初,代王遣通守河东,高祖兵围之,通守节不降。后被擒,帝劳之。泣曰:"臣不能尽人臣之节,故至此,为本朝羞。"帝曰:"忠臣也。"授兵部尚书,从讨王世充。时通二子在洛,帝曰:"以东略属公,如何?"通曰:"二儿死自其分,终不以私害义。"帝曰:"烈士徇节,吾今见之。"贞观初,卒。

118〇贞观六年,授左光禄大夫陈叔达[一]礼部尚书,因谓曰："武德中，公曾进直言于太上皇，明朕有克定之功，不可黜退云。朕本性刚烈，若有抑挫，恐不胜忧愤，以致疾毙之危。今赏公忠謇，有此迁授。"叔达对曰："臣以隋氏父子自相诛戮，以至灭亡，岂容目睹覆车，不改前辙？臣所以竭诚进谏。"太宗曰："朕知公非独为朕一人，实为社稷之计。"〔二〕

萧瑀，贞观中为尚书左仆射，尝因宴集，太宗谓房玄龄曰："武德六年已后，太上皇有废立之心，我当此日，不为兄弟所容，实有功高不赏之惧。萧瑀不可以厚利诱之，不可以刑戮惧之，真社稷臣也。"乃赐瑀诗曰："疾风知劲草，版荡识诚臣。"顾谓瑀曰："卿之守道耿介，古人无以过也。然则善恶太分明，亦有时而失〔三〕。"瑀拜谢曰："臣特蒙诫训，许臣以忠谅，虽死之日，犹生之年。"寻进拜太子太保。〔四〕

【案】在本章前半章之后，戈本有卷二直谏附篇移入一章(61)，为本篇第六章。本章后半章，南家本、萱家本、写字台本均别为一章，分别为第四章、第六章、第六章。戈本亦以后半章别为一章，移为本篇第八章。

校 注

〔一〕字子聪，陈宣帝子也。武德初，判纳言。始，建成兄弟阋间太宗，帝惑之，叔达极意救辨。及建成诛，高祖谓裴寂等曰："不图今日乃见此事，当如之何？"萧瑀、陈叔达曰："建成、元吉，本不预义谋，又无功于天下，疾秦王功高望重，共为奸谋，今秦王已讨而诛之。秦王功盖宇宙，率土归心，陛下若处以元良，委之国务，无复事矣。"上曰："善，此吾之夙心也。"

〔二〕上文南家本属前章，戈本别为一章。

〔三〕"顾谓瑀曰卿之守道耿介古人无以过也然则善恶太分明亦有时而失"，原无此二十八字，元刻、韩版、戈本同，据南家本、萱家本、写字台本及旧唐补。

〔四〕旧本此章首曰"贞观中"，与第五章合为一章。今按通鉴标年，附入于此。又按史传，魏徵曰："臣有逆众持法，主恕之以公；孤特守节，主恕之以介。昔闻其言，乃今见之。使瑀不遇陛下，庸自保邪？"

119●贞观七年，将发十六道〔一〕黜陟使〔二〕，畿内道〔三〕未有其人，太宗亲定，问于房玄龄等曰："此道事最重，谁可充使？"右仆射李靖曰："畿内事大，非魏徵莫可。"太宗作色曰："朕向九成宫，事亦非小，宁可遣魏徵出使？朕每行不欲与其相离者，适为其见朕是非，必无所隐。今欲从公等语遣去，朕若有是非得失，公等能正朕否？何因辄有所言，大非道理。"乃即令李靖充使。〔四〕

【案】本章元刻、明本、韩版无，据南家本为第五章，萱家本、写字台本为第七章补。戈本在前章(118)两事之间，为第七章。

校　注

〔一〕唐分天下为十道：一曰关内，二曰河南，三曰河东，四曰河北，五曰山南，六曰陇右，七曰淮南，八曰江南，九曰剑南，十曰岭南。皆因山川形便而并省之也。

〔二〕将命而出,掌黜陟臧否,故曰黜陟使。

〔三〕唐建都之地,即关内道也。

〔四〕按通鉴,贞观八年,太宗欲分遣大臣为诸道黜陟使,未得其人,李靖荐魏徵。上曰:"徵,箴规朕失,不可一日离左右。"乃命靖与萧瑀等凡十三人分行天下,"察长吏贤不肖,问民疾苦,礼高年,振穷乏,褒善良,起淹滞。俾使者所至,如朕亲睹。"与此小异。

120● 贞观八年,太宗谓侍臣曰:"隋时百姓纵有财物,岂得自保?自朕有天下已来,存心抚养,无有所科差,人人皆得营生,守其资财,即朕所赐。向使朕科唤不已,数虽赏赐,亦不如不得。"侍中魏徵对曰:"尧、舜在上,百姓亦云'耕田而食,凿井而饮',含哺鼓腹,而云'帝何力'于其间矣〔一〕。今陛下如此含养,百姓可谓日用而不知。"又奏称:"晋文公〔二〕出田,逐兽于砀山,入大泽,迷不知所出。其中有渔者,文公谓曰:'我,若君也,道将安出?我且厚赐若。'渔者曰:'臣愿有献。'文公曰:'出泽而受之。'于是送出泽。文公曰:'今子之所欲教寡人者何?愿受之。'渔者曰:'鸿鹄保河海之中,厌心而移徙之小泽,则必有矰丸之忧〔三〕。鼋鼍保深泉,厌心而出之浅渚,则必有罗网钓射之忧。今君逐兽砀,入至此,何行之太远也?'文公曰:'善哉!'谓从者曰,记渔者名。渔者曰:'君何以名为?君尊天事地、敬社稷、保四国、慈爱万人、薄赋敛、轻租税者,臣亦与焉。君不尊天,不事地,不敬社稷,不固四海,外失礼于诸侯,内逆人心,一国流亡,渔者虽有厚赐,不得保也。'遂辞不受。"太宗曰:"卿言是也。"〔四〕

【案】本章元刻、明本、韩版无,据南家本为第六章,萱家本、写字台本为第八章补。戈本移为卷一政体篇第十章。

校 注

〔一〕尧时有老人击壤于路曰:"吾日出而作,日入而息,凿井而饮,耕田而食,帝何力于我哉!"

〔二〕晋,春秋时国名。文公,晋君,名重耳。

〔三〕赠,矢也。

〔四〕旧本此章附忠义篇,今按其言于政体尤切,故附于此。〔案〕指卷一政体篇。

121○贞观十一年,太宗行至汉太尉杨震墓〔一〕,伤其以忠非命,亲为文以祭之。房玄龄进曰:"杨震虽当天柱,数百年后方遇圣君,停舆驻跸,亲降神作〔二〕,此文可谓虽死犹生,没而不朽,不觉助伯起幸赖欣跃于九泉之下矣。伏读天文,且戚且慰,凡百君子,焉可不勖励名节,知为善之有效!"

【案】本章南家本为第七章,萱家本、写字台本为第九章,戈本为第九章。

校 注

〔一〕杨震字伯起,弘农人也。好学明经,诸儒称为关西夫子。汉安帝时为刺史,号"清白吏",后征为太常,迁太尉,为内戚谮潛遣归。震曰:"死者人之常分,吾蒙恩居上司,奸臣狡猾而不能诛,嬖女倾乱而不能禁,何面目复见日月?"饮酖而卒。

〔二〕一作玉趾。

122○贞观十一年,上谓侍臣曰:"狄人杀卫懿公〔一〕,尽食其肉,独留其肝。懿公之臣弘演呼天大哭,自出其肝,而内懿公之肝于其腹中。今觅此人,而不可得。"特进魏徵对曰:"在君待之而已〔二〕。昔豫让为智伯报仇〔三〕,欲刺赵襄子〔四〕,襄子执而获之,谓之曰:'子昔事范、中行氏乎〔五〕?智伯尽灭之,子乃委质智伯,不为报仇,今即为智伯报仇,何也?'让答曰:'臣昔事范、中行,范、中行以众人遇我,我以众人报之。智伯以国士遇我,我以国士报之〔六〕。'在君礼之而已,亦何为无人焉?"

【案】本章南家本为第八章,菅家本、写字台本为第十章,戈本为第十章。

校 注

〔一〕名赤。
〔二〕"在君待之而已",原无此六字,元刻、韩版、戈本同,据南家本、萱家本、写字台本及谏录补。

〔三〕豫让,智伯之臣。智伯名瑶,号襄子,晋智宣子之后,为韩、赵、魏所灭。

〔四〕名无恤,晋赵简子之后。

〔五〕春秋之世,晋有范氏、中行氏,与智氏、韩氏、魏氏、赵氏为六卿。春秋之末,晋公室卑,六卿强,各据采地,更相攻伐。贞定王十一年,智氏、魏氏、赵氏、韩氏共伐范氏、中行氏,灭之而分其地。

〔六〕事见史记赵世家。

123〇贞观十三年,太宗幸蒲州,因诏曰:"隋故鹰击郎将〔一〕尧君素〔二〕,往在大业,受任河东,固守忠义,克终臣节。虽桀犬吠尧〔三〕,有乖倒戈之志〔四〕,而疾风劲草,实表岁寒之心。爰践兹境,追怀往事,宜锡宠命,以申劝奖。可追赠蒲州刺史,仍访其子孙以闻。"

【案】本章南家本为第九章,萱家本、写字台本为第十一章,戈本为第十一章。

校 注

〔一〕隋制,亲侍置鹰扬府,有鹰扬郎将,后改副郎将为鹰击郎将。

〔二〕"尧君素",原作"姚君素",元刻同,据南家本、萱家本、写字台本、戈本及隋书尧君素传改。魏郡人。炀帝为晋王时,君素以左右从。及嗣位,累迁鹰击郎将,及天下大乱,君素所部独全。后从屈突通守河东,通败,通诱之降,君素责通不义,卒无降心。其妻诱之降,乃引弓射杀之。尝曰:"大义不得不死。"后为左右所害。

〔三〕汉书曰:"桀犬吠尧,尧非不仁,特吠非其主耳。"

〔四〕周书曰:"前徒倒戈。"言众服周仁政,无有战心,前徒倒戈,自攻于后也。

124○贞观中,太宗谓中书侍郎岑文本曰:"梁、陈〔一〕名臣,有谁可称?复有子弟堪招引否?"文本奏言:"隋师入陈,百司分散,莫有留者,唯尚书仆射袁宪独在其主之傍。王世充将受隋禅,群僚表请劝进,宪子国子司业承家,托疾独不署名。此之父子,足称忠烈。承家弟承序,今为建昌令,清贞雅操,实继先风。"由是召拜晋王友,兼令侍读〔二〕,寻授弘文馆学士。

太宗攻辽东安市城,高丽人众皆死战,诏令高延寿、惠真〔三〕等降众,止其城下招之。城中坚守不动,每见帝幡旗,必乘城鼓噪。帝怒甚,诏江夏王道宗〔四〕筑土山而攻其城,竟不能克。太宗将旋师,嘉安市城主坚守臣节,赐绢三百匹,以励事君者也。〔五〕

【案】本章南家本为第十章,营家本、写字台本分二章,为第十二、十三章。戈本分二章,并在二章间移入卷八禁末作附篇一章(237),为本篇第十二、十四章。

校 注

〔一〕梁,姓萧氏,受齐禅。陈,姓陈氏,受梁禅。

〔二〕唐制，诸王友掌陪侍游居，规讽道义。侍读掌讲道经学。

〔三〕耨萨高延寿，北部；耨萨高惠真，南部。〔案〕耨萨，即傉萨，高丽地方长官，大城置傉萨一人，比都督。高丽北部傉萨高延寿，南部傉萨高惠真，率众救援安市城，为太宗所降。太宗命其率降众至安市城，招降城中守将。

〔四〕高祖从兄弟，字承范。年十七，从秦王讨贼有功。初封任城，后封江夏郡。道宗好学接士，不倨于贵，为宗室最贤。

〔五〕旧本此章与第十二章合为一章。今按通鉴标年，附入于此。又按通鉴，太宗亲征辽东，令李勣攻安市，安市人望见旗盖，辄乘城鼓噪，上怒，勣请克城之日，男子皆坑。安市人闻之，益坚守，久不下。江夏王道宗筑土山于城东，浸逼其城，城中亦增高其城以拒之。又冲车炮石坏其城堞，城中随立木栅以塞之。筑山昼夜不息，凡六旬，用功五十万。山颓，压城崩，城中数百人出战，遂夺据土山而守之，诸将攻二日不克。上以天寒粮尽，先拔辽、盖二州户口渡辽，乃耀兵城下而旋。城中皆屏迹不出，城主登城拜辞，上嘉其固守，赐缣百匹。

论孝友第十五

【案】戈本无"论"字。元刻、明本、韩版、戈本均五章，戈注"凡五章"。南家本、菅家本、写字台本均四章，以 127、128 两章为一章。

125〇司空房玄龄事继母，能以色养，恭谨过人。其母病，请医人至门,必迎拜垂泣。及居丧,尤甚柴毁〔一〕。太宗命散骑常侍刘洎就加宽譬,遗寝床、粥食、盐醋。

校 注

〔一〕言毁瘠如柴也。

126○虞世南,初仕隋,历起居舍人,宇文化及弑逆之际,其兄世基时为内史侍郎〔一〕,将被诛,世南抱持号泣,请以身代死,化及竟不纳。世南自此哀毁骨立者数载,时人称重焉。

校 注

〔一〕隋改中书为内史。

127○韩王元嘉〔一〕,贞观初〔二〕为潞州刺史。时年十五,闻太妃有疾〔三〕,便涕泣不食。及至京师发丧,哀毁过礼,太宗嗟其至性,屡慰勉之。元嘉阖门修整,有类寒素士大夫。与其弟鲁王〔四〕灵夔甚相友爱,兄弟集见,如布衣之礼。其修身洁己,当代诸王,莫能及者。

校 注

〔一〕高祖第十一子也。少好学,藏书至万卷,皆以古文参定同异,当世称之。

〔二〕史作六年。

〔三〕太妃,韩王之母,隋大将军宇文述之女也。为昭仪有宠。高祖即位,欲立为后,固辞不受。韩王以母有宠,而为帝所爱。

〔四〕"鲁王",原作"鲁哀王",元刻、韩版、戈本同,据南家本、萱家本、写字台本及旧唐删"哀"字。高祖第十九子,韩王同母弟也,好学善音律。后以谋欲起兵应接越王贞父子,事泄,自缢,谥曰哀。〔案〕戈注"谥曰哀"有误,据两唐书本传,未追谥。

128○霍王元轨〔一〕,武德中初封为吴王〔二〕,贞观七年为寿州刺史。属高祖崩,去职,毁瘠过礼。自后常衣布服,示有终身之戚。太宗常问侍臣曰:"朕子弟孰贤?"侍中魏徵对曰:"臣愚暗,不尽知其能,唯吴王数与臣言,臣未尝不自失。"上曰:"卿以为前代谁比?"徵曰:"经学文雅,亦汉之间、平〔三〕。至如孝行,乃古之曾、闵也〔四〕。"由是宠遇弥厚,因令徵女聘焉。

【案】本章南家本、萱家本、写字台本属前章。

校 注

〔一〕高祖第十四子也。多才艺,出为刺史,所至闭阁读书。与处士刘玄平为布衣交,或问王所长,玄平曰:"王无不备,吾何以称之。"

〔二〕武德六年封蜀王,八年徙封吴王。

〔三〕"间平",原作"河间乎",元刻、韩版同,据南家本、萱家本、写字台本、戈本改。汉河间献王德、东平献王苍也。

〔四〕曾参、闵损也。

129○贞观中,有突厥史行昌〔一〕直玄武门〔二〕,食而舍肉,人问其故,曰:"归以奉母。"太宗闻而叹曰:"仁孝之性,岂隔华夷?"赐尚乘马一匹〔三〕,诏令给其母肉料。

校 注

〔一〕突厥阿史那氏,此因以史为姓。行昌,其名也。
〔二〕玄武,北方宿名,取以名门也。
〔三〕尚乘,主车乘之官。

论公平第十六

【案】戈本无"论"字。元刻、明本、韩版、戈本均八章,戈注"凡八章"。南家本、萱家本、写字台本均六章,无一章(136),在本卷论诚信篇一章(137)。

130○太宗初即位,中书令房玄龄奏言:"秦府旧左右未得官者,共怨前宫及齐府左右处分之先己。"太宗曰:"古称至公者,盖谓平恕无私。丹朱、商均,子也,而尧、舜废之〔一〕。管叔、蔡叔,兄弟也,而周公诛之〔二〕。故知君人者,以天下为心,无私于物。昔诸葛孔明,小国之相〔三〕,犹曰'吾心如称〔四〕,不能为人作轻重',况我今理大国乎?朕与公等衣食出于百姓,百姓人力已奉于上,而上恩未被于下。今所以择贤才者,盖为求安百姓也。用人但问堪否,岂以新故异情?凡一面尚自相亲,况旧人而顿忘也!才若不堪,亦岂以旧人而先用?今不问其能不能,而直言其怨嗟,岂是至公之道耶!"

校　注

〔一〕尧知子丹朱之不肖,不足授天下,卒授舜。舜之子商均亦不肖,乃以天下授禹。

〔二〕管叔名鲜,蔡叔名度,皆文王之子也。武王既克殷,封鲜于管,封度于蔡,相纣子武庚禄父,治殷遗民。武王崩,成王少,周公旦专王室,叔疑之,乃挟武庚作乱。周公承王命,遂诛武庚,杀管叔,流蔡叔。

〔三〕诸葛,复姓,字孔明,名亮。琅琊人,为蜀丞相。

〔四〕与秤同。

131○贞观元年,有上封事者,请秦府旧兵共授以武职,追入宿卫。太宗谓曰:"朕以天下为家,不能私于一物,唯有才行是任,岂以新旧为差?况古人云:'兵犹火也,弗戢将自焚。'汝之此意,非益政理。"

132○贞观元年,吏部尚书长孙无忌尝被召,不解佩刀入东上阁门,出阁后,监门校尉始觉[一]。尚书右仆射封德彝议,以监门校尉不觉,罪当死;无忌误带刀入,徒二年,罚铜二十斤。太宗从之。大理少卿[二]戴胄驳曰:"校尉不觉,无忌带刀入内,同为误耳。夫臣子之于尊极,不得称误,准律云:'供御汤药、饮食、舟船,误不如法者,皆死。'陛下若录其功,非宪司所决;若当据法,罚铜未为得中。"太宗曰:"法者,非朕一人之法,乃天下之法,何得以无忌国之亲戚,更欲挠法耶?"更令定议。德彝执议如初,太宗将从其议,胄又驳奏曰:"校尉缘无忌以致罪,于法当轻。若论其过误,则为情一也,而生死顿殊,敢以固请。"太宗乃免校尉之死。

是时,朝廷盛开选举,或有诈伪阶资者,太宗令其自首,不首,罪至于死。俄有诈伪者事泄,胄据法断流以奏之。太宗曰:"朕初下敕,不首者死,今断从流,是示天下以不信矣。"胄曰:"陛下当即杀之,非臣所及,既付所司,臣不敢亏法。"太宗曰:"卿自守法,而令朕失信耶?"胄曰:"法者,国家所以布大信于天下;言者,当时喜怒之所发耳。陛下发一朝之忿而欲杀之,既知不可而置之于法,此乃忍小忿而存大信,臣窃为陛下惜之。"太宗曰:"朕法有所失,卿能正之,朕复何忧也!"

校 注

〔一〕"监门校尉",原作"临门校尉",元刻同,据南家本、萱家本、写字台本及下文、旧唐、会要、册府改。

〔二〕卿之贰也。

133〇贞观二年,太宗谓房玄龄等曰:"朕比见隋代遗老咸称高颎善为相者〔一〕,遂观其本传,可谓公平正直,尤识治体。隋室安危,系其存没。炀帝无道,枉见诛夷,何尝不想见其人,废书歔叹!又汉、魏已来,诸葛亮为丞相,亦甚平直。亮尝表废廖立〔二〕、李严〔三〕于南中。立闻亮卒,泣曰:'吾其左衽矣!'严闻亮卒,发病而死。故陈寿〔四〕称'亮之为政,开诚心,布公道,尽忠益时者,虽仇必赏;犯法怠慢者,虽亲必罚。'卿等岂可不企慕及之?朕今每慕前代帝王之善者,卿等亦可慕宰相之贤者。若如是,则荣名高位,可以长守。"玄龄对曰:"臣闻理国要道,实在于公平正直,故尚书云:'无偏无党,王道荡荡。无党无偏,王道平平〔五〕。'又孔子称'举直措诸枉,则民服〔六〕'。今圣虑所尚,诚足以极政教之源,尽至公之要,囊括区宇,化成天下。"太宗曰:"此直朕之所怀,岂有与卿等言之而不行也?"

校 注

〔一〕高颎字昭玄,隋之贤相。炀帝以其忠谏为谤讪,诛之。

〔二〕字公渊,武陵人,仕蜀为长水使者。〔案〕应为"长水校尉"而非"长水使者"。

〔三〕字正方,南阳人,仕蜀为中都说。〔案〕"中都说"误,当为"中都护"。

〔四〕晋人,撰三国志。

〔五〕周书洪范篇之辞。

〔六〕孔子对鲁哀公之辞。

134○长乐公主〔一〕,文德皇后所生也。贞观中将出降〔二〕,敕所司资送倍于长公主〔三〕。魏徵奏言:"昔汉明帝欲封其子,帝曰:'朕子岂得同于先帝子乎?可半楚、淮阳王〔四〕。'前史以为美谈。天子姊妹为长公主,天子之女为公主,既加长字,良以尊于公主也。情虽有殊,义无等别。若令公主之礼有过长公主,理恐不可,实愿陛下思之。"太宗称善。乃以其言退而告后,后叹曰:"尝闻陛下敬重魏徵,殊未知其故,而今闻其谏,乃能以义制人主之情,可谓正直社稷臣矣!妾与陛下结发为夫妻,曲蒙礼敬,情义深重,每将有言,必候颜色,尚不敢轻犯威严,况在臣下,情疏礼隔?故韩非谓之说难〔五〕,东方朔称其不易〔六〕,良有以也。忠言逆耳而利于行,有国有家者深所要急,纳之则世治,杜之则政乱,诚愿陛下详之,则天下幸甚!"因请遣中使赍帛五百匹,诣徵宅以赐之。

校 注

〔一〕公主,太宗第五女,封长乐郡,下嫁长孙冲。

〔二〕谓下嫁也。

〔三〕通鉴作永嘉长公主,乃高祖之女也。

〔四〕楚王英、淮阳王昞,皆光武子。

〔五〕韩非,战国时刑名之学者。

〔六〕东方朔字曼倩,平原人,汉武帝时为大夫。

135〇刑部尚书张亮坐谋反下狱〔一〕,诏令百官议之,多言亮当诛,唯殿中少监〔二〕李道裕奏亮反形未具,明其无罪。太宗既盛怒,竟杀之。俄而刑部侍郎有阙〔三〕,令宰相妙择其人,累奏不可。太宗曰:"吾已得其人也,往者李道裕议张亮云'反形未具',明其无罪〔四〕,可谓公平矣。当时虽不用其言,至今追悔。"遂授道裕刑部侍郎。

【案】本章萱家本、写字台本属前章。

校 注

〔一〕亮为相州刺史,假子公孙节以谶有"弓长之主当别都",亮自以相旧都,弓长其姓,阴有怪谋。陕人常德告发其谋,并言亮养假子五百。太宗曰:"正欲反耳。"遣房玄龄谓曰:"法者天下平,与公共为之。公不自修乃至此,将奈何?"于是斩之,籍其家。

〔二〕唐制,殿中监掌天子服御之事。少监,其贰也。〔案〕旧唐张亮传作"将作少匠",非"殿中少监"。唐制,将作监掌土木工匠之政,少监,监之副贰。

〔三〕侍郎,尚书之贰。

〔四〕"明其无罪",原无此四字,元刻、韩版、戈本同,据南家本、萱家本、写字台本及旧唐补。

136○贞观初,太宗谓侍臣曰:"朕今孜孜求士,欲专心政道,闻有好人,则抽擢驱使。而议者多称'彼者皆宰臣亲故',但公等至公行事,勿避此言,便为形迹。古人'内举不避亲,外举不避仇',而为举得其真贤故也。但能举用得才,虽是子弟及有仇嫌,不得不举。"

【案】本章南家本、萱家本、写字台本无。

137○贞观十一年,时屡有阉宦充外使,妄有所奏,发,太宗怒。魏徵进曰:"阉竖虽微,狎近左右,时有言语,轻而易信,浸润之谮,为患特深。今日之明,必无所虑,为子孙教,不可不杜绝其源。"太宗曰:"非卿,朕安得闻此语?自今以后,充使宜停〔一〕。"特进魏徵上疏曰:

臣闻为人君者,在乎善善恶恶,近君子而远小人。善善明,则君子进矣;恶恶著,则小人退矣。近君子,则朝无秕政;远小人,则听不私邪。小人非无小善,君子非无小过。君子小过,盖白璧之微瑕;小人小善,乃铅刀之一割。铅刀一割,良工之所不重,小善不足以掩众恶也;白玉微瑕,善贾之所不弃,小疵不足以妨大美也。小人之小善,谓之善善,君子之小过,谓之恶恶,此则蒿兰同臭,玉石不分,屈原所以沉江〔二〕,卞和所以泣血者〔三〕。既识玉石之分,又辨蒿兰之臭,善而不能进，恶而不能去，此郭氏所以为墟〔四〕，史鱼所以为恨者也〔五〕。

陛下聪明神武，天姿英睿，志存泛爱，引纳多途，好善而不甚择人，疾恶而未能远佞。又出言无隐，疾恶太深，闻人之善或未全信，闻人之恶以为必然。虽有独见之明，犹恐理或未尽。何则？君子扬人之善，小人讦人之恶。闻恶必信，则小人之道长矣；闻善或疑，则君子之道消矣。为国者，急于进君子、退小人，乃使君子道消，小人道长，则君臣失序，上下相隔，乱亡不恤，将何以求治？且世俗常人，心无远虑，情在告讦，好言朋党〔六〕。夫以善相成谓之同德，以恶相济谓之朋党。今则清浊共流，善恶无别，以告讦为诚直，以同心为朋党。以之为朋党，则谓事无可信；以之为诚直，则谓言皆可取。此君恩所以不结于下，臣忠所以不达于上。大臣不能辩正，小臣莫之敢论，近远承风，混然成俗，非国家之福，非为治之道。适足以长奸邪、乱视听，使人君不知所信，臣下不得相安。若不远虑，深绝其源，则后患未之息也。本行之而未败者，由乎君有远虑，虽失之于始，必得之于终，故若时逢少堕，往而不返，虽欲悔之，必无所及。既事失以传诸后嗣，复何以垂法将来？且夫进善黜恶，施于人者也；以古作鉴，施于己者也。鉴貌在乎止水，鉴己在乎哲人。能以古之哲王鉴于己之行事，则貌之妍媸宛然在目，事之善恶自得于心,无劳司过之史,不假刍荛之议,巍巍之功日著,赫赫之名弘远,为人君可不务乎?

【案】本章戈本有以下理狱听谏疏二千九百五十馀字,南家本、萱家本、写字台本在论诚信篇,亦有以下理狱听谏疏二千九百五十馀字。

校　注

〔一〕"时屡有阉宦充外使"至"自今以后充使宜停",原无此八十二字,元刻、韩版同,据南家本、萱家本、写字台本、戈本及谏录补。

〔二〕屈原名平,楚怀王大夫。王信谗而不见用,乃自沉汨罗江而死。

〔三〕卞和,楚人。得玉璞献厉王,王以为伪,刖其足。和抱璞而泣,继之以血。

〔四〕事见纳谏篇。

〔五〕家语曰:"史鱼病,将卒,命其子曰:'吾不能进蘧伯玉,退弥子瑕,是吾为臣不能正其君也。生不能正其君,则死无以成礼。我死,汝置尸牖下。'其子从之。灵公吊,其子以告公,公曰:'寡人之过也。'命殡之客位,进蘧伯玉而用,退弥子瑕而远之。孔子曰:'古之谏者,死则已矣,未有如史鱼死而尸谏,忠感其君者也,可不谓直乎?'"

〔六〕"且世俗常人心无远虑情在告讦好言朋党",原无此十七字,元刻、韩版同,据南家本、萱家本、写字台本、戈本补。

●臣闻道德之厚，莫尚于轩、唐；仁义之隆，莫彰于舜、禹。君欲继轩、唐之风，将追舜、禹之迹，必镇之以道德，弘之以仁义，举善而任之，择善而从之。不择善任能，而委之俗吏，既无远度，必失大体，唯奉三尺之律，以绳四海之人，欲求垂拱无为，不可得也。故圣哲君临，移风易俗，不资严刑峻法，在仁义而已。故非仁无以广施，非义无以正身。惠下以仁，正身以义，则其政不严而理，其教不肃而成矣。然则仁义，理之本也；刑罚，理之末也。为理之有刑罚，犹执御之有鞭策也。人皆从化，而刑罚无所施；马尽其力，则鞭策无所用。由此言之，刑罚不可致理，亦已明矣。故潜夫论〔一〕曰："人君之理，莫大于道德教化也。民有性、有情、有化、有俗。情性者，心也，本也；俗化者，行也，末也。是以上君抚世，先其本而后其末，顺其心而履其行。心情苟正，则奸慝无所生，邪意无所载矣。是故上圣无不务理民心，故曰'听讼，吾犹人也，必也使无讼乎〔二〕？'导之以礼，务厚其性而明其情。民相爱，则无相害伤之意；动思义，则无畜奸邪之心。若此，非律令之所理也，此乃教化之所致也。圣人甚尊德礼而卑刑罚，故舜先敕契以敬敷五教〔三〕，而后任咎繇以五刑也〔四〕。凡立法者，非以司民短而诛过误也，乃以防奸恶而救祸患，检淫邪而内正道。民蒙善化，则人有士君子之心；被恶政，则人有怀奸乱之虑。故善化之养民,犹工之为曲豉也。六合之民,犹一荫也。黔首之属[五],犹豆麦也。变化云为,在将者耳!遭良吏,则怀忠信而履仁厚;遇恶吏,则怀奸邪而行浅薄。忠厚积,则致太平;浅薄积,则致危亡。是以圣帝明王,皆敦德化而薄威刑也。德者,所以修己也;威者,所以理人也。民之生,由铄金在炉,方圆薄厚,随镕制耳!是故世之善恶,俗之薄厚,皆在于君。世主诚能使六合之内、举世之人,感方厚之情而无浅薄之恶,各奉公正之心,而无奸险之虑,则醇酽之俗[六],复见于兹矣。"后王虽未能遵古,专尚仁义,当慎刑恤典,哀敬无私,故管子曰:"圣君任法不任智,任公不任私。"故王天下,理国家。

贞观之初,志存公道,人有所犯,一一于法。纵临时处断或有轻重,但见臣下执论,无不忻然受纳。民知罪之无私,故甘心而不怨;臣下见言无忤,故尽力以效忠。顷年以来,意渐深刻,虽开三面之网[七],而察见川中之鱼,取舍在于爱憎,轻重由乎喜怒。爱之者,罪虽重而强为之辞;恶之者,过虽小而深探其意。法无定科,任情以轻重;人有执论,疑之以阿伪。故受罚者无所控告,当官者莫敢正言。不服其心,但穷其口,欲加之罪,其无辞乎?又五品已上有犯,悉令曹司闻奏。本欲察其情状,有所哀矜;今乃曲求小节,或重其罪,使人攻击,惟恨不深。事无重条,求之法外所加,十有六七,故顷年犯者惧上闻,得付法司,以为多幸。告讦无已,穷理不息,君私于上,吏奸于下,求细过而忘大体,行一罚而起众奸,此乃背公平之道,乖泣辜之意〔八〕,欲其人和讼息,不可得也。

故体论云:"夫淫逸盗窃,百姓之所恶也,我从而刑罚之,虽过乎当,百姓不以我为暴者,公也。怨旷饥寒,亦百姓之所恶也,遁而陷之法,我从而宽宥之,百姓不以我为偏者,公也。我之所重,百姓之所憎也;我之所轻,百姓之所怜也。是故赏轻而劝善,刑省而禁奸。"由此言之,公之于法,无不可也,过轻亦可也。私之于法,无可也,过轻则纵奸,过重则伤善。圣人之于法也公矣,然犹惧其未也,而救之以化,此上古所务也。后之理狱者则不然,未讯罪人,则先为之意,及其讯之,则驱而致之意,谓之能;不探狱之所由,生为之分,而上求人主之微旨以为制,谓之忠。其当官也能,其事上也忠,则名利随而与之,驱而陷之,欲望道化之隆,亦难矣。

凡听讼吏狱,必原父子之亲,立君臣之义,权轻重之叙,测浅深之量。悉其聪明,致其忠爱,然后察之,疑则与众共之。疑则从轻者,所以重之也,故舜命咎繇曰:"汝作士,惟刑之恤〔九〕。"又复加之以三讯〔一〇〕,众所善,然后断之。是以为法,参之人情。故传曰:"小大之狱,虽不能察,必以情。"而世俗拘愚苛刻之吏,以为情也者,取货者也,立爱憎者也,右亲戚者也,陷怨仇者也。何世俗小吏之情,与夫古人之悬远乎?有司以此情疑之群吏,人主以此情疑之有司,是君臣上下通相疑也。通相疑,欲其尽忠立节,难矣。

凡理狱之情,必本所犯之事以主,不敢讯,不旁求,不贵多端,以见聪明。故律正其举劾之法,参伍其辞,所以求实也,非所以饰实也。但当参伍明听之耳,不使狱吏锻炼饰理成辞于手。孔子曰:"古之听狱,求所以生之也;今之听狱,求所以杀之也。"故析言以破律,诋案以成法,执左道乱政,皆王诛之,所以必加也。又淮南子〔一一〕曰:"丰水之深十仞,金铁在焉,则形见于外。非不深且清,而鱼鳖莫之归也。"故为政者以苛为察,以切为明,以刻下为忠,以讦多为功,譬犹广革,大则大矣,裂之道也。夫赏宜从重,罚宜从轻,君居其厚,百王通制。故臧孙严猛,鲁邦患其不亡;子产宽仁,郑国忧其将死〔一二〕。刑之轻重,恩之厚薄,见思与见疾,其可同日言哉!且法者,国之权衡也,时之准绳也。权衡所以定轻重,准绳所以正曲直。今作法贵其宽平,罪人欲其严酷,喜怒肆情,高下在心,是则舍准绳以正曲直,弃权衡而定轻重者也,不亦惑哉?诸葛孔明,小国之相,犹曰:"吾心如秤,不能为人作轻重。"况万乘之主〔一三〕,当可封之日〔一四〕,而任心弃法,取怨于人乎?

又时有小事,不欲人闻,则暴作威怒,以弭谤议。若所为是也,闻于外,其何伤?若所为非,虽掩之,其何益?故谚曰:"欲人不知,莫若不为;欲人不闻,莫若勿言。"为之而欲人不知,言之而欲人不闻,此犹捕雀以掩目,盗钟掩耳者,只以其取怪,将何益乎?臣又闻之,无常乱之国,无不可治之民,在乎君之善恶,由乎化之薄厚,故禹、汤以之理,桀、纣以之乱;文、武以之安,幽、厉以之危。是以古之哲王,罪己而不以尤人,求身而不以责下。故曰:"禹、汤罪己,其兴也勃焉;桀、纣罪人,其亡也忽焉〔一五〕。"今罪己之事未闻,罪人之心无已,既乖恻隐之情,实启奸邪之路。温舒恨之于曩日〔一六〕,臣亦欲恨于当今。恩不结于人心,而望刑措不用,非所闻也。臣闻尧有敢谏之鼓〔一七〕,舜有诽谤之木〔一八〕,汤有司过之史〔一九〕,武有戒慎之铭〔二〇〕。此皆听之于无形,求之于未有,虚己心以待下,庶下情之达上,上情之无私,君臣德合者也。魏文帝云:"有德之君所以乐闻逆耳之言、犯颜之诤,亲忠臣、厚谏士、斥谗匿、远佞人者,诚欲全身保国,远避灭亡者也。"凡百君子,膺期统运,纵未能上下无私,君臣合德,可不欲全身保国,远避灭亡乎?书曰:"木从绳则正,君从谏则圣。"然则自古圣哲之君,功成事立,未有不资同德同心,予违汝弼者也。

昔在贞观之初,侧身励行,谦以受益,闻善必改。

时有小过,引纳忠规,每听直言,喜形颜色。故凡在忠烈,咸竭其辞。自顷年海内无虞,远夷慑服,志意盈满,事异厥初。高谈疾邪,而喜闻顺旨之说;空论忠谠,而不悦逆耳之言。私嬖之径渐开,至公之道日塞,往来行路,咸知之矣。故使埋轮怀疏之士,徒怀谔谔之心;牵裾折槛之臣,未申懔懔之气。邦之兴丧,实由斯道。为人上者,可不勉乎?臣数年以来,每奉明旨,深怪群下莫肯尽言。臣窃思之,抑有由来矣。比者人或上书,事有得失,惟见述其所短,未有称其所长。又天居自高,龙鳞难犯。在于造次,不可尽言。时有所陈,不能尽意。又思重谒,其道无因。且所言当理,未必加于宠秩;意或乖忤,将有耻辱随之。莫能尽节,实由于此。虽左右近侍,朝夕阶墀,事或犯颜,咸怀顾望。况疏远不接,将何极其忠款哉?又时或宣言云:"臣下见事,只可来道,何因所言,即望我用?"此乃拒谏之辞,诚非纳忠之意。何以言之?犯主严颜,献可替否,所以成主之美,匡主之过。若主听有惑,事有不行,使其尽忠谠之言,竭股肱之力,犹恐临事而惧,莫肯效其诚款。若其论所道,便是许其面从,而又责其未尽言,进退将何所据?必欲使其致谏,在乎好之而已。故齐桓好服紫,而合境无异色;楚王好细腰,而后宫多饿死[二一]。夫以耳目之玩,人犹死而不违,况圣明之君求忠正之士,千里斯应,信不为难。若徒有其

言,而内无其实,欲其必至,不可得也。〔二二〕

太宗手诏曰:

省前后讽谕,皆切至之言,固所望于卿也。朕昔在衡门,尚惟童幼,未渐师保之训,罕闻先达之言。值隋氏分崩,万邦涂炭,慄慄黔黎,庇身无所。朕自二九之年,有怀拯溺,发愤投袂,便事干戈,蒙犯霜露,东西征伐,日不暇给,居无宁岁。降苍昊之灵,禀庙堂之略,义旗所指,触向平夷。弱水、流沙,并通辀轩之使〔二三〕;被发左衽〔二四〕,并为衣冠之域。正朔所班,无远不届。恭承宝历,㞞奉帝图,垂拱无为,氛埃静息,于兹十有馀年矣。斯盖股肱罄帷幄之谋,爪牙竭熊罴之力,协德同心,以致于此。宣其寡薄,独享斯休,每以大宝神器,忧深责重,常惧万机多旷,四聪不达,何尝不战战兢兢,坐以待旦。询于公卿,以至刍荛皂隶,推以赤心,庶几刑措。昔者徇齐睿智,资风、牧以致隆平;翼善钦明,赖稷、契以康至道。然后文德武功,载勒于钟石;淳风至德,以传于竹素。克播鸿名,常为称首。朕以虚薄,多惭往代,若不任舟楫,岂得济彼巨川?不借盐梅,安得调夫鼎味〔二五〕?赐绢三百匹。

【案】此后半章元刻、明本、韩版无,据建治本、戈本补。南家本、营家本、写字台本以魏徵二疏及太宗手诏并为论诚信篇第三章。

校 注

〔一〕后汉王符,字节信,著书号潜夫论。

〔二〕孔子之辞。

〔三〕契,音泄,舜臣名。五教,谓父子有亲,君臣有义,夫妇有别,长幼有序,朋友有信。

〔四〕咎䌛与皋陶同。五刑,谓墨、劓、剕、宫、大辟也。

〔五〕秦称民曰黔首。

〔六〕言俗如酒味之和也。

〔七〕见规谏篇注。

〔八〕见封建篇注。

〔九〕出虞书。

〔一○〕周礼以三刺断庶民狱讼之中,一曰讯群臣,二曰讯群吏,三曰讯万民。

〔一一〕汉淮南王安著书,曰淮南子。

〔一二〕臧孙,鲁大夫,行猛政,子贡非之,见后汉书陈宠传注引新序。

〔一三〕天子畿内之地方千里,出车万乘,故曰万乘之主。

〔一四〕唐、虞之世,比屋可封。

〔一五〕左传臧文仲告鲁君之辞。

〔一六〕温舒,前汉人,尝上书言狱吏之害。

〔一七〕通历曰:"尧定四岳,置谏鼓。"

〔一八〕淮南子曰:"舜立诽谤之木。"

〔一九〕淮南子曰:"汤有司直之人。"

〔二○〕太公述丹书之言曰:"敬胜怠者吉,怠胜敬者灭,义胜欲者从,欲胜义者凶。"武王闻之,退而为戒,乃书于几、鉴、盂、槃为铭。出大戴礼。

〔二一〕言上有好者,下必有甚之意。

〔二二〕〔案〕以上为魏徵理狱听谏疏。

〔二三〕辎,轻车也。

〔二四〕四夷之人也。

〔二五〕商书高宗命傅说曰:"若济巨川,用汝作舟楫。"又曰:"若作和羹,尔惟盐梅。"

论诚信第十七

【案】戈本无"论"字。明本三章,据南家本、萱家本、写字台本、戈本补一章(139),共四章,排序依明本,增补的一章参照南家本、萱家本、写字台本编入。戈本"凡四章",139、140两章顺序互倒。南家本、萱家本、写字台本五章,有本卷论公平篇一章(137)。

138〇贞观初,有上书请去佞者。太宗谓曰:"朕之所任,皆以为贤,卿知佞者谁耶?"对曰:"臣居草泽,不的知佞者,请陛下佯怒以试群臣,若能不畏雷霆,直言进谏,则是正人,顺情阿旨,则是佞人。"帝谓封德彝曰:"流水清浊,在其源也。君者政源,人庶犹水,君自为诈,欲臣下行直,是犹源浊而望水清,理不可得。朕常以魏武帝多诡诈,深鄙其为人。此岂可堪为教令?"谓上书人曰:"朕欲使大信行于天下,不欲以诈道训俗,卿言虽善,朕所不取也。"

139●太宗谓无忌曰:"朕即位之初,有上书者非一,或言人主必须威权独运,不得委任群下;或欲耀兵振武,慑服四夷。惟有魏徵令朕'偃革兴文,布德施惠,中国既安,远人自服'。朕从其语,天下大宁,绝域君长,皆来朝贡,九夷重译,相望于道。凡此等事,皆魏徵之力也。朕任用岂不得人?"徵拜谢称曰:"陛下圣德自天,留心政术。臣以庸短,承受不暇,岂得称有益圣朝?"

【案】本章元刻、明本、韩版无,据南家本、菅家本、写字台本第二章、戈本第三章补。

【又案】此处南家本、菅家本、写字台本有论公平篇一章(137)及魏徵理狱听谏疏、太宗手诏。

140○贞观十年,魏徵上疏曰:

臣闻为国之基,必资于德礼;君之所保,唯在于诚信。诚信立则下无二心,德礼形则远人斯格。然则德礼、诚信,国之大纲,在于君臣父子,不可斯须而废也。故孔子曰:"君使臣以礼,臣事君以忠[一]。"又曰:"自古皆有死,人无信不立[二]。"文子[三]曰:"同言而行信,信在言前;同令而行诚,诚在令后。"然则言而不行,言无信也;令而不从,令无诚也。不信之言,无诚之令,为上则败德,为下则危身,虽在颠沛之中,君子之所不为也。

自王道休明,十有馀载,威加海内,万国来庭,仓廪日积，土地日广。然而道德未益厚，仁义未益博者，何哉？由乎待下之情未尽于诚信，虽有善始之勤，未睹克终之美故也。其所由来有渐，非一朝一夕。昔贞观之始，乃闻善惊叹，暨八九年间，犹悦以从谏。自兹厥后，渐恶直言，虽或勉强有所容，非复曩时之裕如。謇谔之辈，稍避龙鳞；便佞之徒，肆其巧辩。谓同心者为擅权〔四〕，谓忠谠者为诽谤。谓之为朋党，虽忠信而可疑；谓之为至公，虽矫伪而无咎。强直者畏擅权之议，忠谠者虑诽谤之尤。至于窃斧生疑，投杼致惑，正臣不得尽其言，大臣莫能与之争。荧惑视听于大道，妨政损德，其在兹乎？故孔子曰"恶利口之覆邦家者"，盖为此也。

且君子小人，貌同心异。君子掩人之恶，扬人之善，临难无苟免，杀身以成仁。小人不耻不仁，不畏不义，唯利之所在，危人自安。夫苟在危人，则何所不至？今欲将求致理，必委之于君子；事有得失，或访之于小人。其待君子也则敬而疏，遇小人也必轻而狎。狎则言无不尽，疏则情不上通。是则毁誉在于小人，刑罚加于君子，实兴丧之所在，可不慎哉！此乃孙卿所谓："使智者谋之，与愚者论之，使修洁之士行之，与污鄙之人疑之。欲其成功，可得乎哉？"夫中智之人，岂无小慧，然才非经国，虑不及远，虽竭力尽诚，犹未免于倾败；况内怀奸利，承颜顺旨，其为祸患，不亦深乎？夫立直木而疑影之不直，虽竭精神、劳思虑，其不得亦已明矣。

夫君能尽礼，臣得竭忠，必在于外内无私，上下相信。上不信则无以使下，下不信则无以事上，信之为道大矣。故自天祐之，吉无不利。昔齐桓公问于管仲曰："吾欲使爵腐于酒，肉腐于俎，得无害于霸乎？"管仲曰："此极非其善者，然亦无害霸也。"桓公曰："如何而害霸乎？"管仲曰："不能知人，害霸也；知而不能任，害霸也；任而不能信，害霸也；既信而又使小人参之，害霸也。"晋中行穆伯〔五〕攻鼓〔六〕，经年而弗能下，馈间伦曰："鼓之啬夫，间伦知之。请无疲士大夫，而鼓可得。"穆伯不应。左右曰："不折一戟，不伤一卒，而鼓可得，君奚为不取？"穆伯曰："间伦之为人也，佞而不仁。若使间伦下之，吾可以不赏之乎？若赏之，是赏佞人也。佞人得志，是使晋国之士舍仁而为佞。虽得鼓，将何用之矣？"夫穆伯，列国之大夫，管仲，霸者之佐，犹能慎于信任，远避佞人也如此，况乎为四海之大君，应千龄之上圣，而可使巍巍之盛德，复将有所间然乎？

若欲令君子小人是非不杂，必怀之以德，待之以信，厉之以义，节之以礼，然后善善而恶恶，审罚而明赏。小人绝其佞邪，君子自强不息，无为之治，何远之有？善善而不能进，恶恶而不能去，罚不及于有罪，赏不加于有功,则危亡之期,或未可保,永锡祚胤,将何望哉!

太宗览疏叹曰:"若不遇公,何由得闻此说?"〔七〕

【案】本章南家本、萱家本、写字台本为第四章,戈本为第二章。

校 注

〔一〕孔子对鲁定公之辞。

〔二〕孔子答子贡之辞。

〔三〕姓辛,名钘,一名计然。濮上人,师事老子。著书十二篇,名之曰通玄真经。

〔四〕"谓同心者为擅权",文意不通,据旧唐、英华、册府,"擅权"前脱"朋党谓告讦者为至公谓强直者为"十四字。

〔五〕中行氏穆伯,晋卿也。

〔六〕城名。

〔七〕按史传系十一年。是岁大雨,谷、洛溢,毁官寺十九,漂居人六百家,故徵上疏陈事。帝手诏嘉答,于是废明德宫、玄圃院,赐遭水者。疏文比此章尤多。

141○贞观十七年,太宗谓侍臣曰:"传称'去食存信',孔子曰'人无信不立'〔一〕。昔项羽既入咸阳,已制天下,向使能行汉高祖仁、信,谁夺邪〔二〕?"房玄龄对曰:"仁、义、礼、智、信,谓之五常,废一不可。能勤行之,甚有裨益〔三〕。殷纣狎侮五常,而武王伐之〔四〕,项氏以无仁为汉高祖所夺,皆诚如圣旨。"

校　注

〔一〕并孔子答子贡之辞。

〔二〕项羽引兵屠咸阳,杀秦降王子婴,烧秦宫室,收其货宝、妇女而东,秦民大失望。

〔三〕"裨益",原作"俾益",据南家本、菅家本、写字台本、元刻、韩版、戈本改。

〔四〕周书武王誓师之言曰:"今商王受狎侮五常。"

贞观政要卷第六

论俭约第十八

【案】戈本无"论"字。南家本、萱家本、写字台本、元刻、明本、韩版均四章。戈注"凡八章",戈本实九章,有卷十慎终篇移入一章(272)、卷六贪鄙篇移入四章(182、180、181、183)。

142〇贞观元年,太宗谓侍臣曰:"自古帝王凡有兴造,必须贵顺物情。昔大禹凿九山〔一〕、通九江〔二〕,用人力极广而无怨讟者,物情所欲,共众所有故也。秦始皇营建宫室而人多谤议者,为徇其私欲,不与众共故也。朕今欲造一殿,材木已具,远想秦皇之事,遂不复作也。又古人云:'不作无益害有益〔三〕','不见可欲,使心不乱〔四〕',固知见可欲,其心必乱矣。至如雕镂器物、珠玉服玩,若恣其骄奢,则危亡之期可立待也。自王公已下,第宅、车服、婚娶、丧葬,准品秩不合服用者,一切禁断。"由是二十年间,风俗简朴,衣无锦绣,财帛富饶,无饥寒之弊。

【案】本章元刻、明本、韩版与卷八禁末作附篇第二章(236)大部分文字相同,却无"为政之要必须禁末作传曰雕琢刻镂伤农事纂组文彩害女工自古圣人制法莫不崇节俭革奢侈"三十九字。

校 注

〔一〕禹贡曰:"九山刊旅。"蔡氏注:"九州之山也。如冀州则梁、岐之类。"

〔二〕禹贡曰:"九江孔殷。"蔡氏注:"即今之洞庭也,今沅水、渐水、元水、辰水、叙水、酉水、澧水、资水、湘水,皆合于洞庭,故曰九江。汉志所谓九江,非是。"

〔三〕周书旅獒之辞。

〔四〕老子之辞。

143○贞观二年,公卿奏曰:"依礼,季夏之月,可以居台榭〔一〕。今夏暑未退,秋霖方始,宫中卑湿,请营一阁以居之。"上曰:"朕有气疾,岂宜下湿?若遂来请,糜费良多。昔汉文将起露台,而惜十家之产〔二〕,朕德不逮于汉帝,而所费过之,岂谓为人父母之道也?"固请至于再三,竟不许。

校 注

〔一〕礼记:"仲夏之月,毋用火南方,可以居高明,可以远眺望,可以升山陵,可以处台榭。"

〔二〕见教戒篇注。

144○贞观四年,上谓侍臣曰:"崇饰宫宇,游赏池台,帝王之所欲,百姓之所不欲。帝王所欲者放逸,百姓所不欲者劳弊。孔子云:'有一言可以终身行之者,其恕乎!己所不欲,勿施于人〔一〕。'劳弊之事,诚不可施于百姓。朕尊为帝王,富有四海,事皆由己,诚能自节。若百姓不欲,必能顺其情也。"魏徵曰:"陛下本怜万姓,每节己以顺人。臣闻'以欲从人者昌,以人乐己者亡。'隋炀帝志在无厌,惟好奢侈〔二〕,所司每有供奉、营造,小不称意,则有峻罚严刑。上之所好,下必有甚,竞为无限,遂至灭亡。此非书籍所传,亦陛下目所亲见。为其无道,故天命陛下代之。陛下若以为足,今日不啻足矣;若以为不足,更万倍过此亦不足。"太宗曰:"公所奏对甚善,非公,朕安得闻此言?"

校 注

〔一〕论语之辞。

〔二〕"惟好",原作"虽好",据南家本、营家本、写字台本、元刻、韩版、戈本改。

145○贞观十六年,太宗谓侍臣曰:"朕近读刘聪传〔一〕,将为刘后〔二〕起鹓仪殿,廷尉陈元达〔三〕切谏,聪大怒,命斩之。

刘后手疏启请,辞情甚切,聪怒乃解,而甚愧之[四]。人之读书,欲广闻见以自益耳。朕见此事,可以深戒。比者欲造一殿,仍构重阁,今于蓝田采木,并已备具。远想聪事,斯作遂止。"

【案】此处戈本有卷十慎终篇移入一章(272)、卷六贪鄙篇移入四章(182、180、181、183)。

校　注

〔一〕刘聪字玄明,元海第四子。本新兴匈奴,以汉高祖尝以宗女妻冒顿,故子孙冒刘姓。元海于晋永兴中立国,是为前赵,聪杀兄自立。

〔二〕后,太保刘殷之女,为左贵嫔,后立为后。

〔三〕廷尉,狱官也。元达,字长宏,后部人。本姓高,以生月妨父,改姓陈。

〔四〕晋载记:刘聪将起殿于后庭,陈元达切谏,聪大怒曰:"吾为万机主,岂问汝鼠子乎?"将出斩之。时在逍遥园李中堂,刘后闻之,密敕停刑,上手疏曰:"今宫室已备,宜爱民力,廷尉之言,四海之福也。陛下宜加封赏,而更诛之,四海谓陛下如何哉?陛下今兴工费广,为妾营殿而杀谏臣,使天下罪妾,妾何以当之?愿赐死,以塞陛下之过。"聪览之,命引元达谢之,曰:"外辅如公,内辅如后,朕复何忧?"更命园曰纳贤园,堂曰愧贤堂。

论谦让第十九

【案】戈本无"论"字。南家本二章,以147、148两章为一章。其馀各本均三章,戈注"凡三章"。

146○贞观二年,太宗谓侍臣曰:"人言作天子则得自尊崇,无所畏惧,朕则以为正合自守谦恭,常怀畏惧。昔舜诫禹曰:'汝惟不矜,天下莫与汝争能;汝惟不伐,天下莫与汝争功〔一〕。'又易曰:'人道恶盈而好谦〔二〕。'凡为天子,若唯自尊崇,不守谦恭者,在身傥有不是之事,谁肯犯颜谏奏?朕每出一言、行一事,必上畏皇天,下惧群臣。天高听卑,何得不畏?群公卿士,皆见瞻仰,何得不惧?以此思之,但知常谦常惧,犹恐不称天心及百姓意也。"魏徵曰:"古人云:'靡不有初,鲜克有终〔三〕。'愿陛下守此常谦常惧之道,日慎一日,则宗社永固,无倾覆矣。尧、舜所以太平,实用此法。"

校 注

〔一〕虞书大禹谟之辞。
〔二〕易谦卦彖辞。
〔三〕诗大雅荡篇之辞。

147○贞观三年,太宗问给事中孔颖达曰:"论语云'以能问于不能,以多问于寡,有若无,实若虚',何谓也〔一〕?"孔颖达对曰:"圣人设教,欲人谦光,己虽有能,不自矜大,仍就不能之人求访能事。己之才艺虽多,犹以为少,仍就寡少之人更求所益。己之虽有,其状若无。己之虽实,其容若虚。非唯匹庶,帝王之德,亦当如此。夫帝王内蕴神明,外须玄默,使深不可知。故易称'以蒙养正〔二〕,以明夷莅众〔三〕,若其位居尊极,炫耀聪明,以才凌人,饰非拒谏,则上下情隔,君臣道乖。自古灭亡,莫不由此也。"太宗曰:"易云:'劳谦,君子有终,吉〔四〕。'诚如卿所说。"诏赐物二百段。

校　注

〔一〕论语曾子之言。

〔二〕易蒙卦象辞曰:"蒙以养正。"

〔三〕易象传曰:"明入地中,明夷,君子以莅众,用晦而明。"

〔四〕易谦卦九三爻辞。

148○河间王孝恭〔一〕,武德初封为赵郡王,累授东南道行台尚书左仆射。孝恭既讨平萧铣、辅公祐,江、淮及岭南皆统摄之。专制八方,威名甚著,累迁礼部尚书。孝恭性惟退让,无骄矜自伐之色。时有特进江夏王道宗,尤以将略驰名,兼好学,敬慕贤士,动修礼让,太宗并加亲待。诸宗室中,惟孝恭、道宗,莫与为比,一代宗英云。

【案】本章南家本属前章。

校　注

〔一〕太祖之子也。佐高祖,多进图策,独存方面功,宽恕退让。太宗亲重之,宗室莫比。

论仁恻第二十

【案】戈本无"论"字。各本均四章,戈注"凡四章"。

149○贞观初,上谓侍臣曰:"妇人幽闭深宫,情实可愍。隋氏末年,求采无已,至于离宫别馆,非幸御之所,多聚宫人,此皆竭人财力,朕所不取。且洒扫之馀,更何所用？今将出之,任求伉俪〔一〕,非独以省费息人,亦各得遂其情性。"于是后宫及掖庭,前后所出三千馀人。〔二〕

校　注

〔一〕上音抗,敌也。下音丽,耦也。

〔二〕按通鉴,贞观二年九月,天少雨,中书舍人李百药上言:"往年虽出宫人,窃闻太上皇宫及掖庭宫人无用者尚多,岂惟虚费衣食,且阴气郁积,亦足致旱。"上曰云云,于是遣尚书左丞戴胄、给事中杜正伦于掖庭西门简出之,前后所出三千馀人。

150○贞观二年,关中旱,大饥。太宗谓侍臣曰:"水旱不调,皆为人君失德。朕德之不修,天当责朕,百姓何罪而多遭困穷! 闻有鬻男女者,朕甚愍之焉。"乃遣御史大夫杜淹〔一〕巡检,出御府金宝赎之,还其父母。

校 注

〔一〕字执礼,如晦叔也。材辩多闻,秦王引为文学馆学士。及即位,召为御史大夫,俄检校吏部尚书。所荐引赢四十人,后皆知名。

151○贞观七年,襄州都督张公谨卒,上闻而嗟悼,出次发哀。有司奏言:"准阴阳书云:'日在辰,不可哭泣。'此亦流俗所传。"上曰:"君臣之义,同于父子,情发于衷,安避辰日?"遂泣之。〔一〕

校 注

〔一〕按通鉴,系六年夏四月辛卯,襄州都督邹襄公张公谨卒,明日上出次发哀云云。

152○贞观十九年,太宗征高丽,次定州。有兵士到者,帝御州城北门楼抚慰之。有从卒一人病,不能进,诏至床前,问其所苦,仍敕州县医疗之,是以将士莫不欣然愿从。及大军回次柳城,诏集前后战亡人骸骨,设太牢〔一〕致祭,亲临哭之尽哀,军人无不洒泣。兵士观祭者归家以言,其父母曰:"吾儿之丧,天子哭之,死无所恨。"太宗征辽东,攻白岩城,右卫大将军李思摩〔二〕为流矢所中,帝亲为吮血,将士莫不感励。

校 注

〔一〕牛、羊、豕,曰太牢。
〔二〕颉利族人。诸部纳款,思摩独留,高祖封和顺郡王,与秦王结为兄弟,赐姓李,为化州都督,统颉利故部为可汗。思摩遣使谢曰:"望世世为国一犬,守天子北门,如延陀侵逼,愿入保长城。"太宗诏许之。居三年,不得其众,入朝,从伐辽。

慎所好第二十一

【案】明本三章,据南家本、菅家本、写字台本补一章(156),共四章,排序依明本,增补的一章参照南家本、菅家本、写字台本编入。戈本"凡四章",有卷八禁末作附篇移入一章(235)。

153○贞观二年,太宗谓侍臣曰:"古人云:'君犹器也,人犹水也,方圆在于器,不在于水。'故尧、舜率天下以仁,而人从之;桀、纣率天下以暴,而人从之。下之所行,皆从上之所好。至如梁武帝父子,志尚浮华,唯好释氏、老氏之教,武帝末年,频幸同泰寺,亲讲佛经,百寮皆大冠高履,乘车扈从,终日谈说苦空〔一〕,未尝以军国典章为意。及侯景率兵向阙〔二〕,尚书郎以下多不解乘马,狼狈步走〔三〕,死者相继于道路,武帝及简文〔四〕卒被侯景幽逼而死。孝元帝〔五〕在于江陵,为万纽于谨所围〔六〕,帝犹讲老子不辍〔七〕,百寮皆戎服以听。俄而城陷,君臣俱被囚絷。庾信〔八〕亦叹其如此,及作哀江南赋,乃云:'宰衡以干戈为儿戏,搢绅以清谈为庙略。'此事亦足为鉴诫。朕今所好者,唯在尧、舜之道,周、孔之教,以为如鸟有翼,如鱼依水,失之必死,不可暂无耳。"

校 注

〔一〕佛教也。

〔二〕见君道篇。

〔三〕狼似犬,锐首白颊,高前广后。狈,狼属,生子或欠一足二足,相附而行,离则蹎,故猝遽,谓之狼狈。

〔四〕简文名纲,武帝第三子,侯景废之。

〔五〕名绎,武帝第七子,起兵讨侯景,即帝位。

〔六〕梁承圣三年,元魏遣万纽于谨将兵五万,入寇,攻江陵。

〔七〕元帝好玄谈,尝于龙光殿讲老子,闻魏师至,停讲。闻报帖然,复开讲。

〔八〕为梁将军,留于西魏。

154○贞观二年,太宗谓侍臣曰:"神仙本是虚妄,空有其名。秦始皇非分爱好,遂为方士所诈,乃遣童男童女数千人,随其入海求仙药。方士避秦苛虐,因留不归。始皇犹海侧踟蹰以待之〔一〕,还至沙丘而死〔二〕。汉武帝为求神仙,乃将女嫁道术之人,事既无验,便行诛戮〔三〕。据此二事,神仙不烦妄求也。"

校 注

〔一〕踟蹰,迟回貌。

〔二〕始皇东游海上,方士徐市等上书,请得与童男女入海求三神山不死药,始皇从之。明年复游海上,后三年游碣石,考入海士,从上郡归。后五年,复至海上,冀遇仙药,不得,还到沙丘崩。

〔三〕汉武帝元鼎四年,乐成侯登荐方士栾大,上见之大悦。大言曰:"黄金可成,河决可塞,不死之药可得,神仙可致。"时上方忧河决,而黄金不就,乃拜大为五利将军,赐列侯甲第,童千人。又以卫长公主妻之。后竟坐诬罔,遂腰斩。

155○贞观四年,太宗曰:"隋炀帝性好猜防,专信邪道,大忌胡人,乃至谓胡床为交床,胡瓜为黄瓜,筑长城以备胡,终被宇文化及使令狐行达杀之〔一〕。又诛戮李金才〔二〕,及诸李殆尽,卒何所益?且居天下者,唯正身修德而已。此外虚事,不足在怀。"

校 注

〔一〕令狐,复姓,行达,其名。时为校尉。

〔二〕名浑,为将军。有方士言晓图谶,谓帝曰:"当有李氏为天子。"浑与宇文述有隙,述因诬构之,于是尽诛浑族。

156● 贞观五年,有人上注解图谶。太宗曰:"此诚不经之事,不能爱好。朕杖德履义,救天下苍生,蒙上天眷命,为四海主,安用图谶。"命焚之。

【案】本章元刻、明本、韩版、戈本无,据南家本、菅家本、写字台本补。

【又案】此处戈本有卷八禁末作附篇移入一章(235)。

慎言语第二十二

【案】各本均三章,戈注"凡三章"。

157○ 贞观二年,太宗谓侍臣曰:"朕每日坐朝,欲出一言,即思此一言于百姓有利益否,所以不能多言。"给事中兼知起居事〔一〕杜正伦进曰:"君举必书,言存左史〔二〕。臣职当兼修起居注,不敢不尽愚直。陛下若一言乖于道理,则千载累于圣德,非止当今损于百姓,愿陛下慎之。"太宗大悦,赐彩百段。

校 注

〔一〕唐制,起居郎及舍人掌天子起居法度。贞观初,以给事中、谏议大夫兼之,执事记录。

〔二〕春秋左氏传也。〔案〕戈注误,"左史"当指记言之左史,非春秋左氏传。

158○贞观八年,上谓侍臣曰:"言语者,君子之枢机,谈何容易!凡在众庶,出一言不善,则人记之,成其耻累。况是万乘之主,不可出言有失。其所亏损至大,岂同匹夫!我常以此为戒。隋炀帝初幸甘泉宫,泉石称意,而怪无萤火,敕云:'捉取多少,于宫中照夜。'所司遽遣数千人采拾,送五百舁于宫侧。小事尚尔,况其大乎!"魏徵对曰:"人君居四海之尊,若有亏失,古人以为如日月之蚀,人皆见之,实如陛下所戒慎。"

159○贞观十六年,太宗每与公卿言及古道,必诘难往复。散骑常侍刘洎上书谏曰:

帝王之与凡庶,圣哲之与庸愚,上下相悬,拟伦斯绝。是知以至愚而对至圣,以极卑而对极尊,徒思自强,不可得也。陛下降恩旨、假慈颜,凝旒以听其言,虚襟以纳其说,犹恐群下未敢对扬,况动神机、纵天辩,饰辞以折其理,援古以排其议,欲令凡蔽何阶应答?臣闻皇天以无言为贵,圣人以不言为德,老君称'大辩若讷',庄生称'至道无文',此皆不欲烦也。是以齐侯读书,轮扁窃议〔一〕;汉皇慕古,长孺陈讥〔二〕,此亦不欲劳也。且多记则损心，多语则损气，心气内损，形神外劳，初虽不觉，后必为累。须为社稷自爱，岂为性好自伤乎？窃以今日升平，皆陛下力行所致，欲其长久，匪由辩博。但当忘彼爱憎，慎兹取舍，每事敦朴，无非至公，若贞观之初则可矣。至于秦政强辩，失人心于自矜；魏文宏才，亏众望于虚说。此才辩之累，皎然可知。伏愿略兹雄辩，浩然养气〔三〕，简彼缃图〔四〕，淡焉怡悦，固万寿于南岳〔五〕，齐百姓于东户，则天下幸甚，皇恩斯毕。

手诏答曰："非虑无以临下，非言无以述虑。比有谈论，遂致烦多，轻物骄人，恐由斯道，形神心气，非此为劳。今闻谠言，虚怀以改。"〔六〕

校　注

〔一〕桓公读书于堂上，轮扁斫轮于堂下，释椎凿而上，曰："君之所读者，古人之糟魄（粕）已夫！以臣之事观之，斫轮徐则甘而不固，疾则苦而不入，不徐不疾，得之于手，应之于心，口不能言，有数存焉。古之人与？不可传也。"出庄子。

〔二〕"长孺"，原作"张孺"，元刻、韩版、戈本同，据南家本、萱家本、写字台本及旧唐、会要改。〔案〕长孺，汲黯字。汉武帝召为主爵都尉，位列九卿。务在无为。其谏，犯主之颜色。戈直误以"张孺"为"张良"，此处戈注删去。

〔三〕孟子曰："我善养吾浩然之气。"

〔四〕缃，浅黄色。图，书也。

〔五〕"固万寿",原作"自固万寿",据南家本、营家本、写字台本、元刻、韩版、戈本删"自"字。诗曰:"不骞不崩,如南山之寿。"

〔六〕按通鉴,系十八年,上好文学而辩敏,群臣言事者多引古今以折之,多不能对。洎上书云云,上飞白答之。

杜谗佞传第二十三

【案】戈本作"杜谗邪"。明本二章,据南家本、营家本、写字台本补三章(161、162、163),共五章,排序依明本,增补的三章参照南家本、营家本、写字台本编入。戈本"凡七章",包括明本的二章(160、164)和卷二直谏附篇移入的一章(53)、本卷贪鄙篇移入的四章(184、185、186、187)。南家本、营家本五章、写字台本六章,分合不同,有本卷论贪鄙篇一章(184)。

160○贞观初,太宗谓侍臣曰:"朕观前代谗佞之徒,皆国之蟊贼也〔一〕。或巧言令色,朋党比周。若暗主庸君,莫不以之迷惑;忠臣孝子,所以泣血衔冤。故丛兰欲茂,秋风败之;王者欲明,谗人蔽之。此事著于史籍,不能具道。至如齐、隋间谗谮事,耳目所接者,略与公等言之。斛律明月〔二〕,齐朝良将,威震敌国,周家每岁斫汾河冰,虑齐兵之西渡。及明月被祖孝徵〔三〕谗构伏诛,周人始有吞齐之心。高颎〔四〕有经国大才,为隋文帝赞成霸业,知国政者二十馀载,天下赖以安宁。文帝唯妇言是听,特令摈斥,及为炀帝所杀,刑政由是衰坏。又隋太子勇〔五〕抚军监国,凡二十年,固亦早有定分,杨素[六]欺主罔上,贼害良善,使父子之道一朝灭于天性[七]。逆乱之源,自此开矣。隋文既淆混嫡庶,竟祸及其身,社稷寻亦覆败。古人云'代乱则谗胜',诚非妄言。朕每防萌杜渐,用绝谗构之端,犹恐心力所不至,或不能觉悟。前史云:'猛兽处山林,藜藿为之不采;直臣立朝廷,奸邪为之寝谋。'此实朕所望于群公也。"魏徵曰:"礼云:'戒慎乎其所不睹,恐惧乎其所不闻[八]。'诗云:'恺悌君子,无信谗言。谗言罔极,交乱四国[九]。'又孔子'恶利口之覆邦家',盖为此也。臣尝观自古有国有家者,若曲受谗譖,妄害忠良,必宗庙丘墟,市朝霜露矣。愿陛下深慎之!"

【案】此处南家本、营家本、写字台本有论贪鄙篇三章(184、185、186),戈本依次有贪鄙篇移入一章(187)、卷二直谏附篇移入一章(53)、贪鄙篇移入三章(184、185、186)。

校 注

〔一〕蟊,虫之害稼者。

〔二〕斛律,复姓,明月,其字,名光。后齐朝兼行将相,有名誉,邻敌所惮。

〔三〕名珽。密为谣言,谗斛律光,杀之。

〔四〕隋之贤相。

〔五〕文帝太子名勇,后废为庶人。

〔六〕玄感之父,为隋相。

〔七〕杨素揣知独孤后意,盛言太子不才,文帝于是禁太子勇部分,收其党与。杨素舞文巧诋,以成其狱。废勇立晋王广为皇太子,是为炀帝。

〔八〕中庸首章之辞。

〔九〕诗小雅青蝇篇之辞。

161 ● 贞观十年,权贵有疾魏徵者,每言于太宗曰:"魏徵凡所谏净,委曲反覆,不从不止,竟欲以陛下为幼主,不同于长君。"太宗曰:"朕是达官子弟,少不学问,唯好弓马。至于起义,即有大功。既封为王,偏蒙宠爱。理道政术,都不留心,亦非所解。及为太子,初入东宫,思安天下,欲克己为理。唯魏徵与王珪导我以礼义,弘我以政道。我勉强从之,大觉其利益,力行不息,以致今日安宁,并是魏徵等之力。所以特加礼重,每事听从,非私之也。"言者乃惭而止,太宗呵而出之。

【案】本章元刻、明本、韩版、戈本无,据南家本、营家本、写字台本补。

162 ● 贞观十一年,长安县人霍行斌告变,言尚书右丞魏徵预事。太宗览之,谓侍臣曰:"此言太无由绪,并不须问,行斌宜付所司理罪。"徵曰:"臣蒙近侍,未以善闻,大逆之名,罪合万死。纵陛下曲垂矜照,臣将何以自安?"请鞫。寻仍顿首拜谢。太宗曰:"卿累仁积行,朕所悉知。愚人相谤,岂能由己,不须致谢。"

【案】本章元刻、明本、韩版、戈本无,据南家本、萱家本、写字台本补。

163 ● 太宗谓房玄龄等曰:"昨日皇甫德参上书言朕修营洛州宫殿是劳民也,收地租是厚敛也,俗高髻是宫中所化也。观此人心,必欲使国家不役一人,不收一租,宫人皆无发,乃称其意耳。"魏徵进曰:"贾谊当汉文之时,上书云'可为痛哭者三,可为长叹息者五。'自古上书,率多激切。若不激切,则不能起人主之心。激切即似讪谤,所谓狂夫之言,圣人择焉,唯在陛下裁察,不可责也。"太宗曰:"朕初欲责此人,但已许进直言。若责之,则于后谁敢言?"赐绢二十匹,令归。

【案】本章元刻、明本、韩版、戈本无,据南家本、萱家本、写字台本补。卷二纳谏篇另有一章(48),较此简略。

164 ○ 贞观十六年,太宗谓谏议大夫褚遂良曰:"卿知起居,比来记我行事善恶?"遂良曰:"史官之设,君举必书。善既必书,过亦无隐。"太宗曰:"朕今勤行三事,亦望史官不书吾恶。一则鉴前代败事[一],以为元龟;二则进用善人,共成政道;三则斥弃群小,不听谗言。吾能守之,终不转也。"

【案】本章南家本、菅家本为第五章,写字台本为第六章,戈本为第七章。

校 注

〔一〕"鉴前代败事",原作"鉴前代成败事",菅家本、元刻、韩版、戈本同,据南家本、写字台本及会要改。

论悔过第二十四

【案】戈本无"论"字。明本四章,据南家本、菅家本、写字台本补一章(166),共五章,排序依明本,增补的一章参照南家本、菅家本、写字台本编入。元刻、韩版、戈本均四章,戈注"凡四章"。

165○贞观二年,太宗谓玄龄曰:"为人大须学问。朕往为群凶未定,东西征讨,躬亲戎事,不暇读书。比来四海安静,身处殿堂,不能自执书卷,使人读而听之。君臣父子,政教之道,共在书内。古人云'不学,墙面,莅事惟烦〔一〕',不徒言也。却思少小时行事,大觉非也。"

校 注

〔一〕周书周官之辞。

166○贞观中,太子承乾多不修法度,魏王泰尤以才能为太宗所重,特诏泰移居武德殿。魏徵上疏谏曰:"此殿在内,处所宽闲,参奉往来,实为稳近。但[一]魏王既是陛下爱子,陛下须使知定分,常保安全,每事抑其骄奢,不处嫌疑之地也。今移居此殿,使在东宫之西。海陵昔居,时人以为不可,虽时移事异,犹恐人之多言。又王之本心,亦不宁息,既能以宠为惧,伏愿成人之美。"太宗曰:"几不思量,朕甚大错误。"遂遣泰归于本第。

校 注

〔一〕"此殿在内处所宽闲参奉往来实为稳近但",原无此十七字,元刻、韩版、戈本同,据南家本、萱家本、写字台本及谏录、旧唐、会要补。

167 ● 贞观五年,太宗谓侍臣等曰:"齐文宣何如人君?"魏徵对曰:"非常颠狂,然有人共争道理,自短屈即能从之。臣闻齐时魏恺先任青州长史,尝使梁,还除光州长史,不就。杨遵彦奏之,文宣帝大怒,召而责之。恺曰:'先任青州大藩长史,今有使劳,更无罪过,反授光州,所以不就。'乃顾谓遵彦曰:'此汉[一]有理。'因命舍之。"太宗曰:"往者卢祖尚不肯受官,朕遂杀之。文宣帝虽复癫狂,尚能容忍此一事,朕所不如也。祖尚不受处分,虽失人臣之礼,朕即可杀之,大是伤急。一死不可再生,悔无所及,宜复其故官荫。"

【案】本章元刻、明本、韩版、戈本无,据南家本、萱家本、写字台本补。

校　注

〔一〕"此汉",原作"此难",从谏录改。

168○贞观十七年,太宗谓侍臣曰:"人情之至痛者,莫过乎丧亲也。故孔子云:'三年之丧,天下之通丧〔一〕,自天子达于庶人也。'又曰:'何必高宗〔二〕?古之人皆然〔三〕。'近代帝王,遂行汉仪以日易月之制〔四〕,甚乖于礼典。朕昨见徐幹中论〔五〕复三年丧篇,义理甚精审,深恨不早见此书。所行大疏略,但知自咎自责,追悔何及!"因悲泣久之。

校　注

〔一〕孔子答宰我之辞。
〔二〕商君武丁也。
〔三〕孔子答子张之辞。
〔四〕"遂行汉仪",南家本、写字台本、戈本作"遂行不逮汉文",萱家本作"遂行不逮汉仪"。汉文帝行短丧,以日易月。
〔五〕后汉徐幹撰中论二十篇。

169○贞观十八年,太宗谓侍臣曰:"夫人臣之对帝王,多承意顺旨,甘言取容。朕今欲闻己过,卿等皆可直言。"散骑常侍刘洎对曰:"陛下每与公卿论事,及有上书者,以其

不称旨，或面加诘难，无不惭退，恐非诱进直言之道。"太宗曰："卿言是也，朕亦悔之，当为卿改之。"〔一〕

【案】本章与卷二纳谏篇第十二章(51)略有重复。

校 注

〔一〕此章重出纳谏篇直谏类，比此为详。〔案〕戈注"重出纳谏篇直谏类"不确，乃重出纳谏篇。

论奢纵第二十五

【案】戈本无"论"字。明本三章，据南家本、萱家本、写字台本补一章(170)，共四章，排序依明本，增补的一章参照南家本、萱家本、写字台本编入。元刻、韩版三章。戈注"凡二章"，戈本实一章，即明本第三章(173)。

170○贞观二年，太宗谓黄门侍郎王珪曰："隋开皇十四年大旱，人多饥乏。是时仓库盈溢，竟不许赈给，乃令百姓逐粮。隋文不怜百姓而惜仓库，比至末年，计天下储积，得供五六十年。炀帝恃此富饶，所以奢华无道，遂致亡灭。炀帝失国，亦由其父。凡理国者，务积于人，不在盈其仓库。古人云：'百姓不足，君孰与足。'但使仓库可备凶年，此外何烦储蓄！后嗣若贤，能自保其天下；如其不肖，多积仓库，徒益其奢侈，危亡之本也。"

【案】本章元刻、明本、韩版卷八辩兴亡篇第二章（239）重出，戈本去此存彼。

171● 贞观七年，太宗授郭孝恪西州道行军总管，率步骑三千人出银山道以伐焉耆。夜往掩袭其城，破之，虏其王龙突骑支〔一〕。太宗谓侍臣曰："计八月中旬郭恪发去，至廿日应到，必以廿二日破焉耆，当驰使报。朕计其行程，今日应有好消息。"言未讫而骑至，云孝恪已破焉耆，太宗悦。及征龟兹，以孝恪为昆山道副大总管，破其都城，留孝恪守之，馀军分道别进。城外未宾，孝恪因乃出营于外，有龟兹人来谓孝恪曰："那利我之国相，人心素归，今亡在野，必思为变。城中之人，颇有异志，公其备之。"孝恪不以为虞。那利等果率众万馀，私与城内降胡相知表里为应。孝恪失于警候，贼入城鼓噪，孝恪始觉之，为胡矢所中而死。孝恪性奢侈，家之仆妾及以器玩，务极鲜华。虽在军中，床榻什器，皆饰以金玉，仍以金床、华帐充具，以遗行军大总管阿史那社尔，社尔一无所受。太宗闻之，乃曰："二将何优劣之不同也。郭孝恪今为寇虏所屠，可谓自招伊咎耳。"

【案】本章元刻、明本、韩版、戈本无，据南家本、萱家本、写字台本补。

校 注

〔一〕"龙突骑支"，南家本、萱家本作"龙突骑友"，据写字台本及旧唐改。

172○贞观九年，太宗谓魏徵曰："顷读周、齐史，末代亡国之主，为恶多相类也。齐王深好奢侈，所有府库用之略尽，乃至关市无不税敛。朕常谓此犹如馋人自食其肉，肉尽必死。人君赋敛不已，百姓既弊，其君亦亡，齐主即是也。然天元、齐主，若为优劣？"徵对曰："二主亡国虽同，其行则别。齐主懦弱，政出多门，国无纲纪，遂至亡灭。天元性凶而强，威福在己，亡国之事，皆在其身。以此论之，齐主为劣。"

【案】本章元刻、明本、韩版卷八辩兴亡篇第四章（241）重出，戈本去此存彼。

173○贞观十一年，太宗令所司造金银器物五十事〔一〕，侍御史马周上疏陈时政曰：

臣历睹前代，自夏、商、周及汉氏之有天下，传祚相继，多者八百馀年〔二〕，少者犹四五百年〔三〕，皆为积德累业，恩结于人心。岂无僻王〔四〕，赖前哲以免尔。自魏、晋已还，降及周、隋，多者不过五六十年，少者才二三十年而亡〔五〕，良由创业之君不务广恩化，当时仅能自守，后无遗德可思，故传嗣之主政教少衰，一夫大呼而天下土崩矣。今陛下虽以大功定天下，而积德日浅，固当思崇禹、汤、文、武之道，广施德化，使恩有馀地,为子孙立万代之基,岂欲但令政教无失,以持当年而已。且自古明王圣主,虽因人设教,宽猛随时,而大要以节俭于身、恩加于人二者是务。故其下爱之如父母,仰之如日月,敬之如神明,畏之如雷霆,此其所以卜祚遐长而祸乱不作也。

臣愚顷闻京师营造,供奉器物,颇多糜费,百姓或有嗟怨之言〔六〕。今百姓承丧乱之后,比于隋时〔七〕才十分之一,而供官徭役,道路相继,兄去弟还,首尾不绝,远者往来五六千里,春秋冬夏,略无休时。陛下虽每有恩诏令其减省,而有司作既不废,自然须人,徒行文书,役之如故。臣每访问,四五年来,百姓颇有怨嗟之言,以陛下不存养之。昔唐尧茅茨土阶,夏禹恶衣菲食,如此之事,臣知复可行于今。汉文帝惜百金之费,辍露台之役,集上书囊以为殿帷,所幸夫人〔八〕衣不曳地。至景帝以锦绣纂组妨害女功,特诏除之,所以百姓安乐。至孝武帝虽穷奢极侈,而承文景遗德,故人心不动。向使高祖之后即有武帝,天下必不能全。此于时代差近,事迹可见。今京师及益州诸处营造供奉器物,并诸王、妃主服饰,议者皆不以为俭。臣闻昧旦丕显,后世犹怠,作法于理,其弊犹乱。陛下少处人间,知百姓辛苦,前代成败,目所亲见,尚犹如此,而皇太子生长深宫,不更外事,即万岁之后,固圣虑所当忧也。

臣窃寻往代以来成败之事,但有黎庶怨叛,聚为盗贼,其国无不即灭,人主虽欲改悔,未有重能安全者。凡修政教,当修之于可修之时,若事变一起而后悔之,则无益也。故人主每见前代之亡,则知其政教之所由丧,而皆不知其身之有失。是以殷纣笑夏桀之亡,而幽厉亦笑殷纣之灭〔九〕。隋炀大业初,又笑周、齐之失国。然今之视炀帝,亦犹炀帝之视周、齐也。故京房〔一〇〕谓汉元帝云:"臣恐后之视今,亦犹今之视古。"此言不可不戒也。

往者贞观之初,率土霜俭,一匹绢才得粟一斗,而天下怡然。百姓知陛下甚忧怜之,故人人自安,曾无谤讟。自五六年来,频岁丰稔,一匹绢得十馀石粟,而百姓皆以陛下不忧怜之,咸有怨言。又今所营为者,颇多不急之务故也。自古以来,国之兴亡不由蓄积多少,唯在百姓苦乐。且以近事验之,隋家〔一一〕贮洛口仓,而李密因之;东京积布帛,王世充据之;西京府库,亦为国家之用,至今未尽。向使洛口、东都无粟帛,即世充、李密未必能聚大众。但贮积者固是国之常事,要当人有馀力而后收之。若人劳而强敛之,竟以资寇,积之无益也。然俭以息人,贞观之初,陛下已躬为之,故今行之不难也。为之一日,则天下知之,式歌且舞矣。若人既劳矣,而用之不息,倘中国被水旱之灾,边方有风尘之警,狂狡因之窃发,则有不可测之事,非徒圣躬旰食晏寝而已〔一二〕。若以陛下之圣明，诚欲励精为政，不烦远求上古之术，但及贞观之初，则天下幸甚。

太宗曰："近令造小随身器物，不意百姓遂有嗟怨，此则朕之过误。"乃命停之。〔一三〕

校　注

〔一〕"太宗令所司造金银器物五十事"，原无此十三字，元刻、韩版、戈本同，据南家本、萱家本、写字台本补。

〔二〕史记注："周凡三十七主，八百六十七年。"

〔三〕"犹四五百年"，萱家本无"犹"字。史记注："从禹至桀十七君，十四世。有王与无王，用岁四百七十一年。""殷凡三十一世，六百二十九年。""东、西两汉共二十四帝，凡四百二十四年，见汉书。"

〔四〕"僻王"，原作"辟王"，据南家本、萱家本、写字台本、韩版、戈本改。

〔五〕三国：蜀二主，四十五年；魏五主，四十五年；吴四主，五十九年。西晋四主，五十三年。南齐七主，二十二年。萧梁四主，五十六年。陈五主，二十三年。东晋十一主，一百三年。刘宋八主，六十年。元魏十二主，一百一十九年。东魏一主，十七年。西魏三主，二十二年。北齐五主，二十八年。后周五主，二十五年。隋三主，三十七年。〔案〕戈注统计有不确处。

〔六〕"臣愚顷闻京师营造供奉器物颇多糜费百姓或有嗟怨之言"，原无此二十四字，元刻、韩版、戈本同，据南家本、萱家本、写字台本补。

〔七〕"隋时",原作"随时",据南家本、萱家本、写字台本、元刻、韩版、戈本改。

〔八〕慎夫人也。

〔九〕周幽王名宫涅,厉王名胡,皆无道之主。

〔一〇〕京,姓,房,名,字君明。汉东郡人,治易。

〔一一〕"隋家",原作"随家",据南家本、萱家本、写字台本、元刻、韩版、戈本改。

〔一二〕旰,日晚也。

〔一三〕按史传、通鉴,此与论诸王定分、刺史县令同一疏。

论贪鄙第二十六

【案】戈本无"论"字。明本十四章,据南家本、萱家本、写字台本补一章(177),共十五章,重出卷三论君臣鉴戒篇一章(75),排序依明本,增补的一章参照南家本、萱家本、写字台本编入。戈本移出四章(182、180、181、183)至俭约篇、移出四章(184、185、186、187)至杜逸邪篇,削去一章(75),故戈注"凡六章"。南家本、萱家本七章,多明本一章(177),无四章(180、181、182、183),在本卷杜逸佞篇三章(184、185、186)。写字台本八章,多明本一章(177),无四章(180、181、182、183),在本卷杜逸佞篇三章(184、185、186),在卷四求媚篇一章(187)。

174○贞观初,太宗谓侍臣曰:"人有明珠,莫不贵重,若以弹雀,岂非可惜?况人之性命甚于明珠,见金银钱帛,不惧刑网，径即受纳，乃是不惜性命。明珠是身外之物，尚不可弹雀，何况性命之重，乃以博财物邪？群臣若能备尽忠直，有益国利民，则官爵立至。若不能以此道求荣，遂妄受钱物，赃贿既露，其身亦损，实为可笑。帝王亦然，恣情放逸，劳役无度，信任群小，疏远忠正，有一于此，岂不灭亡？隋炀帝奢侈自贤，身死匹夫之手，亦为可笑。"

175〇贞观二年，上谓侍臣曰："朕尝谓贪人不解爱财也，至如内外官五品已上，禄秩优厚，一年所得，其数自多。若受人财贿，不过数万，一朝彰露，禄秩削夺，此岂是解爱财物？视小得而大失者也。昔公仪休〔一〕性嗜鱼而不受人鱼，其鱼长存。且为主贪，必丧其国；为臣贪，必忘其身。诗云'大风有隧，贪人败类'〔二〕，固非谬言也。昔秦惠王〔三〕欲伐蜀，不知其径，乃刻五石牛，置金其后。蜀人见之，以为牛能便金，蜀王使五丁力士挽牛入蜀。道成，秦师随而伐之，蜀国遂亡〔四〕。汉大司农〔五〕田延年〔六〕赃贿三千万，事觉自死〔七〕。如此之流，何可胜记！朕今以蜀王为元龟，卿等亦须以延年为覆辙也。"

校 注

〔一〕公仪，复姓，休，名。鲁相也。

〔二〕诗大雅桑柔篇之辞。

〔三〕即秦惠公，僭称王，是为惠文王。

〔四〕事见蜀记。

〔五〕汉制,掌诸钱谷金帛货币之职。

〔六〕字子宾,齐诸田之后,汉昭帝时为大司农。

〔七〕时茂陵富人焦氏、贾氏以数千万积贮炭苇诸葬物,昭帝大行,用度未办,延年奏言豫收不祥物,冀疾用以求利,非臣民所当为,请没入官,奏可。富人皆怨,出钱求延年罪。初,大司农取民牛车三万两为僦,车直千钱,延年诈增二千,凡六千万,盗取其半,焦、贾告其事。时议以延年废昌邑王时尝发大议,当以功覆过。霍光曰:"往就狱,公议过。"延年曰:"我何面目入牢狱!"遂刎死。

176○贞观四年,太宗谓公卿曰:"朕终日孜孜,非但忧怜百姓,亦欲使卿等长守富贵。天非不高,地非不厚,朕尝兢兢业业,以畏天地。卿等若能小心奉法,常如朕畏天地,非但百姓安宁,自身常得欢乐。古人云:'贤者多财损其志,愚者多财生其过。'此言可以为深诫。若徇私贪浊,非止坏公法、损百姓,纵事未发间,中心岂不恒恐惧?恐惧既多,亦有因而致死。大丈夫岂得苟贪财物,以害身命,使子孙每怀愧耻耶?卿等宜深思此言。"

177● 贞观四年,濮州刺史庞相寿贪浊有闻,追还解任。殿庭自陈,幕府旧左右,实不贪浊。太宗矜之,使舍人谓之曰:"尔是我旧左右,我极哀矜尔。尔取他钱物,只应为贫。今赐尔绢一百匹,还向任所,更莫作罪过。"魏徵进而言曰:

"相寿贪浊,远近所知。今以故旧私情赦其贪浊之罪,加以厚赏,还令复任。相寿性识未知愧耻,幕府左右,其数甚多,人人皆恃恩私,足使为善者惧。"太宗欣然纳之,使引相寿于前,亲谓之曰:"我昔为王,为一府作主。今为天子,为四海作主。既为四海主,不可偏与一府恩泽。向欲令尔重任,左右以为若尔得重任,必使为善者皆不用心。今既以左右所言为是,便不得申我私意,且放尔归。"乃赐杂物而遣之,相寿亦辞,流涕而去。

【案】本章元刻、明本、韩版、戈本无,据南家本、萱家本、写字台本补。

178〇贞观六年,右卫将军陈万福自九成宫赴京,违法取驿家麸数石。太宗赐其麸,令自负出以耻之。

179〇贞观十年,治书侍御史权万纪上言:"宣、饶二州诸山大有银坑,采之极是利益,每岁可得钱数百万贯。"太宗曰:"朕贵为天子,是事无所少乏。唯须嘉言进善事,有益于百姓者。且国家剩得数百万贯钱,何如得一有才行人?不见卿推贤进善之事,又不能按举不法,震肃权豪,唯道税鬻银坑以为利益。昔尧、舜抵璧于山林,投珠于渊谷,由是崇名美号,见称千载。后汉桓、灵二帝〔一〕好利贱义〔二〕,为近代庸暗之主,卿遂欲将我比桓、灵邪?"是日敕放令还第。

校　注

〔一〕后汉桓帝名志,灵帝名宏。

〔二〕汉灵帝时,开西邸卖官,自关内侯、虎贲、羽林,入钱各有差。私令左右卖公、卿,公千万,卿五百万。又卖关内侯,假金印紫绶,传世,入五百万。

180○户部尚书戴胄卒,太宗以其居宅弊陋,祭享无所,令有司特为之造庙。

【案】本章南家本、萱家本、写字台本无,戈本移为俭约篇第七章。

181○温彦博为尚书右仆射,家贫无正寝。及薨〔一〕,殡于并室。太宗闻而嗟叹,遽命所司为造,当厚加赙赠。

【案】本章南家本、萱家本、写字台本无,戈本移为俭约篇第八章。

校　注

〔一〕公侯死曰薨。

182○岑文本为中书令,宅卑陋,无帷帐之饰。有劝其营产业者,文本叹曰:"吾本汉南一布衣耳,竟无汗马之劳,徒以文墨致位中书令,斯亦极矣。荷俸禄之重,为惧已多,更得言产业乎?"言者叹息而退。〔一〕

【案】本章南家本、菅家本、写字台本无,戈本移为俭约篇第六章。

校 注

〔一〕旧本自此以下四章,并在贪鄙篇,今附入于此。〔案〕指俭约篇。

183○魏徵宅内先无正堂,及遇疾,太宗时欲造小殿,而辍其材为徵营构,五日而就。遣中使赍素褥布被而赐之,以遂其尚。〔一〕

【案】本章南家本、菅家本、写字台本无,戈本移为俭约篇第九章。

校 注

〔一〕此章重出任贤篇。

184○尚书左仆射杜如晦奏言:"监察御史陈师合〔一〕上拔士论,兼人之思虑有限,一人不可总知数职,以论臣等。太宗谓戴胄曰:"朕以至公理天下,今任玄龄、如晦,非为勋旧,以其有才行也。此人妄事毁谤,止欲离间我君臣。昔蜀后主昏弱〔二〕,齐文宣狂悖,然国称理者,以任诸葛亮、杨遵彦〔三〕不猜之也。朕今任如晦等,亦复如法。"于是流陈师合于岭外。〔四〕

【案】本章南家本、菅家本、写字台本在杜逸佞篇,属第一章,戈本为杜逸邪篇第四章。

校　注

〔一〕史无传。

〔二〕名禅,先主之子。

〔三〕并见前注。

〔四〕旧本自此已下三章在贪鄙篇,今附入此。〔案〕指杜谗邪篇。

185○贞观中,太宗谓房玄龄、杜如晦曰:"朕闻自古帝王上合天心,以致太平者,皆股肱之力。朕比开直言之路者,庶知冤屈,欲闻规谏。所有上封事人,多告讦百官,细无可采。朕历选前王,但有君疑于臣,则下情不能上达,欲求尽忠极虑,何可得哉!而无识之人,务行谗毁,交乱君臣,殊非益国。自今已后,有上书讦人小恶者,当以谗人之罪罪之。"

【案】本章南家本、营家本、写字台本在杜谗佞篇,属第一章,戈本为杜谗邪篇第五章。

186○魏徵为秘书监,有告谋反,太宗曰:"魏徵,昔吾之仇,止以忠于所事,吾遂拔而用之,何乃妄生谗构?"竟不问徵,遽斩所告者。

【案】本章南家本、营家本、写字台本在杜谗佞篇,属第二章,戈本为杜谗邪篇第六章。

187○贞观七年,太宗幸蒲州,刺史赵元楷课父老服黄纱单衣,迎谒路左,盛饰廨宇,修营楼雉以求媚。又潜饲羊百馀口,鱼数千头,将馈贵戚。太宗知,召而数之曰:"朕巡省河、洛,经历数州,凡有所须,皆资官物。卿为饲羊养鱼,雕饰院宇,此乃亡隋弊俗,今不可复行。当识朕心,改旧态也。"以元楷在隋邪佞,故太宗发此言以戒之。元楷惭惧,数日不食而卒。〔一〕

【案】本章南家本、菅家本无,写字台本在卷四求媚篇,戈本为杜逸邪篇第二章。

校 注

〔一〕旧本此章在贪鄙篇,今附入此。〔案〕指杜逸邪篇。

188〇贞观十六年,太宗谓侍臣曰:"古人云:'鸟栖于林,犹恐其不高,复巢于木;鱼藏于泉,犹恐其不深,复穴于窟下。然而为人所获者,皆由贪饵故也。'今人臣受任,居高位、食厚禄,当须履忠正、蹈公清,则无灾害,长守富贵矣。古人云:'祸福无门,唯人所召。'然陷其身者,皆为贪冒财利,与夫鱼鸟何以异哉!卿等宜思此语,用为鉴诫。"〔一〕

【案】本章重出卷三论君臣鉴戒篇(75),戈本留此去彼。

校 注

〔一〕旧本此章重出鉴戒篇,今按此章喻贪为切,故去彼存此。

贞观政要卷第七

崇儒学第二十七

【案】写字台本作"论崇儒学"。各本排序相同,分章不同:南家本、萱家本、写字台本三章,元刻、明本五章,韩版四章,戈本"凡六章"。

189〇太宗初践祚,即于正殿之左置弘文馆,精选天下文儒,令以本官兼直学士,给珍膳,更日直宿。以听朝之隙,引入内殿,讨论坟典,商略政事,或至夜分乃罢。又诏勋贤三品已上子孙为弘文学生。〔一〕

贞观二年,诏停周公为先圣,始立孔子庙堂于国学。稽式旧典,以仲尼为先圣,颜子为先师,而边豆〔二〕干戚之容,始备于兹矣。是岁,大收天下儒士,赐帛给传〔三〕,令诣京师,优以吏职,布廊庙者甚众。学生通一大经已上,咸得署吏[四]。于国学造舍四百间,国子、太学、四门、俊士亦增置生员[五],其书、算各置博士、学生,以备众艺[六]。自玄武门屯营飞骑,亦给博士,授以经业。有能通经者,听预贡举。而吐蕃及高昌、高丽、新罗等诸夷酋长,亦遣子弟请入于学以百数。国学之内,鼓箧而升讲筵者[七],几至万人。儒学之盛,前古未之闻也[八]。太宗又数幸国学,令祭酒、博士讲论毕,各赐以束帛。学生能通经者,即擢以吏职[九]。

十四年诏曰:"梁皇侃[一〇]、褚仲都[一一],周熊安生[一二]、沈重[一三],陈沈文阿[一四]、周弘正[一五]、张讥[一六],隋何妥[一七]、刘炫[一八]等,并前代名儒,经术可纪。加以所在学徒,多行其讲疏,宜加优赏,以劝后生。可访其子孙见在者,录姓名闻奏。"二十一年又诏曰:"左丘明[一九]、卜子夏[二〇]、公羊高[二一]、穀梁赤[二二]、伏胜[二三]、高堂生[二四]、戴圣[二五]、毛苌[二六]、孔安国[二七]、刘向[二八]、郑众[二九]、杜子春[三〇]、马融[三一]、卢植[三二]、郑玄[三三]、服虔[三四]、何休[三五]、王肃[三六]、王弼[三七]、杜预[三八]、范宁[三九]等二十有一人,并用其书,垂于国胄。既行其道,理合褒崇。自今有事于太学,可并配享尼父庙堂[四〇]。"其尊儒重道如此。

【案】本章戈本别作三章。

校 注

〔一〕旧本,此与后三章,通为一章。今按崇儒虽同,典故则异,分为三章。又按通鉴,武德九年九月,上于弘文殿聚四部书,二十馀万卷,置弘文馆于殿侧,精选天下文学之士虞世南、褚亮、姚思廉、欧阳询、蔡允恭、萧德言等,并以本官兼学士云云。又取三品已上子孙,充弘文馆学生。

〔二〕"而边豆",原作"两边俎豆",元刻、韩版、戈本同,据南家本、营家本、写字台本删"俎"字。〔案〕边豆,当作"笾豆",为祭祀宴享时盛果脯等之竹编食器,形如豆,容四升。尔雅释器:"竹豆谓之笾。"

〔三〕驿传也。

〔四〕署吏职入仕也。

〔五〕"太学",原作"大学",据戈本及旧唐改。

〔六〕唐制,国子、太学、广文、四门、律、书、算凡七学,皆置博士。国子,掌教三品以上及国公子孙、从二品以上曾孙为生者。太学,掌教五品以上及郡县公子孙、从三品曾孙为生者。广文馆,掌领国子学生业进士者。四门馆,掌教七品以上侯伯子男为生,及庶人子为俊士生者。律学、书学、算学,掌教八品以下及庶人子为俊士生者。又有五经博士,掌以其经教国子。

〔七〕箧,方竹器,所以盛书籍者。

〔八〕按儒学传,贞观十四年,召天下惇师老德以为学官,数临幸,观释菜,广学舍千二百区,益生员至三千二百。自屯营飞骑,皆给博士,受经,能通经者,听入贡限,四方秀艾,坌集京师。于是新罗、高昌、百济、吐蕃、高丽等群酋长,并遣子弟入学,鼓筪踵堂者,凡八千馀人,虽三代之盛,所未闻也。〔案〕戈注"贞观十四年",据新唐当作"贞观六年"。

〔九〕凡会同飨宴,必尊长先,以酒祭先,故曰祭酒,长者之称也。唐制,国子监祭酒,掌邦国儒学训导之政,兼领诸学,凡释奠,则为初献。司业,其贰职也。

〔一〇〕皇,姓,侃,名。明三礼,为散骑侍郎。一作皇甫侃者,非。

〔一一〕明周易。

〔一二〕字植之,长乐人,为国子博士。

〔一三〕字子厚,通春秋群书,为五经博士。

〔一四〕字国卫,通三礼、春秋,为五经博士。

〔一五〕字思行,晋周觊之后,为国子博士。

〔一六〕字直言,武城人,为国子博士。

〔一七〕字栖凤,西城人,为国子祭酒。

〔一八〕字光明,河间人,为太学博士。

〔一九〕左丘明,见于论语,程子谓古之闻人。唐啖、赵氏谓孔子所言左丘明,在孔子前,则左氏传非丘明所为,亦有姓左而不得其名者为此传也。或问朱子,朱子曰:"未可知也。"先友邓著作考姓氏书曰:"盖左丘姓,而名明,传春秋者,乃左氏耳。"然则太宗诏从祀诸儒,以左丘明为首,而置于公、穀之列者,盖汉晋以来相传,误以左氏为左丘明也。

〔二〇〕名商,孔子弟子,以文学称,序诗,传易、礼、春秋。

〔二一〕公羊,姓,高,名,子夏弟子,传春秋。

〔二二〕穀梁,姓,赤,名,子夏弟子,传春秋。

〔二三〕济南人,为秦博士。汉文时求治尚书者,闻伏生能治之,欲召,时年九十馀,诏使往受之。秦时焚书,伏生藏于屋壁,兵起流亡,独得二十九篇,教于齐、鲁之间。

〔二四〕鲁人,前汉为博士,得仪礼十七篇传于世,为汉言礼宗。

〔二五〕前汉为九江太守,得礼记四十六篇传于世,号小戴记。

〔二六〕赵人,为汉河间献王博士,治诗。

〔二七〕孔子之后,汉武帝时为博士,至临淮太守,为古文尚书之宗。

〔二八〕字子政,汉楚元王之后,成帝时为光禄大夫,校五经。

〔二九〕后汉为大司农卿。

〔三〇〕后汉河南人。

〔三一〕字季长,扶风人,汉桓帝时为南郡太守,著春秋三传异同说。

〔三二〕字子干,后汉为北中郎将。

〔三三〕字康成,北海人,后汉为大司农卿,著易、书、诗、礼、论语、孝经、国语、乾象历、天文等书。

〔三四〕字子慎,后汉为九江太守。

〔三五〕字邵公,后汉为谏议大夫,解春秋公羊传、孝经、论语等书。

〔三六〕字子雍,三国时为魏太常、兰亭侯,注孔子家语。

〔三七〕字辅嗣,三国时为魏尚书郎,注易。

〔三八〕字元凯,晋惠帝时为镇南大将军、当阳侯,注春秋左氏传。

〔三九〕西晋时为豫章太守,注春秋穀梁传。

〔四〇〕鲁哀公诔孔子之称。

190○贞观二年,太宗谓侍臣曰:"为政之要,惟在得人,用非其才,必难致理。今所任用,必须以德行、学识为本。"谏议大夫王珪曰:"人臣若无学业,不能识前言往行,岂堪大任。汉昭帝〔一〕时,有诈称卫太子〔二〕,聚观者数万人,众皆致惑。隽不疑[三]断以蒯聩之事[四]。昭帝曰:'公卿大臣,当用经术明于古义者[五],此则固非刀笔俗吏所可比拟。'"太宗曰:"信如卿言。"

校 注

〔一〕"昭帝",原作"宣帝",南家本、营家本、写字台本、元刻、韩版同,据戈本及会要、汉书卷七一隽不疑传改。下文同。昭帝,名弗陵,武帝幼子。

〔二〕名据,武帝太子,卫皇后所生。

〔三〕隽,姓也,不疑,其名,字曼倩,渤海人,时为京兆尹。

〔四〕蒯聩,春秋时卫灵公世子也,出奔于宋。灵公卒,孙出公辄立,晋又纳蒯聩于戚,父子争国。后十五年蒯聩入,是为庄公,辄乃出奔。

〔五〕昭帝始元五年,有男子乘黄犊车,诣北阙,自谓卫太子。诏公卿识视,皆不敢言。隽不疑后到,叱从吏收缚曰:"昔蒯聩出奔,辄距而不纳,春秋是之。卫太子得罪先帝,亡不即死,今来自请,此罪人也。"遂诏送狱,帝嘉之。廷尉验治,竟得奸诈。

191 ○贞观四年,太宗以经籍去圣久远,文字讹谬,诏前中书侍郎颜师古于秘书省考定五经。及功毕,复诏尚书左仆射房玄龄集诸儒重加详议。时诸儒传习师说,舛谬已久,皆共非之,异端锋起。而师古辄引晋、宋已来古本,随方晓答,援据详明,皆出其意表,诸儒莫不叹伏。太宗称善者久之,赐帛五百段,加授通直散骑常侍[一],颁其所定书于天下,令学者习焉。

校 注

〔一〕晋以员外常侍与散骑常侍通直,故号通直,后世因之。

192○太宗又以儒家多门,章句繁杂,诏师古与国子祭酒孔颖达等诸儒撰定五经疏义,凡一百八十卷,名曰五经正义,付国学施行。〔一〕

【案】本章南家本、萱家本、写字台本、韩版、戈本与前章为一章。

校 注

〔一〕旧本五经疏义另为一章,今合为一章。

193○太宗尝谓中书令岑文本曰:"夫人虽禀定性,必须博学以成其道,亦犹蜃性含水,待月光而水垂〔一〕;木性怀火,待燧动而焰发〔二〕;人性含灵,待学成而为美。是以苏秦刺股〔三〕,董生垂帷〔四〕。不勤道艺,则其名不立。"文本曰:"夫人性相近,情则迁移,必须以学饰情,以成其性。礼云:'玉不琢不成器,人不学不知道〔五〕。'所以古人勤于学问,谓之懿德。"

【案】本章南家本、萱家本、写字台本属前章。

校 注

〔一〕蜃,大蛤也。海上月明,蜃吐气如楼阁之状。

〔二〕燧,取火之木也。春取榆柳之火,夏取枣杏之火,夏季取桑柘之火,秋取柞楢之火,冬取槐檀之火。

〔三〕苏秦,字季子,雒阳人,师鬼谷子,得太公阴符,伏而诵之。读书欲睡,引锥自刺其股,血流至踵,简练揣摩,至期年而成。后游说,佩六国相印。

〔四〕董生,名仲舒,广川人,汉景帝时为博士。治春秋,下帷讲诵,弟子以次相授,或莫见其面,三年不窥园,其精如此,学者皆师尊之。武帝即位,举贤良对策三篇,擢为江都王相。

〔五〕礼学记之辞。

论文史第二十八

【案】戈本无"论"字。明本四章,据南家本、萱家本、写字台本补一章(195),共五章,排序依明本,增补的一章参照南家本、萱家本、写字台本编入。元刻、韩版、戈本均四章,戈注"凡四章"。

194○贞观初,太宗谓监修国史房玄龄曰:"比见前后汉史载录杨雄甘泉、羽猎〔一〕,司马相如子虚、上林〔二〕,班固两都等赋〔三〕,此既文体浮华,无益劝诫,何假书之史册?其上书论事,词理切直,可裨于政理者,朕从与不从,皆须载书。"

校　注

〔一〕杨雄,字子云,成都人。汉成帝时有荐雄文似相如者,上方郊祠甘泉泰畤、汾阴后土,以求继嗣,召雄待诏承明之庭,从上甘泉还,奏甘泉赋以风。后上羽猎,雄从,以为非尧、舜、成汤、文王三驱之意,故作羽猎赋以风。

〔二〕司马,复姓,相如,名,成都人。著子虚赋,汉武帝读而善之,乃召问相如。相如曰:"此乃诸侯之事,未足观,请为天子游猎之赋。"相如以"子虚"虚言也,欲明天子之义,故虚借为辞以推天子诸侯之苑囿,为子虚、上林赋,其卒章归之于节俭,因以讽谏。

〔三〕班固,字孟坚,彪之子也。汉明帝时为校书郎,继父业,著西汉书。后迁玄武司马,作西都、东都赋。

195〇贞观十一年,著作佐郎邓隆〔一〕表请编次太宗文章为集。太宗谓曰〔二〕:"朕若制事出令,有益于人者,史则书之,足为不朽。若事不师古,乱政害物,虽有词藻,终贻后代笑,非所须也。只如梁武帝父子〔三〕及陈后主〔四〕、隋炀帝,亦大有文集〔五〕,而所为多不法,宗社皆须臾倾覆。凡人主唯在德行,何必要事文章耶?"竟不许。〔六〕

【案】本章建治本属前章。

校　注

〔一〕"著作佐郎邓隆",原作"著作佐郎郤崇",元刻、韩版同,南家本作"著作佐郎邓崇"，萱家本作"著作郎邓崇"，写字台本作"著作郎刘崇"，据戈本及旧唐卷七三邓世隆传改。通鉴作邓世隆，避太宗讳，除世字。〔案〕不论邓崇、刘崇，还是郄崇，以"崇"替"隆"，是在避玄宗名讳。

〔二〕"太宗谓曰"，原作"太宗谓崇曰"，元刻同，韩版作"太宗谓隆曰"，据南家本、萱家本、写字台本、戈本及旧唐改。

〔三〕武帝及昭明太子统也。

〔四〕名叔宝，字元秀，高宗长子也，国号陈。多与狎客赋诗，后为隋所灭，封长城公。

〔五〕如玉树后庭花曲、清夜游西园曲之类。

〔六〕按通鉴系十二年。

196●尚书左仆射房玄龄、侍中魏徵、散骑常侍姚思廉、太子右庶子李百药、孔颖达、中书侍郎岑文本、礼部侍郎令狐德棻、舍人许敬宗等，以贞观十年撰成周、齐、梁、陈、隋等五代史奏上。太宗劳之曰："良史善恶必书，足为惩劝。秦始皇奢侈无度，志在隐恶，焚书坑儒，用缄谈者之口。隋炀帝志在隐恶，虽曰好学，招集天下学士，全不礼待，竟不能修得历代一史。数百年事，殆将泯绝。朕今欲见近代人主善恶，以为身诫，故令公等修之，遂能成五代之史。深副朕怀，极可嘉尚。"于是进级班赐，各有差降。

【案】本章元刻、明本、韩版、戈本无，据南家本、萱家本、写字台本补。

197○贞观十三年,褚遂良为谏议大夫,兼知起居注。太宗问曰:"卿比知起居,书何等事?大抵于人君得观见否?朕欲见此注记者,将却观所为得失以自警诫耳。"遂良曰:"今之起居,古之左、右史[一],以记人君言行,善恶毕书,庶几人主不为非法,不闻帝王躬自观史。"太宗曰:"朕有不善,卿必记耶?"遂良曰:"臣闻守道不如守官,臣职当载笔,何不书之。"黄门侍郎刘洎进曰:"人君有过失,如日月之蚀,人皆见之。设令遂良不记,天下之人皆记之矣。"

校 注

〔一〕礼:"天子言则左史书之,动则右史书之。"

198○贞观十四年,太宗谓房玄龄曰:"朕每观前代史书,彰善瘅恶[一],足为将来规诫。不知自古当代国史,何因不令帝王亲见之?"对曰:"国史既善恶必书,庶几人主不为非法。止应畏有忤旨,故不得见也。"太宗曰:"朕意殊不同古人。今欲自看国史者,若有善事,故不须论;若有恶事,亦欲以为鉴诫,使得自修改耳。卿可撰录进来。"玄龄等遂删略国史为编年体,撰高祖、太宗实录各二十卷表上之。太宗见六月四日事[二],语多微文,乃谓玄龄曰:"昔周公诛管、蔡而周室安[三],季友鸩叔牙而鲁国宁[四],朕之所为,义同此类,盖所以安社稷、利万人耳。史官执笔,何烦有隐?宜即改削浮词,直书其事。"侍中魏徵奏曰:"臣闻人主位居尊极，无所忌惮，唯有国史，用为惩恶劝善。书不以实，后人何观？陛下今遣史官正其辞，雅合至公之道。"

校　注

〔一〕瘅，病也。

〔二〕武德九年，六月丁巳，秦王杀太子建成、齐王元吉。

〔三〕见公平篇注。

〔四〕鸩，毒鸟也，以羽历饮食即杀人。春秋时鲁庄公有三弟，长庆父，次叔牙，次季友。庄公娶孟任，生子班，欲立之。及病，问嗣于叔牙，叔牙曰："庆父可为嗣。"公患之，问季友，季友请立班。季友以公命，使人饮叔牙以鸩。

论礼乐第二十九

【案】戈本无"论"字。元刻、明本、韩版、戈本均十二章，戈注"凡十二章"。南家本、营家本、写字台本十三章，有卷三论君臣鉴戒篇一章(72)。

199〇太宗初即位，谓侍臣曰："准礼，名终为讳之。前古帝王，亦不生讳其名，故周文王名昌，周诗云'克昌厥后'。春秋时鲁庄公名同，十六年经云'齐侯、宋公同盟于幽'。唯近代诸帝，皆妄为节制，特令生避其讳，理非通允，宜有改张。"因诏曰："依礼，二名义不偏讳。尼甫达圣，非无前指。近世以来，曲为节制，两字兼避，废阙已多，率意而行，有违经诰。今宜依据礼典,务从简约,仰效先哲,垂法将来。其官号、人名及公私文籍,有'世'及'民'两字不连读,并不须避。"

200○贞观二年,中书舍人高季辅上疏曰:"窃见密王元晓[一]等俱是懿亲,陛下友爱之怀,义高古昔,分以车服,委以藩维,须依礼仪,以副瞻望。比见帝子拜诸叔,诸叔即亦答拜,王爵既同,家人有礼,岂合如此颠倒昭穆[二]?伏愿一垂训诫,永修彝则。"太宗乃诏元晓等,不得答吴王恪、魏王泰兄弟拜。

校 注

〔一〕高祖第二十一子也。
〔二〕古者宗庙之次,左为昭,右为穆,而子孙亦以为序。说见朱子中庸或问。

201○贞观四年,太宗谓侍臣曰:"比闻京城士庶居父母丧者,乃有信巫书之言,辰日不哭,以此辞于吊问,拘忌辍哀,败俗伤风,极乖人理。宜令州县教导,齐之以礼典。"

202○贞观五年,太宗谓侍臣曰:"佛道设教,本行善事,岂遣僧尼、道士等妄自尊崇,坐受父母之拜?损害风俗,悖乱礼经,宜即禁断,仍令致拜于父母。"

203○贞观六年,太宗谓尚书左仆射房玄龄曰:"比有山东崔、卢、李、郑四姓,虽累叶陵迟,犹恃其旧地,好自矜大,称为士大夫。每嫁女他族,必广索聘财,以多为贵,论数定约,同于市买,甚损风俗,有紊礼经。既轻重失宜,理须改革。"乃诏吏部尚书高士廉、御史大夫韦挺、中书侍郎岑文本、礼部侍郎令狐德棻等〔一〕刊正姓氏,普责天下谱牒,兼据凭史传,剪其浮华,定其真伪,忠贤者褒进,悖逆者贬黜,撰为氏族志。士廉等及进定氏族等第,以崔幹为第一等。太宗谓曰:"我与山东崔、卢、李、郑,旧既无嫌,为其世代衰微,全无官宦,犹自云士大夫。婚姻之际,则多索财物。或才识庸下,而偃仰自高,贩鬻松槚,依托富贵,我不解人间何为重之?且大丈夫有能立德立功,爵位崇重,善事君父,忠孝可称;或道义素高,学艺宏博,此亦足为门户,可谓天下大丈夫。今崔、卢之属,唯矜远叶衣冠,宁比当朝之贵?公卿已下,何假多输钱物,兼与他气势,向声背实,以得为荣?我今定氏族者,诚欲崇树今朝冠冕,何因崔幹〔二〕犹为第一等,只看卿等不贵我官爵耶!不须论数代已前,止取今日官品、人才作等级,宜一量定,用为永则。"遂以崔幹为第三等。至十二年书成,凡百卷,颁天下。又诏曰:"氏族之美,实系于冠冕〔三〕;婚姻之道,莫先于仁义。自有魏失御,齐氏云亡,市朝既迁,风俗陵替。燕、赵古姓,多失衣冠之绪;齐、韩旧族,或乖礼义之风。名不著于州闾,身未免于贫贱,自号高门之胄,不敦匹嫡之仪,问名唯在于窃赀,结缡必归于富室。乃有新官之辈、丰财之家,慕其祖宗,竞结婚姻,多纳货贿,有如贩鬻。或自贬家门,受屈辱于姻娅;或矜夸其旧望,行无礼于舅姑。积习成俗,迄今未已,既紊人伦,实亏名教。朕夙夜兢惕,忧勤政道,往代蠹害,咸以惩革,唯此弊风,未能尽变。自今已后,明加告示,使识嫁娶之序,务合典礼,称朕意焉〔四〕。"

校 注

〔一〕令狐,复姓,德棻,名也,宜州人。博贯文史,武德初,起居舍人,尝建言论次隋、周正史。贞观三年,诏德棻等撰周、齐、梁、陈、隋史,书成,迁礼部侍郎。

〔二〕通鉴作崔民幹,避太宗讳,除民字。

〔三〕"实系于",原作"实繁于",元刻、韩版、戈本同,据南家本、菅家本、写字台本及会要改。

〔四〕按通鉴,凡二百九十三姓,千六百五十一家。

204〇礼部尚书王珪子敬直,尚太宗女南平公主。珪曰:"礼有妇见舅姑之义,自近代风俗弊薄,公主出降,此礼皆废。主上钦明,动循法制,吾受公主谒见,岂为身荣,所以成国家之美耳。"遂与其妻就位而坐,令公主亲执巾,行盥馈之道〔一〕,礼成而退。太宗闻而称善。是后公主下降有舅姑者,皆遣备行此礼。

【案】本章南家本、菅家本、写字台本、韩版属前章。

校 注

〔一〕盥,以盘水沃手也。左传"奉匜沃盥。"馈,以食为饷也。易家人"主中馈"。言妇人职乎中馈,巽顺而已。

205○贞观十二年,太宗谓侍臣曰:"古者诸侯入朝,有汤沐之邑〔一〕,刍禾百车〔二〕,待以客礼。昼坐正殿,夜设庭燎〔三〕,思与相见,问其劳苦。又汉家京城,亦为诸郡立邸舍。顷闻奉使〔四〕至京师者,皆赁房以坐,与商人杂居,才得容身而已。既待礼之不足,必是人多怨叹,岂肯竭情于共理哉!"乃令就京城闲坊,为诸州奉使各造邸第。及成,太宗亲观幸焉。

校 注

〔一〕古者诸侯京师有朝宿之邑,泰山有汤沐之邑,盖朝宿,亦名汤沐。诸侯来京师,主为朝王,故名朝宿。从王巡狩,主为助祭,祭必沐浴,故名汤浴。随事立名尔。
〔二〕刍,茭也。禾,秆也。所以供军马。
〔三〕大烛也。诸侯将朝,则司烜以物百枚,并而束之,设于门内也。
〔四〕即朝集使也。

206○贞观十三年,礼部尚书王珪奏言:"准令,三品以上,遇亲王于路,不合下马。今皆违法申敬,有乖朝典。"太宗曰:"卿辈欲自崇贵,卑我儿子耶!"魏徵对曰:"汉魏已来,亲王班皆次三公以下。今三品并天子六尚书、九卿,为诸王下马,王所不宜当也。求诸故事,则无可凭;行之于今,又乖国宪,理诚不可。"帝曰:"国家立太子者,拟以为君。人之修短,不在老幼。设无太子,则母弟次立〔一〕。以此而言,安得轻我子耶!"徵又曰:"殷人尚质,有兄终弟及之义。自周以降,立嫡必长,所以绝庶孽之窥窬,塞祸乱之源本。为国家者,所深慎之。"太宗遂可王珪之奏。

【案】此处南家本、菅家本、写字台本有卷三君臣鉴戒篇一章(72),元刻重出卷三君臣鉴戒篇第五章(72)。

校 注

〔一〕母弟,同母之弟也。

207○贞观十四年,太宗谓礼官曰:"同爨尚有缌麻之恩,而嫂叔无服。又舅之与姨,亲疏相似,而服纪有殊,未为得礼,宜集学者详议。馀有亲重而服轻者,亦附奏闻。"是月尚书八座与礼官定议曰:

> 臣窃闻之,礼所以决嫌疑、定犹豫、别同异、明是非〔一〕者也。非从天下,非从地出,在人情而已矣。人道所先,在乎敦睦九族〔二〕。九族敦睦,由乎亲亲,以近及远。亲属有等差,故丧纪有降杀,随恩之薄厚,皆称情以立文。原夫舅之与姨,虽为同气,推之于母,轻

重相悬。何则？舅为母之本宗，姨乃外成他姓，求之母族，姨不与焉，考之经文，舅诚为重。故周王念齐，是称舅甥之国〔三〕；秦伯怀晋，实切渭阳之诗〔四〕。今在舅服止一时之情，为姨居丧五月〔五〕，徇名丧实，逐末弃本。此古人之情，或有未达，所宜损益，实在兹乎！

礼记曰："兄弟之子犹子，盖引而进之也。嫂叔之无服，盖推而远之也〔六〕。"礼云，继父同居则为之期，未尝同居则不为服。从母之夫、舅之妻，二人相为服。或曰"同爨缌麻"。然则继父并非骨肉，服重由乎同爨，恩轻在乎异居。固知制服虽继于名文，盖亦缘恩之厚薄者也。或有长年之嫂，遇孩童之叔，劬劳鞠养，情若所生，分饥共寒，契阔偕老，譬同居之继父，方他人之同爨，情义之深浅，宁可同日而言哉！在其生也，乃爱同骨肉；于其死也，则推而远之。求之本源，深所未喻。若推而远之为是，则不可生而共居；生而共居为是，则不可死同行路。重其生而轻其死，厚其始而薄其终，称情立文，其义安在？且事嫂见称，载籍非一。郑仲虞则恩礼甚笃〔七〕，颜弘都则竭诚致感〔八〕，马援则见之必冠〔九〕，孔伋则哭之为位〔一〇〕。此盖并躬践教义，仁深孝友，察其所行之旨，岂非先觉者欤？但于时上无哲主，礼非下之所议，遂使深情郁于千载，至理藏于万古，其来久矣，岂不惜哉！

今陛下以为尊卑之叙，虽焕乎已备；丧纪之制，或情理未安。爰命秩宗,详议损益。臣等奉遵明旨,触类傍求,采摭群经,讨论传记,或抑或引,兼名兼实,损其有馀,益其不足,使无文之礼咸秩,敦睦之情毕举,变薄俗于既往,垂笃义于将来,信六籍所不能谈,超百王而独得者也。

谨按曾祖父母旧服齐衰三月〔一〕,请加为齐衰五月;嫡子妇旧服大功〔二〕,请加为期;众子妇旧服小功,今请与兄弟子妇〔三〕同为大功九月;嫂叔旧无服,今请服小功五月。服其弟妻及夫兄,亦小功五月。舅旧服缌麻,请加与从母同服小功五月。

诏从其议。魏徵之词也。

校 注

〔一〕"明是非",原作"名是非",元刻同,据南家本、萱家本、写字台本、韩版、戈本改。

〔二〕九族者,高祖至玄孙之亲,举近者以该远。五服异姓之亲,亦在其中。

〔三〕左传成公二年,晋侯使巩朔献齐捷于周,王弗见,使单襄公辞曰:"夫齐,甥舅之国也,宁不亦淫从其欲,抑岂不可谏?"

〔四〕诗秦渭阳篇曰:"我送舅氏,曰至渭阳。"朱子注:"舅氏,秦穆公之舅晋公子重耳也,出亡在外,穆公召而纳之。时康公为太子,送之渭阳,而作此诗。渭,水名。秦时都雍,至渭阳者,盖东行送之于咸阳之地也。"〔案〕戈注引朱子注"秦穆公之舅晋公子重耳也"有误,当为"秦康公之舅晋公子重耳也"。

〔五〕五月,小功之服。

〔六〕礼丧记篇之辞。〔案〕戈注误,当为礼记檀弓上篇之辞。

〔七〕名均,后汉时人。好义笃实,养寡嫂孤儿,恩礼敦至。兄子长,令别居并门,尽推财与之,使得一尊其母。

〔八〕名含,晋时人。嫂樊氏因疾失明,含尽心奉养,医须蚺蛇胆,含忧叹累时,有童子持囊授含,开视乃胆也。药成,嫂病愈。

〔九〕马援,字文渊,扶风人,后汉伏波将军。奉嫂致恭,不冠,不敢入庐见。

〔一〇〕孔伋,孔子之孙,字子思。礼记檀弓篇:"曾子曰:子思之哭嫂也为位。"

〔一一〕齐衰,五服之第二等,衣长六尺,博四寸,裳下缉,曰齐衰。

〔一二〕服九月。

〔一三〕"与兄弟子妇",原作"与兄弟",元刻、韩版、戈本同,据南家本、萱家本、写字台本及旧唐、会要补"子妇"二字。

208○贞观十四年十二月癸丑,太宗谓侍臣曰:"今日是朕生日。俗间以生日可为喜乐,在朕情翻成感思。君临天下,富有四海,而追求侍养,永不可得。仲由怀负米之恨〔一〕,良有以也。况诗曰:'哀哀父母,生我劬劳〔二〕。'奈何以劬劳之辰,遂为宴乐之事,甚是乖于礼度!"因而泣下。〔三〕

校 注

〔一〕家语:"子路曰:昔者由也事二亲之时,常食藜藿之食,为亲负米于外。亲没之后，南游于楚，从车百乘，积米万钟。愿欲食藜藿，为亲负米，不可复得也。"

〔二〕诗蓼莪篇之辞。

〔三〕通鉴系二十年十二月癸未。

209〇太常少卿祖孝孙〔一〕奏请所定新乐〔二〕。太宗曰："礼乐之作，是圣人象物设教，以为搏节，治政善恶，岂此之由？"御史大夫杜淹对曰："前代兴亡，实由于乐。陈将亡也，为玉树后庭花〔三〕；齐将亡也，而为伴侣曲〔四〕。行路闻之，莫不悲叹，所谓亡国之音。以是观之，实由于乐。"太宗曰："不然，夫音声岂能感人？欢者闻之则悦，哀者听之则悲。悲悦在于人心，非由乐也。将亡之政，其人必苦，然苦心所感，故闻而则悲耳。何有乐声哀怨，能使悦者悲乎？今玉树、伴侣之曲，其声具存，朕当为公奏之，知公必不悲耳。"尚书右丞魏徵对曰："古人称，礼云，礼云，玉帛云乎哉〔五〕！乐云，乐云，钟鼓云乎哉〔六〕！乐在人和，不由音调。"太宗然之。〔七〕

【案】本章南家本属前章。

校　注

〔一〕祖，姓也，孝孙，名。

〔二〕初，隋用黄钟一宫，惟击七钟，其五钟设而不击，谓之哑钟。至是叶（协）律郎张文收乃依古断竹为十二律，命与孝孙吹调五钟,叩之而应,由是十二律皆用。而孝孙又以二十二用旋相为六十声,八十四调,雅乐成调,无出七声。七声:一宫,二商,三角,四变徵,五正徵,六羽,七变宫。本宫近相用,唯乐章则随律定均(韵),合以笙磬,节以钟鼓。〔案〕戈注有误,"孝孙又以二十二用旋相为六十声",当作"孝孙又以十二月旋相为六十声"。

〔三〕陈后主,奢淫日甚,每饮酒,使妃嫔与狎客共赋诗。采其艳丽者,被以新声,选宫女千馀人,习而歌之,分部迭进。其曲有玉树后庭花、临春乐,大略皆美诸妃嫔之容色。君臣相酬歌,自夕达旦,以此为常,由是覆灭。

〔四〕齐东昏侯时,作伴侣曲,后为萧衍所灭。

〔五〕唐史无此九字。〔案〕戈直所据"唐史"乃新唐礼仪志,旧唐音乐志有此九字。

〔六〕论语孔子之辞。

〔七〕按通鉴系贞观二年,祖孝孙以为梁、陈之音多吴、楚,周、齐之音多胡、夷,于是斟酌南北,考以古声,作唐雅乐,凡八十四调、三十一曲、十二和。诏协律郎张文收与孝孙同修定。六月乙酉,孝孙等奏新乐。上曰云云。

210○贞观七年[一],太常卿萧瑀奏言:"今破陈乐舞[二]天下之所共传,然美至德之形容尚有所未尽。前后之所破刘武周[三]、薛举[四]、窦建德、王世充等,臣愿图其形状,以写战胜攻取之容。"太宗曰:"朕当四方未定,因为天下救焚拯溺,故不获已,乃行战伐[五]之事,所以人间遂有此舞,国家因兹亦制其曲。雅乐之容,正得陈其梗概。若委曲写之,则其状易识。朕以见在将相，多有曾经受彼驱使者，既经为一日君臣，今若重见其被擒获之势，必当有所不忍。我为此等，所以不为也。"萧瑀谢曰："此事非臣思虑所及。"〔六〕

校　注

〔一〕"七年"，原作"十七年"，南家本、菅家本、写字台本、元刻同，据韩版、戈本改。〔案〕萧瑀为太常卿在贞观六年至八年。

〔二〕陈，音阵。破陈乐，即七德舞也。太宗为秦王时，破刘武周，军中相与作破陈乐，用乐工百二十八人，被银甲，执戟而舞。凡三变，每变为四阵，象刺左圆右方，先偏后伍，交错曲伸，以象鱼丽、鹅鹳，观者莫不扼腕踊跃。元日、冬至、朝会、庆贺，常奏。后舞人改用进贤冠、虎文袴、腾蛇带、乌皮靴，二人执旌居前，更号神功破阵乐。七德者，取左传"武有七德"名之也，所以示其发扬蹈厉之容也。

〔三〕马邑人，隋世为鹰扬校尉，义宁初，据马邑郡，起兵附于突厥，突厥立武周为定杨可汗，称帝，改元。后太宗败之于并州，奔突厥，为突厥所斩。

〔四〕兰州人，隋末起兵自号西秦霸王。建元后，僭帝号于兰州。太宗降举于高墌城，未几死。子仁杲代立，秦王率诸将讨之，以仁杲及其党归京师，斩之。

〔五〕战，一作攻。

〔六〕按史志，太宗令魏徵与李百药等更制破阵乐，名曰七德舞。舞初成，观者皆踊跃。诸将上寿，群臣皆称万岁，蛮夷在庭者，请相率以舞。自是朝会庆贺，与九功舞同奏。

贞观政要卷第八

务农第三十

【案】萱家本下衍"禁末作附"四字。明本四章,据南家本、萱家本、写字台本补一章(213),共五章,排序依明本,增补的一章参照南家本、萱家本、写字台本编入。元刻、韩版、戈本均四章,戈注"凡四章"。

211○贞观二年,太宗谓侍臣曰:"凡事皆须务本。国以人为本,人以衣食为本。凡营衣食,以不失时为本。夫不失时者,唯在人君简静乃可致耳。若兵戈屡动,土木不息,而欲不夺农时,其可得也?"王珪曰:"昔秦皇、汉武,外则穷极兵戈,内则崇侈宫室,人力既竭,祸难遂兴,彼岂不欲安人乎?失所以安人之道也。亡隋之辙,殷鉴不远,陛下亲承其弊,知所以易之,然在初则易,终之实难。伏愿慎终如始,方尽其美。"太宗曰:"公言是也。夫安人宁国,唯在于君。君无为则人乐,君多欲则人苦,朕所以抑情损欲,克己自励耳。"

212○贞观二年,京师旱,蝗虫大起。太宗入苑视禾,见蝗虫,掇数枚而祝曰:"人以谷为命,而汝食之,是害于百姓。百姓有过,在予一人,尔其有灵,但当食我心,无害百姓。"将吞之,左右遽谏曰:"恐成疾,不可。"太宗曰:"所冀移灾朕躬,何疾之避!"遂吞之。自是蝗不复为灾。

213●贞观四年,太宗谓诸州考使曰:"国以人为本,人以食为命。若禾谷不登,恐由朕不躬亲所致也。故就别院种三数亩禾,时自锄其稊莠。才得半亩,即苦疲乏。以此思之,劳可知矣,农夫实甚辛苦。顷闻关东及诸处粟两钱半价、米四钱价,深虑无识之人,见米贱遂惰农自安。傥遇水旱,即受饥饿。卿等至州日,每县时遣官人就田陇间劝励,不得令有送迎。若送迎往还,多废农业,若此劝农,不如不去。"

【案】本章元刻、明本、韩版、戈本无,据南家本、营家本、写字台本补。

214○贞观五年,有司上书言:"皇太子将行冠礼,宜用二月为吉,请追兵以备仪注。"太宗曰:"今东作方兴,恐妨农事,命改用十月。"太子少保萧瑀奏言:"准阴阳家,用二月为胜。"太宗曰:"阴阳拘忌,朕所不行,若动静必依阴阳,不顾德义,欲求福祐,其可得乎?若所行皆遵正道,自然常与吉会。且吉凶在人,岂假阴阳拘忌?农时甚要,不可暂失。"

215〇贞观十六年,太宗以天下粟价率计斗直五钱,其尤贱处计斗直三钱,因谓侍臣曰:"国以民为本,人以食为命。朕为亿兆人父母,若禾黍不登,则兆庶非国家所有。既属丰稔若斯,安得不喜〔一〕。唯欲躬务俭约,必不辄为奢侈。朕常欲赐天下之人,皆使富贵。令省徭薄赋,不夺其时,使比屋之人,恣其耕稼,此则富矣。敦行礼让,使乡闾之间,少敬长、妻敬夫,此则贵矣。但令天下皆然,朕不听管弦,不从畋猎,乐在其中矣!"

校 注

〔一〕"安得不喜",原无此四字,元刻、韩版、戈本同,据南家本、萱家本、写字台本补。

论刑法第三十一

【案】戈本无"论"字。明本九章,据南家本、萱家本、写字台本补一章(216),共十章,排序依明本,增补的一章参照南家本、萱家本、写字台本编入。元刻九章。戈本八章,戈注误作"凡九章",以217、218两章为一章。南家本、写字台本八章,以217、218两章为一章,221、222两章为一章。萱家本九章,以217、218两章为一章。

216● 贞观元年,诏以犯大辟罪者,令断其右趾。因谓侍臣曰:"前代不行肉刑久矣,今断人右趾,意不忍为。"谏议王珪对曰:"古行肉刑以为轻罪,今陛下矜死之多,故设断趾之法,损一足以全其大命,于犯者甚益矣。且见之足为惩诫。"侍中陈叔达又曰:"古之肉刑,在死刑之外。陛下于死刑之内降从断趾,便是以生易死,足为宽法。"

【案】本章元刻、明本、韩版、戈本无,据南家本、萱家本、写字台本补。

217○ 贞观元年,太宗谓侍臣曰:"死者不可再生,用法须务存宽简。古人云,鬻棺者,欲岁之疫,非疾于人,利于棺售故耳〔一〕。今法司核理一狱,必求深劾,欲成其考课。今作何法,得使平允?"谏议大夫王珪曰:"但选公良直善人,断狱允当者,增秩赐金,即奸伪自息。"诏从之。

校 注

〔一〕售,卖也。

218○太宗又曰:"古者断狱,必讯于三槐、九棘之官〔一〕。今三公、九卿〔二〕即其职也。自今以后,大辟罪〔三〕,皆令中书、门下四品已上及尚书、九卿议之。如此,庶免冤滥。"由是至四年,断死刑,天下二十九人,几致刑措。〔四〕

【案】本章元刻、明本独自为章,南家本、菅家本、写字台本、韩版与前章为一章,戈本与前章合为一章。

校 注

〔一〕周礼秋官:"左九棘,孤卿大夫位焉,群士在其后。右九棘,公侯伯子男位焉,群吏在其后。面三槐,三公位焉,州长众庶在其后。"

〔二〕三公,见任贤篇注。唐制,九卿:太常寺卿,掌礼乐郊庙社稷之事;光禄寺卿,掌酒醴膳羞之政;卫尉寺卿,掌器械文物;宗正寺卿,掌天子族亲属籍以别昭穆;太仆寺卿,掌厩牧辇舆之政;大理寺卿,掌折狱详刑;鸿胪寺卿,掌宾客凶仪之事;司农寺卿,掌仓储委积之事;太府寺卿,掌财货廪藏贸易。皆有少卿以为之贰。

〔三〕死刑也。

〔四〕旧本自太宗又曰以下另为一章,今合为一章。

219○贞观二年,太宗谓侍臣曰:"比有奴告主谋逆,此极弊法,特须禁断。假令有谋反者,必不独成,终将与人计之。众计之事,必有他人论之,岂借奴告主也。自今奴告主者,皆不须受,尽令斩决。"

220○贞观五年,张蕴古为大理丞。相州人李好德素有风疾,言涉妖妄,诏令鞫其狱。蕴古言:"好德癫病有征,法不当坐。"太宗许将宽宥,蕴古密报其旨,仍引与博戏。治书侍御史权万纪劾奏之,太宗大怒,令斩于东市。既而悔之,谓房玄龄曰:"公等食君之禄,须忧人之忧,事无巨细,咸当留意。今不问则不言,见事都不谏争,何所辅弼?如蕴古身为法官,与囚博戏,漏泄朕言,此亦罪状甚重,若据常律,未至极刑。朕当时盛怒,即令处置,公等竟无一言,所司又不覆奏,遂即决之,岂是道理?"因诏曰:"凡有死刑,虽令即决,皆须五覆奏。"五覆奏,自蕴古始也〔一〕。"守文决罪,或恐有冤。自今以后,门下省覆,有据法令合死而情可矜者,宜录奏闻。"

蕴古,初以贞观二年自幽州总管府记室兼直中书省,奏上大宝箴〔二〕,文义甚美,可为规诫。其词曰:

今来古往,俯察仰观,惟辟作福〔三〕,为君实难〔四〕。宅普天之下,处王公之上,任土贡其所求〔五〕,具僚和其所唱。是故兢惧之心日弛,邪僻之情转放。岂知事起乎所忽,祸生乎无妄。固以圣人受命,拯溺亨屯,归罪于己,因心于人〔六〕。至明无偏照,至公无私亲,故以一人治天下,不以天下奉一人。礼以禁其奢,乐以防其佚。左言而右事〔七〕,出警而入跸〔八〕。四时调其惨舒,三光同其得失。故身为之度,而声为之律〔九〕。勿谓无知,居高听卑;勿谓何害,积小成大。乐不可极,极乐成哀;欲不可纵,纵欲成灾〔一〇〕。壮九重于内〔一一〕,所居不过容膝,彼昏不知,瑶其台而琼其室〔一二〕;罗八珍〔一三〕于前,所食不过适口,唯狂罔念〔一四〕,丘其糟而池其酒〔一五〕。勿内荒于色,勿外荒于禽〔一六〕,勿贵难得之货〔一七〕,勿听亡国之音〔一八〕。内荒伐人性,外荒荡人心,难得之物侈,亡国之声淫。勿谓我尊而傲贤侮士,勿谓我智而拒谏矜己。闻之夏后,授馈频起〔一九〕;亦有魏帝,牵裾不止〔二〇〕。安彼反侧,如春阳秋露,巍巍荡荡,推汉高大度〔二一〕;抚兹庶事,如履薄临深,战战慄慄,用周文小心〔二二〕。

诗云"不识不知〔二三〕",书曰"无偏无党〔二四〕"。一彼此于胸臆,捐好恶于心想。众弃而后加刑,众悦而后命赏。弱其强而治其乱,伸其屈而直其枉。故曰:如衡如石,不定物以数,物之悬者,轻重自具;如水如镜,不示物以情,物之鉴者,妍蚩自露。勿浑浑而浊,勿皎皎而清,勿汶汶而暗,勿察察而明。虽冕旒蔽目而视于未形〔二五〕,虽黈纩塞耳而听于无声〔二六〕。纵心乎湛然之域,游神于至道之精。扣之者应洪纤而效响,酌之者随浅深而皆盈。故曰:天之清,地之宁,王之贞〔二七〕。四时不言而代序,万物无为而化成,岂知帝有其力,而天下和平。吾王拨乱,戡以智力〔二八〕,人惧其威,未怀其德。我皇抚运,扇以淳风,民怀其始,未保其终。爰述金镜,穷神尽圣。使人以心,应言以行。苞括治体,抑扬词令。天下为公,一人有庆。开罗起祝,援琴命诗,一日二日,念兹在兹。惟人所召,自天祐之。争臣司直,敢告前疑。

太宗嘉之,赐帛三百段,仍授以大理寺丞。〔二九〕

校 注

〔一〕"皆须五覆奏五覆奏自蕴古始也",原作"皆须五覆五奏自蕴古始也",元刻同,据萱家本、写字台本、韩版、戈本改。〔案〕"自蕴古始也"五字不是"诏曰"本文,而是出自吴兢或其他史家之笔。萱家本、写字台本、韩版的"皆须五覆奏"为"诏曰"本文,"五覆奏自蕴古始也"亦吴兢或史家之笔。接下来的"守文决罪"至"宜录奏闻"三十一字仍为"诏曰"本文。

〔二〕易大传曰:"圣人之大宝曰位。"盖取此义。箴,诫也。

〔三〕辟,君也。周书箕子陈洪范之辞。

〔四〕孔子告鲁定公曰:"为君难。"

〔五〕禹贡曰:"任土作贡。"

〔六〕〔案〕因心,语出诗大雅皇矣:"维此王季,因心则友。"

〔七〕见文史篇论。

〔八〕天子出称警,入称跸。警者戒肃,跸者止行也。

〔九〕史记:"禹声为律,身为度。"注:"禹声音应钟律,以身为法度。"

〔一〇〕曲礼曰:"欲不可从,乐不可极。"

〔一一〕楚辞曰:"君门九重。"

〔一二〕桀作瑶台,纣作琼室。

〔一三〕周礼:"膳夫,珍用八物,谓淳熬、淳母、炮豚、炮牂、捣珍、渍、熬、肝膋。"

〔一四〕周书曰:"惟圣罔念作狂。"

〔一五〕桀、纣酒池可以运船,糟堤可以望十里。

〔一六〕夏书五子之歌,其二曰:"训有之,内作色荒,外作禽荒,有一于此,未或不亡。"色荒,宠嬖女也。禽荒,耽游畋也。荒者,迷荒之谓。

〔一七〕老子曰:"不贵难得之货,使民不为盗。"

〔一八〕诗序曰:"亡国之音哀以思,其民困。"

〔一九〕史记:"夏禹一馈而十起,以劳天下之民。"

〔二〇〕魏文帝欲徙冀州十万户实河南,辛毗谏,帝不答,起入内,毗随而引其裾。帝怒,良久曰:"卿持我何太急耶!"于是从(徙)其半。

〔二一〕汉纪:"高祖宽仁有大度。"

〔二二〕诗小旻篇曰:"战战兢兢,如临深渊,如履薄冰。"大明篇曰:"维此文王,小心翼翼。"

〔二三〕诗皇矣篇曰:"不识不知,顺帝之则。"

〔二四〕周书曰:"无偏无党,王道荡荡。"

〔二五〕冕,十有二旒,天子冠。用五采藻为旒,以藻贯五采玉,垂于延之前后,各十二,取目不须视恶色之义。

〔二六〕黈纩,黄色绵也。以黄绵为圆,用组垂之于冕,当两耳旁,示不听谗邪也。

〔二七〕老子曰:"天得一以清,地得一以宁,王侯得一以为天下正。"

〔二八〕戡,胜也。

〔二九〕按通鉴无与囚博戏之说。唐史张蕴古无传,事见刑法志。

〔案〕戈注所指唐史乃新唐,旧唐文苑传上有张蕴古传,新唐将此事删去。

221○贞观五年,诏曰:"在京诸司比来奏决死囚,虽云五复,一日即了,都未暇审思,五奏何益?纵有追悔,又无所及。自今在京诸司奏决死囚,宜三日中五复奏,天下诸州三复奏。"又手诏敕曰:"比来有司断狱,多据律文,虽情在可矜而不敢违法,守文定罪,或恐有冤。自今门下省复,有据法合死而情在可矜者,宜录状奏闻。"

222○贞观中,盐泽道行军总管、岷州都督高甑生[一]坐违李靖节度,减死徙边。时有上言者曰:"甑生旧秦府功臣,请宽其过。"太宗曰:"甑生违李靖节度,又诬告靖谋逆,虽是藩邸旧劳,诚不可忘,然治国守法,事须画一,今若赦之,使开侥幸之路。且国家建义太原,元从及征战有功者甚众,若甑生获免,谁不觊觎?有功之人,皆须犯法。我所以必不赦者,正为此也。"

【案】本章南家本、写字台本属前章。

校 注

〔一〕史无传。

223○贞观十一年,特进魏徵上疏曰:

臣闻书曰："明德慎罚[一]"，"惟刑恤哉[二]"！礼云："为上易事，为下易知，则刑不烦矣。上多疑则百姓惑，下难知则君长劳矣[三]。"夫上易事，则下易知，君长不劳，百姓不惑。故君有一德，臣无二心，上播忠厚之诚，下竭股肱之力，然后太平之基不坠，"康哉"之咏斯起[四]。当今道被华戎，功高宇宙，无思不服，无远不臻。然言尚于简文，志在于明察，刑赏之用，有所未尽。夫刑赏之本，在乎劝善而惩恶，帝王之所以与天下为画一，不以亲疏贵贱而轻重者也。今之刑赏未必尽然。或屈伸在乎好恶，或轻重由乎喜怒。遇喜则矜其情于法中，逢怒则求其罪于事外，所好则钻皮出其毛羽，所恶则洗垢求其瘢痕。瘢痕可求，则刑斯滥矣；毛羽可出，则赏因谬矣。刑滥则小人之道长，赏谬则君子之道消。小人之恶不惩，君子之善不劝，而望治安刑措，非所闻也。

且夫暇豫清谈，皆敦尚于孔、老[五]；威怒所至，则取法于申、韩[六]。直道而行，非无三黜[七]，危人自安，盖亦多矣。故道德之旨未弘，刻薄之风已扇。夫刻薄既扇，则下生百端。人竞趋时，则宪章不一，稽之王度，实亏君道。昔州犁上下其手，楚国之法遂差[八]；张汤轻重其心，汉朝之刑已弊[九]。以人臣之颇僻，犹莫能申其欺罔，况人君之高下，将何以措其手足乎！以睿圣之聪明，无幽微之不烛，岂神有所不达，智有所不通哉？安其所安，不以恤刑为念；乐其所乐，遂忘先笑之变。祸福相倚，吉凶同域，唯人所召，安可不思？顷者责罚稍多，威怒微厉，或以供张不赡，或以营作差违，或以物不称心，或以人不从命，皆非致治之所急，实恐骄奢之佚渐。是知"贵不与骄期而骄自至，富不与侈期而侈自来"，非徒语也。

且我之所代，实在有隋，隋氏乱亡之源，圣明之所临照。以隋氏之府藏譬今日之资储，以隋氏之甲兵况当今之士马，以隋氏之户口校今日之百姓，度长比大，曾何等级？然隋氏以富强而丧败，动之也；我以贫寡而安宁，静之也。静之则安，动之则乱，人皆知之，非隐而难见也，非微而难察也。然鲜蹈平易之途，多遵覆车之辙，何哉？在于安不思危，治不念乱，存不虑亡之所致也。昔隋氏之未乱，自谓必无乱；隋氏之未亡，自谓必不亡。所以甲兵屡动，徭役不息，至于将受戮辱，竟未悟其灭亡之所由也，可不哀哉！

鉴形之美恶，必就于止水；鉴国之安危，必取于亡国。故诗曰："殷鉴不远，在夏后之世〔一〇〕。"又曰："伐柯伐柯，其则不远〔一一〕。"臣愿当今之动静，必思隋氏以为殷鉴，则存亡治乱可得而知。若能思其所以危，则安矣；思其所以乱，则治矣；思其所以亡，则存矣。知存亡之所在，节嗜欲以从人，省游畋之娱，息靡丽之作，罢不急之务，慎偏听之怒。近忠厚、远便佞，杜悦耳之邪说，甘苦口之忠言。去易进之人，贱难得之货，采尧、舜之诽谤[一二]，追禹、汤之罪己[一三]，惜十家之产[一四]，顺百姓之心。近取诸身，恕以待物，思劳谦以受益[一五]，不自满以招损[一六]。有动则庶类以和，出言而千里斯应[一七]，超上德于前载，树风声于后昆。此圣哲之宏规，帝王之大业，能事斯毕，在乎慎守而已。

　　夫守之则易，取之实难。既能得其所以难，岂不能保其所以易？其或保之不固，则骄奢淫溢动之也。慎终如始，可不勉欤！易曰："君子安不忘危，治不忘乱，存不忘亡，是以身安而国家可保[一八]。"诚哉斯言，不可以不深察也。伏惟陛下欲善之志，不减于昔时；闻过必改，少亏于曩日。若能以当今之无事，行畴昔之恭俭，则尽善尽美，固以无得而称焉。

太宗深嘉而纳用。[一九]

校　注

〔一〕周书康诰之辞。

〔二〕虞书舜典之辞。

〔三〕礼缁衣篇之辞。

〔四〕虞书皋陶赓歌曰："庶事康哉。"

〔五〕孔子、老聃也。

〔六〕申不害、韩非，皆战国刑名之学。

〔七〕论语曰:"柳下惠直道而事人,焉往而不三黜。"

〔八〕左传襄公二十六年,楚与秦侵郑,楚穿封戌囚郑皇颉,公子围与之争,正于伯州犁。州犁乃立囚曰:"所争,君子也,其何不知?"上其手,曰:"夫子为王子围,寡君之贵介弟也。"下其手,曰:"此子为穿封戌,方城外之县尹也。谁获子?"囚曰:"颉遇王子,弱焉。"戌抽戈逐王子围,弗及。楚人以皇颉归。

〔九〕"已弊",南家本、营家本、写字台本、元刻、韩版、戈本作"以弊"。汉张汤为廷尉,乡(向)上意所便,曰:"所治即上意所欲罪,予监吏深刻者;即上意所欲释,予监吏轻平者。所治即豪,必舞文巧诋;即下户羸弱,时口言'虽文致法,上裁察。'帝于是往往释汤所言。出本传。"

〔一〇〕诗大雅荡篇之辞。

〔一一〕诗豳风伐柯篇之辞。

〔一二〕尧、舜设诽谤之木于五达之衢,以书政治之愆失。

〔一三〕左传:"禹、汤罪己,其兴也勃焉。"

〔一四〕见纳谏篇注。

〔一五〕易谦卦:"九三,劳谦君子,有终吉。"

〔一六〕虞书曰:"满招损,谦受益。"

〔一七〕易大传曰:"君子居其室,出其言,善则千里之外应之。"

〔一八〕易文言传释否九五爻义。〔案〕当为"易系辞下",非"易文言传"。

〔一九〕按史传,上幸洛阳,次显仁宫,多所谴责。徵谏曰:"隋惟责不献食,或供奉不精,为此无限而至于亡。故天命陛下代之,正当兢惧戒约,奈何令人悔为不奢?若以为足,今不啻足矣,以为不足,万此宁有足邪!"上惊曰:"非公不闻此言。"退又上疏云云。

224〇贞观十四年,戴州刺史贾崇以所部有犯十恶者,被御史劾奏。太宗谓侍臣曰:"昔陶唐大圣,柳下惠大贤,其子丹朱甚不肖,其弟盗跖为巨恶[一]。夫以圣贤之训,父子兄弟之亲,尚不能使陶染变革,去恶从善。今遣刺史化被下人咸归善道,岂可得也。若令缘此皆被贬降,或恐递相掩蔽,罪人[二]斯失。诸州有犯十恶者,刺史不须从坐,但令明加纠访科罪,庶可以肃清奸恶。"

校 注

〔一〕盗跖,庄子杂篇以为柳下惠之弟,名跖,而为大盗。
〔二〕"罪人",原作"罪入",据南家本、菅家本、写字台本、元刻、韩版、戈本改。

225〇贞观十六年,太宗谓大理卿孙伏伽[一]曰:"夫作甲者欲其坚,恐人之伤;作箭者欲其锐,恐人不伤。何则?各有司存,利在称职故也。朕问法官刑罚轻重,每称法网宽于往代。仍恐主狱之司利在杀人,危人自达,以钓声价。今之所忧,正在此耳!深宜禁止,务在宽平。"

校 注

〔一〕贝州人,武德初上言三事,帝曰:"可谓谊臣矣。"贞观中,拜御史,累迁大理卿。

论赦令第三十二

【案】戈本无"论"字。元刻、明本、韩版、戈本均四章,戈注"凡四章"。南家本、菅家本、写字台本七章,有本卷禁末作附篇二章(235、237)、卷十论慎终篇一章(272)。

226○贞观七年,太宗谓侍臣曰:"天下愚人者多,智人者少,智者不肯为恶,愚人好犯宪章。凡赦宥之恩,唯及不轨之辈。古语云:'小人之幸,君子之不幸','一岁再赦,善人喑哑。'凡养稂莠者伤禾稼〔一〕,惠奸宄者贼良人。昔'文王作罚,刑兹无赦〔二〕。'又蜀先主〔三〕尝谓诸葛亮曰:'吾周旋陈元方、郑康成之间〔四〕,每见启告理乱之道备矣,曾不语赦。'故诸葛亮理蜀十年不赦,而蜀大化。梁武帝每年数赦,卒至倾败。夫谋小仁者,大仁之贼,故我有天下已来,绝不放赦。今四海安宁,礼义兴行,非常之恩,弥不可数。将恐愚人常冀侥幸,唯欲犯法,不能改过。"

【案】此处南家本、菅家本、写字台本有禁末作附篇一章(235)。

校 注

〔一〕稂莠,草之害稼者。

〔二〕周书康诰武王之辞。

〔三〕姓刘,名备,字玄德,汉中山靖王之后,三国时,继汉统,都蜀。

〔四〕元方,名纪;康成,名玄,并后汉人。

227〇贞观十年,太宗谓侍臣曰:"国家法令,唯须简约,不可一罪作数种条。格式既多,官人不能尽记,更生奸诈。若欲出罪即引轻条,若欲入罪即引重条。数变法者,实不益道理。宜令审细,毋使互文〔一〕。"

校 注

〔一〕毋、无通。

228〇贞观十一年,上谓侍臣曰:"诏令格式,若不常定,则人心多惑,奸诈益生。周易称'涣汗其大号〔一〕',言发号施令,若汗出于体,一出而不复也。又书曰:'慎乃出令,令出惟行,弗惟反〔二〕。'且汉祖日不暇给,萧何起于小吏,制法之后,犹称画一。今宜详思此义,不可轻出诏令,必须审定,以为永式。"

校 注

〔一〕易涣卦九五爻辞。

〔二〕周书周官之辞。

229〇长孙皇后遇疾,渐危笃。皇太子〔一〕启后曰:"医药备尽,今尊体不瘳〔二〕,请奏赦囚徒并度人入道,冀蒙福祐。"后曰:"死生有命,非人力所加。若修福可延,吾素非为恶;若行善无效,何福可求?赦者,国之大事。佛道者,上每示存异方之教耳。常恐为理体之弊,岂以吾一妇人而乱天下法,不能依汝言也。"〔三〕

【案】本章南家本、写字台本属前章。

【又案】此处南家本、营家本、写字台本有卷十论慎终篇一章(272)、本卷禁末作附篇一章(237)。

校 注

〔一〕承乾也。

〔二〕愈也。

〔三〕按通鉴贞观九年,长孙皇后素有气疾,前年从上幸九成宫,柴绍等中夕告变,上擐甲出阁问状,后扶疾以从,左右止之,后曰:"上既震惊,吾何心自安!"由是疾甚。太子曰云云,后曰云云,"必行汝言,吾不如速死。"太子私以语房玄龄,玄龄白上,上哀之,欲为之赦,后固止之。

论贡献第三十三

【案】戈本作"贡赋第三十三"。各本均五章,戈注"凡五章"。

230○贞观二年,太宗谓朝集使曰〔一〕:"任土作贡,布在前典,当州所产,则充庭实。比闻都督、刺史邀射声名,厥土所赋,或嫌其不善,逾境外求,更相仿效,遂以成俗。极为劳扰,宜改此弊,不得更然。"

校 注

〔一〕唐制,诸州奉贡物入京者,谓之朝集使。

231○林邑国以贞观中贡白鹦鹉,性辩惠,尤善应答,屡有苦寒之言。太宗愍之,付其使,令还出于林薮。〔一〕

校 注

〔一〕按通鉴贞观五年十一月,林邑献五色鹦鹉。魏徵以为不宜受,上喜而归之。

232○贞观十二年,疏勒、朱俱波、甘棠遣使贡方物〔一〕。太宗谓群臣曰:"向使中国不安,日南〔二〕、西域朝贡使亦何缘而至?朕何德以堪之,睹此翻怀危惧。近代平一天下、拓定边方者,唯秦皇、汉武。始皇暴虐,至子而亡;汉武骄奢,国祚几绝。朕提三尺剑以定四海,远夷率服,亿兆乂安,自谓不减二主也。然念二主末途,皆不能自保,由是每自惧危亡,必不敢懈怠。惟借公等直言正谏,以相匡弼。若惟扬美隐恶,共进谀言,则国之危亡可立而待也。"〔三〕

校 注

〔一〕皆西域国名。疏勒,距长安九千里馀,王姓裴氏。朱俱波,在葱岭之西。甘棠,在大海南。

〔二〕南蛮国,在安南之外。

〔三〕按通鉴系贞观九年十二月。〔案〕戈注误,当为贞观十年。

233○贞观十八年,太宗将伐高丽,其莫离支〔一〕遣使贡白金。黄门侍郎褚遂良谏曰:"莫离支虐杀其主,九夷所不容〔二〕,陛下以之兴兵,将事吊伐,为辽山之人报主辱之耻。古者讨弑君之贼,不受其赂。昔宋督〔三〕遗鲁君之郜鼎〔四〕,桓公受之于太庙〔五〕,臧哀伯〔六〕谏曰:'君人者昭德塞违,今灭德立违,而置其赂器于太庙,百官象之,又何诛焉!武王克商,迁九鼎于洛邑〔七〕,义士犹或非之〔八〕。而况将昭违乱之赂器,置诸太庙,其若之何〔九〕?'夫春秋之书,百王取则,若受不臣之筐篚,纳弑君之朝贡,不以为僭,何所致伐?臣谓莫离支所献,自不合受。"太宗从之〔一〇〕。

校 注

〔一〕高丽官名,其职如中国吏部兼兵部尚书也。贞观十六年,高丽东部大人泉盖苏文弑其王武,立王弟子藏为王,自为莫离支官。

〔二〕东方之夷有九种:曰畎夷、于夷、方夷、黄夷、白夷、赤夷、玄夷、风夷、阳夷。又,一曰玄菟,二曰乐浪,三曰高俪,四曰满饬,五曰凫曳,六曰索家,七曰东屠,八曰倭人,九曰天都。

〔三〕宋,春秋时国名。字华父,宋戴公孙也。

〔四〕鲁君,桓公,名轨。郜鼎,郜国所造器,故系名于郜。

〔五〕太庙,周公之庙也。

〔六〕鲁大夫臧孙达也。

〔七〕九鼎,殷所受夏鼎也。武王克商,乃营雒邑而后去之,又迁九鼎焉。

〔八〕盖伯夷之属。

〔九〕事见左传桓公二年,宋督弑其君殇公与夷,以郜鼎赂公,故遂相宋公。四月,取郜鼎于宋,纳于大庙,臧哀伯谏曰云云,公不听。

〔一〇〕按通鉴,太宗又谓高丽使者曰:"汝曹皆事高武,有官爵,莫离支弑逆,汝曹不能复仇,今更为之游说以欺大国,罪孰大焉!"悉以属大理。

234○贞观十九年,高丽王高藏〔一〕及莫离支盖苏文〔二〕遣使献二美女,太宗谓其使曰:"朕悯此女离其父母兄弟于本国,若爱其色而伤其心,我不取也。"并却还之本国。〔三〕

校 注

〔一〕高丽王名。

〔二〕高丽臣,名金,盖苏文既弑其王武,于是专擅国事,其状貌雄伟,意气豪逸,身佩五刀,左右莫敢仰视。常令贵人、武将伏地而履之上马。出行必整队伍,导者长呼,则人皆奔进,不避坑谷,路绝行者,国人甚苦之。

〔三〕按通鉴系贞观二十年。

禁末作附

【案】元刻、明本、韩版三章。南家本、菅家本、写字台本无此篇目,无一章(236),在论赦令篇二章(235、237)。戈本亦无此篇目,无一章(236),在卷五忠义篇一章(237)、卷六慎所好篇一章(235)。

235○贞观七年,工部尚书〔一〕段纶〔二〕奏进巧人杨思齐至,上令试,纶遣造傀儡戏具〔三〕。上语纶曰:"所进巧匠〔四〕,将供国事,卿令先造此物,是岂百工相戒无作奇巧之意邪?"乃诏削纶阶级,并禁断此戏。〔五〕

【案】本章南家本、菅家本、写字台本为本卷论赦令篇第二章,戈本为卷六慎所好篇第四章。

校 注

〔一〕唐制,工部掌山泽、屯田、工匠之事,尚书其长也。

〔二〕段,姓;纶,名。

〔三〕傀儡,木偶戏也。世传运机子,起汉祖平城之围。其城一面,即冒顿妻阏氏,兵强于三面。陈平访之,阏氏妒忌,造木偶人,运机关,舞埤间。阏氏望见,谓是生人,虑下城,冒顿必纳,遂退军。后翻为戏具。

〔四〕"所进巧匠",原作"所造巧匠",元刻、韩版同,南家本、萱家本、写字台本作"所造巧工",据戈本改。

〔五〕旧本此章在俭约篇,今附于此。〔案〕"今附于此",指卷六慎所好篇。

236○贞观九年,上谓侍臣曰:"为政之要,必须禁末作。传曰:'雕琢刻镂伤农事,纂组文彩害女工。'自古圣人制法,莫不崇节俭、革奢侈。又帝王凡有兴造,亦须贵顺物情。昔大禹凿九山、通九江,用人力极广而无怨讟者,物情所欲,共众所有故也。秦始皇营建宫室而人多谤议者,为徇其私,不与众共故也。朕今欲造一殿,材木已具,远想秦皇之事,遂复不作也。古人云:'不作无益,不见可欲,使心不乱。'至如镂雕器物,珠玉服玩,若恣其骄奢,则危亡可立待也。自今王公已下,准品秩不合服用者,宜一切禁断。"由是数十年间,风俗简朴,财帛富饶,无复饥寒之弊。在俭约篇。

【案】本章虽与卷六论俭约篇第一章(142)大部分文字相同,却多"为政之要必须禁末作传曰雕琢刻镂伤农事纂组文彩害女工自古圣人制法莫不崇节俭革奢侈"三十九字,侧重在"禁末作",标年不同。南家本、萱家本、写字台本、戈本无。

237○贞观十五年,诏曰:"朕听朝之暇观前史,每览前贤佐时、忠臣徇国,何尝不想见其人,废书钦叹!至于近代以来,年岁非远,然其胤绪,或当见存,纵未能显加旌表,无容弃之遐裔。其周、隋二代名臣及忠节子孙,有贞观已来犯罪配流者,宜令所司具录奏闻。"于是多从矜宥。〔一〕论在刑法篇。

【案】本章南家本、萱家本、写字台本为本卷论赦令篇第六章,戈本为卷五忠义篇第十三章。

校 注

〔一〕旧本此章在刑法篇,今附入于此。〔案〕此章南家本、萱家本、写字台本在论赦令篇,明本在禁末作篇,均不在刑法篇。"今附入于此",指卷五忠义篇。

辩兴亡第三十四

【案】南家本、萱家本、写字台本无。明本四章,重出卷六论奢纵篇二章(170/239、172/241)。此四章,分别在南家本、萱家本、写字台本卷五论仁义篇二章(238、240)、卷六论奢纵篇二章(239、241),文字稍有出入。元刻、韩版四章,重出卷六论奢纵篇二章(170/239、172/241)。戈注"凡四章",戈本实为五章,重出卷六奢纵篇二章(170/239、172/241),有卷二直谏附篇移入一章(62)。

238○贞观初,太宗从容谓侍臣曰:"周武平纣之乱以有天下,秦皇因周之衰遂吞六国,其得天下不殊,祚运长短若此之相悬也?"尚书右仆射萧瑀进曰:"纣为无道,天下苦之,故八百诸侯不期而会〔一〕。周室虽微,六国无罪,秦氏专任智力,蚕食诸侯。平定虽同,人情则异。"太宗曰:"不然,周既克殷,务弘仁义;秦既得志,专行诈力。非但取之有异,抑亦守之不同。祚之修短,意在兹乎!"

【案】本章南家本、萱家本、写字台本为卷五论仁义篇第二章。

校 注

〔一〕武王伐纣,诸侯会孟津者八百馀国。

239○贞观二年,太宗谓黄门侍郎王珪曰:"隋开皇十四年〔一〕大旱,人多饥乏。是时仓库盈溢,竟不许赈给,乃令百姓逐粮。隋文不怜百姓而惜仓库如此,至末年,计天下储积,得供五十年。炀帝恃此富实,所以华侈无道,以致亡灭。炀帝失国,亦由其父。凡理国者,务积于人,不在盈其仓库〔二〕,但使足备凶年,此外何烦储畜!后嗣若贤,自能保其天下;如有不肖,多积仓库,徒益其奢侈,而危亡之本也。"〔三〕

【案】本章元刻、明本、韩版重出卷六论奢纵篇第一章(170),文字稍有出入,戈本"去彼存此"。

校　注

〔一〕"十四年",原作"十年",据卷六论奢纵篇第一章(170)、元刻、韩版、戈本改。

〔二〕论语有若对鲁哀公之辞。

〔三〕旧本此章重出奢纵篇,今去彼存此。

240○贞观五年,上谓侍臣曰:"天道福善祸淫,事犹影响。昔启人〔一〕亡国来奔,隋文帝不吝粟帛,大兴士众,营卫安置,乃得存立。既而强富,当须子子孙孙不忘报德。才至失毕〔二〕,即起兵围炀帝于雁门。及隋国乱,又恃强深入,遂使昔安立其国家者,身及子孙并为颉利破亡,岂非背恩忘义所至也!"群臣咸曰:"诚如圣旨。"

【案】本章南家本、萱家本、写字台本为卷五论仁义篇第五章。

【又案】此处戈本有卷二直谏附篇一章(62)。

校　注

〔一〕本突厥启民可汗,避太宗讳,改曰人。

〔二〕"失毕",原作"失脱",据南家本、萱家本、写字台本改。〔案〕"失毕",即"始毕"。

241○贞观元年,太宗谓魏徵曰:"顷读周、齐史,末代亡国之主,为恶多相类。齐主〔一〕所以仓库用之略尽,乃至关市无不税敛。常谓此辈犹如馋人自食其肉,肉尽必死。人君赋敛不已,百姓既弊,其君亦亡,齐主即是也。然天元〔二〕、齐主,若为优劣?"徵对曰:"二王亡国虽同,其行则别。齐主懦弱,政出多门,国无纲纪,遂至灭亡。天元性凶而强,威福在己,亡国之事,皆在其身,以此论之,齐主为劣矣。"〔三〕

【案】本章南家本、萱家本、写字台本为卷六论奢纵篇第三章,元刻、明本、韩版重出卷六论奢纵篇第三章(172),戈本"去彼存此"。

校 注

〔一〕齐后主也,名纬,世祖之子。
〔二〕后周宣帝,名赟,自称天元皇帝。
〔三〕旧本此章重出奢纵篇,今去彼存此。

贞观政要卷第九

议征伐第三十五

【案】南家本、写字台本作"议征伐第三十四",戈本作"征伐第三十五"。菅家本、元刻、明本、韩版、戈本均十三章,戈注"凡十三章",排序相同。南家本、写字台本分章、排序与菅家本、元刻、明本、韩版、戈本不尽相同。

242〇武德九年冬,突厥颉利、突利二可汗,以其众二十万,至渭水便桥之北〔一〕,遣酋帅执矢思力〔二〕入朝为觇,自张声势云:"二可汗总兵百万,今已至矣。"乃请返命。太宗谓曰:"我与突厥面自和亲,汝则背之,我无所愧。何辄将兵入我畿县,自夸强盛,我当先戮尔矣!"思力惧而请命,萧瑀、封德彝请礼而遣之。太宗曰:"不然。今者放还,必谓我惧。"乃遣囚之。太宗曰:"颉利闻我国家新有内难,又闻朕初即位,所以率其兵众直至此,谓我不敢拒之。朕若闭门自守,虏必纵兵大掠。强弱之势,在今一策。朕将独出,以示轻之,且耀军容,使知我必战。事出不意,乖其本图,制服匈奴,在兹举矣。"遂单马而进,隔津与语,颉利莫能测。俄而六军继至,颉利见军容大盛,又知思力就拘,由是大惧,请盟而退。〔三〕

【案】南家本以太宗帝范一章(252)属此章,当系误置所致。

校　注

〔一〕汉武帝初作便门桥长安城北面西头。门即平门也。古者平、便字同。于此道作桥,跨渡渭水,以趋茂陵,此便桥是也。

〔二〕酋帅,长帅也。执矢,姓,思力,其名。

〔三〕按通鉴载此事甚详,辞多不录。

243 ○贞观初,岭南诸州奏言高州酋帅冯盎、谈殿〔一〕阻兵反叛,诏将军蔺谟〔二〕发江、岭数十州兵讨之〔三〕。秘书监魏徵谏曰:"中国初定,疮痍未复,岭表瘴疠,山川阻深,兵远难继,疾疫或起,若不如意,悔不可追。且冯盎若反,即须及中国未宁,交结远人,分兵断险要,破掠山县,署置官司。何因告来数年,兵不出境? 此则反形未成,无容动众。陛下既未遣使人就彼观察,即来朝谒,恐不见明。今若遣使分明晓谕,必不劳师旅,自致阙庭。"太宗从之,岭表悉定。

侍臣奏言："冯盎、谈殿,往年恒相征伐。当时议者屡请讨之[四],陛下发一单使,今岭外恬然。"太宗曰:"初,岭南诸州盛言盎反,朕必欲讨之,魏徵频谏,以为但怀之以德,必不讨自来。既从其计,遂得岭表无事,不劳而定,胜于十万之师。"乃赐魏徵绢五百匹[五]。徵辞曰:"陛下德化所被,八表安宁。臣岂敢贪天之功以为己力。"太宗曰:"臣有善须显扬,正令如此也。"杜如晦曰:"陛下圣明,故推功归善于下,前代王者皆以为难[六]。"

校 注

[一] 盎,字明达,高州人。隋亡,据岭表。唐兴,以其地降,高祖封为越国公。谈殿,人姓名,亦据岭表。

[二] 蔺,姓也,名谟。

[三] 发江南道、岭南道诸州兵也。

[四] "当时议者屡请讨之",原无此八字,菅家本、元刻、韩版、戈本同,据南家本、写字台本补。

[五] 按通鉴,贞观元年九月,冯盎、谈殿等,迭相攻击,久未入朝,诸奏盎反者以十数,上命将讨之。魏徵谏曰云云,上乃罢兵。十月,遣员外散骑侍郎李公掩持节慰谕之,盎遣其子智戴随使者入朝。上曰:"魏徵令我发一介之使,而岭表遂安,胜十万之师,不可不赏。"赐绢五百段。

[六] "徵辞曰陛下德化所被"至"前代王者皆以为难",原无此六十一字,元刻、韩版、戈本同,据南家本、写字台本补。

244 ○贞观四年,有司上言:"林邑国蛮〔一〕,表疏不顺,请发兵讨击。"太宗曰:"兵者,凶器,不得已而用之。故汉光武云:'每一发兵,不觉头须为白。'自古以来,穷兵极武,未有不亡者也。符坚〔二〕自恃兵强,欲必吞晋室,兴兵百万,一举而亡。隋主亦欲必取高丽,频年劳役,人不胜怨,死于匹夫之手。至如颉利,往岁数来侵我国家,部落疲于征役,遂至灭亡。朕今见此,岂得辄即发兵?但经历山险,土多瘴疠,若我兵士疾疫,虽克剪此蛮,亦何所补?言语之间,何足介意!"竟不讨之。〔三〕

校 注

〔一〕林邑,南蛮国名。汉南象郡之地,在交州南千馀里。

〔二〕符坚,略阳氐人。晋时,苻健据长安,是为前秦。健死,子立。符坚弑生自立,伐晋大败,后为姚苌所杀。

〔三〕按通鉴,林邑献大珠,有司以其表辞不顺,请讨之。上曰:"好战者亡,如炀帝、颉利,皆所亲见也。小国胜之不武,况未可必乎!"

245 ○贞观五年,康国〔一〕请归附。上谓侍臣曰:"前代帝王,大有务广土地以求身后之虚名,无益于身,其人甚困。假令于身有益,于百姓有损,朕必不为,况求虚名而损百姓乎!康国既来归朝,有急难不得不救。兵行万里,得无劳于人?若劳人求名,非朕所欲。所请归附,不须纳也。"

校　注

〔一〕即汉康居国，一曰萨末犍，亦曰飒秣建，元魏所谓悉万斤者，在那密水南。君姓温，本月氏。为突厥所破，稍南依葱岭，其王屈木支。

246○贞观十四年，兵部尚书侯君集〔一〕伐高昌。及师次柳谷〔二〕，候骑云"高昌王麴文泰死〔三〕，克日将葬，国人咸集，以二千人轻骑袭之，可尽得也。"薛万均〔四〕、姜行本〔五〕皆以为然。君集曰："天子以高昌骄慢，使吾恭行天诛，乃于墟墓间以袭其葬，不足称武，此非问罪之师也。"遂按兵以待葬毕，然后进兵，以平其国。〔六〕

校　注

〔一〕幽州人，以雄才称。少事秦王，从征伐有功，王即位，进吏部尚书。后从承乾谋计，事觉被诛。
〔二〕西域地名。
〔三〕文泰闻唐兵临碛口，忧惧不知所为，发疾卒。
〔四〕敦煌人，万彻之兄。高祖以其材武授上柱国。以计胜窦建德，击突厥有功，拜将军。
〔五〕名确，以字行。以干力称，为宣威将军。太宗每出幸，即以从。平高昌有功，封金城郡公。
〔六〕按通鉴，于是鼓行而进，至田城，谕之，不下，诘朝攻之，及午而克，虏男女计七千馀口，遂降。

247○贞观十六年,太宗谓侍臣曰:"北狄代为寇乱,今延陀倔强〔一〕,须早为之所。朕熟思之,惟有二策:选徒十万,击而虏之,涤除凶丑,百年无事,此一策也。若遂其来请,与之姻媾,朕为苍生父母,苟可利之,岂惜一女!北狄风俗,多由内政,亦既生子,则我外孙,不侵中国,断可知也。以此而言,边境足得三十年来无事。举此二策,何者为先?"司空房玄龄对曰:"遭隋室大乱之后,户口太半未复,兵凶战危,圣人所慎,和亲之策,实天下幸甚。"〔二〕

校 注

〔一〕延陀,铁勒诸部之姓。倔强,不柔服也。

〔二〕按通鉴,即命兵部侍郎崔敦礼持节使薛延陀,以新兴公主妻之。

248○贞观十七年,太宗谓侍臣曰:"盖苏文弑其主而夺其国政,诚不可忍。今日国家兵力取之不难,朕未能即动兵众,且令契丹、靺鞨扰搅之何如〔一〕?"房玄龄曰:"臣闻古之列国,无不强陵弱、众暴寡。今陛下抚养苍生,将士勇锐,力有馀而不取之,所谓止戈为武者也。昔汉武帝屡伐匈奴,隋后主三征辽左,人贫国败,实此之由,惟陛下详察。"太宗曰:"善。"〔二〕

校 注

〔一〕契丹,东胡种,元魏时号契丹。靺鞨,居肃慎地,凡数部,有黑水部独强。

〔二〕按通鉴,不载玄龄之辞,止载长孙无忌曰:"盖苏文自知罪大,畏大国之讨,必严设守备。陛下姑为之隐忍,彼得以自安,必更骄惰,愈肆其恶,然后讨之未晚也。"上曰:"善!"

249〇 贞观十八年,太宗以高丽莫离支贼杀其主,残虐其下,议将讨之。谏议大夫褚遂良进曰:"陛下兵机神算,人莫能知。昔隋末乱离,克平寇难。及北狄侵边,南蛮失礼,陛下欲命将击之,群臣莫不苦谏,惟陛下明略独断,卒并诛夷。今闻陛下将伐高丽,意皆营惑。然陛下神武英声,不比周、隋之主,兵若渡辽,事须克捷,万一不获,无以示威远方,必更发怒,再动兵众,若至于此,安危难测。"太宗然之。〔一〕

校 注

〔一〕按通鉴,李勣又曰:"间者薛延陀入寇,陛下欲发兵穷讨,魏徵谏而止,使至今为患。向用陛下之策,北鄙安矣。"上曰:"然。此诚徵之失,朕寻悔之而不欲言,恐塞良谋故也。"上欲自征高丽,褚遂良上疏,以为:"但命二三猛将,四五万众,仗陛下威灵,取之如反掌耳。今太子新立,年尚幼稚,自馀藩屏,陛下所知,一旦弃金汤之全,逾辽海之险,以天下之君,轻行远举,皆愚臣之所甚忧也。"时群臣多谏者,上皆不听。

250〇 贞观十八年,太宗将亲征高丽,开府仪同三司尉迟敬德奏言：“车驾若自往辽左，皇太子又监国定州，东、西二京，府库所在，虽有镇守，终是空虚，辽东路遥，恐有玄感之变〔一〕。且边隅小国，不足亲劳万乘。若克胜，不足为武；傥或不胜，恐为所笑。伏请委之良将，自可应时摧灭。”太宗虽不从其谏，为识者是之〔二〕。

校 注

〔一〕隋炀帝亲征高丽，杨玄感遂起兵围东都。
〔二〕按通鉴，上不从，以敬德为左一马军总管，使从行。

251○礼部尚书江夏王道宗从太宗征高丽，诏道宗与李勣为前锋。及济辽水克盖牟城，逢贼兵大至，军中佥议欲深沟保险，待太宗至。道宗曰：“不可。贼赴急来远，兵实疲顿，恃众轻我，一战可摧。昔耿弇不以贼遗君父〔一〕，我既职在前军，当须清道以待舆驾。”李勣大然其议。乃率骁勇数百骑直冲贼阵，左右出入。勣因合击，大破之。太宗至，深嘉赏劳。道宗在阵损足，帝亲为其针，赐其御膳。〔二〕

【案】南家本、写字台本属前章。

校 注

〔一〕耿弇，汉光武将。
〔二〕按通鉴载此事甚详，辞多不录。

252○太宗帝范曰〔一〕:"夫兵甲者,国家凶器也。土地虽广,好战则人凋;邦国虽安,忘战则人殆。凋非保全之术,殆非拟寇之方,不可以全除,不可以常用。故农隙讲武,习威仪也;三年治兵,辨等列也。是以勾践轼蛙,卒成霸业〔二〕;徐偃弃武,终以丧邦〔三〕。何也?越习其威,徐亡其备也。孔子曰:'以不教人战,是谓弃之〔四〕。'故知弧矢之威,以利天下〔五〕,此用兵之机也。"

【案】南家本以本章属第一章(242),写字台本别作一章,为本篇第二章,均系误置。

校　注

〔一〕贞观二十二年正月,太宗作帝范十二篇以赐太子,曰君体、建亲、求贤、审官、纳谏、去逸、戒盈、崇俭、赏罚、务农、阅武、崇文。

〔二〕勾践,越王名。越王既为吴所败,修德治兵,谋雪吴耻,见蛙,下车拜之,左右怪问,越王曰:"彼亦有气者。"

〔三〕徐,夷国,子爵,僭称偃王。周穆王闻之,令楚伐徐,徐子曰:"吾赖于文德,而不明武备,故至于此。"

〔四〕论语之辞。

〔五〕易大传曰:"弧矢之利,以威天下。"

253○贞观二十二年,太宗将重讨高丽。是时,司空房玄龄寝疾增剧,而谓子曰:"当今天下清谧,咸得其宜,惟欲再

讨高丽,方为国害。主上含怒意决,臣下莫敢犯颜。吾乃知而不言,可谓衔恨入地。"遂上表谏曰:

臣闻兵恶不戢,武贵止戈。当今圣化所覃,无远不暨。上古所不臣者,陛下皆能臣之;所不制者,陛下皆能制之。详观古今,为中国患害,无过突厥。遂能坐运神策,不下殿堂,大小可汗相次束手,分典禁卫,执戟行间。其后延陀鸱张〔一〕,寻就夷灭,铁勒慕义,请置州县,沙漠已北,万里无尘。至如高昌叛换于流沙,吐浑首鼠于积石,偏师薄伐,俱从平荡。高丽历代逋诛,莫能讨击。陛下责其逆乱,杀主虐人,亲总六军,问罪辽、碣。未经旬日,即拔辽东,前后虏获,数十万计,分配诸州,无处不满。雪往代之宿耻〔二〕,掩崤陵之枯骨〔三〕,比功校德,万倍前王。此圣主之所自知,微臣安敢备说。

且陛下仁风被于率土,孝德彰于配天。睹夷狄之将亡,则指期数岁;授将帅之节度,则决机万里。观风云气候,视景而望书,符应若神,算无遗策。擢将于行伍之间,取士于凡庸之末。远夷单使,一见不忘;小臣之名,未尝再问。箭穿七札〔四〕,弓贯六钧〔五〕。加以留情典坟,属意篇什,笔迈锺、张〔六〕,词穷贾、马〔七〕。文锋既振,则宫徵自谐;轻翰暂飞,则花葩竞发。抚万民以慈,遇群臣以礼。褒秋毫之善,解吞舟之网。逆耳之谏必听,肤受之愬斯绝〔八〕。好生之德,禁障塞于江湖；恶杀之仁，息鼓刀于屠肆。凫、鹤荷稻粱之惠，犬、马蒙帷盖之恩。降尊吮思摩之疮〔九〕，登堂临魏徵之枢〔一〇〕。哭战亡之卒，则哀动六军〔一一〕；负填道之薪，则情感天地〔一二〕。重黔黎之大命，特尽心于庶狱。今臣心识昏愦，岂足论圣功之深远，谈天德之高大哉！陛下兼众美而有之，靡不备具，微臣深为陛下惜之重之，爱之宝之。

　周易曰："知进而不知退，知存而不知亡，知得而不知丧，其圣人乎〔一三〕。"又曰："知进退存亡而不失其正者，其惟圣人乎〔一四〕！"由此言之，进有退之义，存有亡之基，得是丧之理，老臣所以为陛下惜之者，盖谓此也。老子曰："知足不辱，知止不殆。"臣谓陛下威名功德，亦已足矣；拓地开疆，亦可止矣。彼高丽者，边夷贱类，不足待以仁义，不可责以常礼。古来以鱼鳖畜之，宜从阔略。若必欲绝其种类，深恐兽穷则搏。且陛下每决死囚，必令三覆五奏，进素食、停音乐者，盖以人命所重，感动圣慈也。况今兵士之徒，无一罪戾，无故驱之于战阵之间，委之于锋刃之下，使肝脑涂地，魂魄无归，令其老父孤儿、寡妻慈母，望輤车而掩泣，抱枯骨而摧心，足以变动阴阳，感伤和气，实天下之冤痛也！且兵，凶器；战，危事，不得已而用之。向使高丽违失臣节，而陛下诛之可也；侵扰百姓，而陛下灭之可也；久长能为中国患，而陛下除之可也。有一于此，虽日杀万夫,不足为愧。今无此三条,坐烦中国,内为旧主雪怨〔一五〕,外为新罗报仇〔一六〕,岂非所存者小,所损者大?

　　伏愿陛下遵皇祖老子止足之戒,以保万代巍巍之名。发沛然之恩,降宽大之诏,顺阳春以布泽,许高丽以自新,焚凌波之船,罢应募之众〔一七〕,自然华夷庆赖,远肃迩安。臣老病三公,朝夕入地,所恨竟无尘露微增海岳。谨馨残魂馀息,豫代结草之诚〔一八〕。傥蒙录此哀鸣,即臣死且不朽。

太宗见表叹曰:"此人危笃如此,尚能忧我国家,真忠臣也〔一九〕。"虽谏不从,终为善策。

校　注

〔一〕鸱,恶鸟也。

〔二〕隋文帝十八年,高丽寇辽西,遣杨谅讨之,无功。炀帝六年,征其王元入朝,不至。八年,征天下兵击之,帝亲攻诸城,不下。来护儿、宇文述等大败。九年,复亲征,不拔。十年,复讨之,征其王入朝,竟不至。

〔三〕左传僖公三十三年,晋人及姜戎败秦师于殽。文公三年,秦伯伐晋,济河焚舟,取王官及郊,晋人不出,遂自茅津济,封殽尸而还。

〔四〕"札",原作"扎",据南家本、萱家本、写字台本、元刻、韩版、戈本改。札,甲也。养由基射穿七札。

〔五〕左传定公八年,鲁伐齐,士皆列,颜高之弓六钧。

〔六〕见师傅篇注。

〔七〕汉贾谊、司马相如,皆文人。

〔八〕论语曰:"肤受之愬不行焉,可谓明也已矣。"

〔九〕贞观十九年,太宗征辽,攻白岩城,右卫大将军李思摩为流矢所中,太宗亲为之吮血。

〔一〇〕十七年正月,魏徵卒,太宗临,哭之恸。

〔一一〕十九年,太宗征高丽,至营州,诏辽东战亡士卒骸骨并集柳城东南,命有司设太牢,上自作文祭之,临哭尽哀。

〔一二〕十九年,太宗渡辽,辽泽泥潦,车马不通,命长孙无忌将万人剪草填道,水深处以车为梁,上自系薪于马鞘,以助役。

〔一三〕"其圣人乎",原无此四字,营家本、元刻、韩版、戈本同,据南家本、写字台本及易乾文言补。〔案〕易乾文言作"其惟圣人乎",南家本、写字台本脱"惟"字。

〔一四〕易文言传,释乾卦之辞。

〔一五〕十七年,高丽臣莫离支弑其君高武,而独专国政,太宗于是有征辽之议。

〔一六〕十七年,新罗遣使言百济攻取其国四十馀城,复与高丽连兵,谋绝新罗入朝之路,乞兵救援。上命司农丞相里玄奖赍玺书赐高丽,使勿攻新罗,莫离支竟不从。玄奖还,具言其状,上于是欲征之。

〔一七〕十八年,太宗欲征辽东,长安、洛阳募士三千,战舰五百艘。

〔一八〕左传宣公十五年,秦伐晋,次于辅氏,魏颗败秦师,获杜回。初,魏武子有嬖妾,无子,武子疾,命颗曰:"必嫁是。"疾甚,则曰:"必殉。"及卒,(颗嫁之,及辅氏之役,)颗见老人结草以亢杜回,杜回踬而颠,故获之。夜梦之曰:"余,而所嫁妇人之父也,尔用尔先人之治命,余是以报。"

〔一九〕"真忠臣也",原无此四字,萱家本、元刻、韩版、戈本同,据南家本、写字台本补。

254○贞观二十二年,军旅亟动,宫室互兴,百姓颇有劳弊,充容[一]徐氏[二]上疏谏曰:

贞观以来,二十有馀载,风调雨时,年登岁稔,人无水旱之弊,国无饥馑之灾。昔汉武守文之常主,犹登刻玉之符[三];齐桓公小国之庸君,尚涂[四]泥金之望[五]。陛下推功损己,让德不居。亿兆倾心,犹阙告成之礼[六];云、亭伫谒,未展升中之仪[七]。此之功德,足以咀嚼百王,网罗千代者矣。然古人有云"虽休勿休,良有以也。守保未备,圣哲罕兼。是知业大者易骄,愿陛下难之;善始者难终,愿陛下易之。

窃见顷年以来,力役兼总,东有辽海六军,西有昆丘之役,士马疲于甲胄,舟车倦于转输。且召募投戎,去留怀死之痛;因风阻浪,人米[八]有漂溺之危。一夫力耕,年无数十之获;一船致损,则倾覆数百之粮。是犹运有尽之农功[九],填无穷之巨浪,图未获之他众,丧已成之我军。虽除凶伐暴,有国常规,然黩武习兵,先哲所戒。昔秦皇并吞六国,反速危亡之基;晋武奄有三方,翻成覆败之业。岂非务功恃大,弃德而轻邦国;图利而忘害,肆情而纵欲?遂使悠悠六合,虽广不救其亡；嗷嗷黎庶，因弊以成其祸。是知地广非常安之术，人劳乃易乱之源。愿陛下布泽流仁，务恤弊乏〔一〇〕，减行役之烦，增雨露之惠。

妾又闻为政之本，贵在无为。窃见土木之功，不可遂兼。北阙初建，南营翠微，曾未逾时，玉华创制〔一一〕，复山藉水，非无构架之劳；损之又损，颇有土力之费。终以茅茨示约，犹兴木石之疲；假使和雇取人，不无烦扰之弊。是以卑宫菲室，圣王之所安；金屋瑶台，骄主之为丽。故有道之君，以逸逸人；无道之君，以乐乐身。愿陛下使之以时，则力不竭矣；用而息之，则斯悦矣。

夫珍玩技巧，为丧国之斤斧；珠玉锦绣，实迷心之酖毒。切见服玩鲜靡，如变化于自然；职贡珍奇，若神仙之所制。虽驰华于季俗，实败素于淳风。是知漆器非延叛之方，舜造之而人叛；玉杯岂招亡之术，纣用之而亡国〔一二〕。方验侈丽之源，不可不遏。夫作法于俭，犹恐其奢；作法于奢，何以制后？伏惟陛下，明照未形，智周无际，穷奥秘于麟阁〔一三〕，尽探赜于儒林。千王理乱之踪，百代安危之迹，兴亡衰祸之数，得失成败之机，故亦包吞心府之中，循环目围之内，乃宸衷久察，无假一二言焉。唯知之非难，行之不易，志骄于业著，体逸于时安。伏愿抑志裁心〔一四〕，慎终成始，削轻过以添重德，择今是以替前非，则鸿名与日月无穷，盛业与乾坤永泰!

太宗甚善其言,特加优赐甚厚。

校 注

〔一〕唐制,女官号,九嫔之一也。

〔二〕名惠,长城人,生五月能言,四岁通经,八岁属文。父孝德,尝试使拟离骚,为小山篇曰:"仰幽岩而流盼,抚桂枝以凝想。将千龄子(兮)此遇,全(荃)何为子(兮)独往。"太宗闻之,召为才人,手不释卷,文辞敏赡,帝益礼顾。永徽初卒,赠贤妃。

〔三〕汉武帝封泰山,下东方,如郊祠太一之礼,封广丈二尺,高九尺,其下则有玉牒书,书秘。礼毕,禅肃然山。

〔四〕涂、图,古通用。

〔五〕齐桓公既霸,会诸侯于葵丘,欲行封禅。后汉制,封禅用玉牒、玉检,以水银和金为泥。望者,望而祭也。

〔六〕通典,"古者帝王之兴,每易姓而起,以致太平,必封乎泰山,所以告成功也。"

〔七〕黄帝禅亭亭,五帝禅云云,皆山名。礼云:"升中于天。"

〔八〕"米",原无此字,萱家本、元刻、韩版、戈本同,据南家本、写字台本及旧唐补。

〔九〕"运有尽之农功",原作"有运尽之农功",元刻同,据南家本、写字台本、戈本改。

〔一〇〕"务恤弊乏",戈本无此四字,故戈注"此下疑阙四字。"

〔一一〕翠微、玉华,并宫名。

〔一二〕纣,始为象箸,箕子曰:"彼为象箸,必将为犀玉之杯。"

〔一三〕汉宣帝图功臣于麒麟阁。

〔一四〕"裁心",原作"摧心",萱家本、元刻、韩版、戈本同,据南家本、写字台本及旧唐改。

议安边第三十六

【案】南家本、写字台本作"议安边第三十五",戈本无"议"字。南家本、写字台本、元刻、明本、韩版均三章,戈本"次第其辞",合255、256两章为一章,故戈注"凡二章"。

255〇贞观四年,李靖击突厥颉利,败之,其部落多来归降者,诏议安边之术。中书令温彦博议:"请于河南处之。准汉建武时,置降匈奴于五原塞下,令其部落得为捍蔽,又不离其土俗,因而抚之,一则实空虚之地,二则示无猜之心,故是含育之道也。"太宗从之。秘书监魏徵曰:"匈奴自古至今,未有如斯之破败,此是上天剿绝,宗庙神武。且其世寇中国,万姓冤仇,陛下以其为降,不能诛灭,即宜遣还河北,居其旧土。匈奴人面兽心,非我族类,强必寇盗,弱则卑服,不顾恩义,其天性也。秦、汉患之若是,故发猛将以击之,收其河南以为郡县,陛下奈何以内地居之?且今降者几至十万,数年之后,滋息过倍,居我肘腋,甫迩王畿,心腹之疾,将为后患,尤不可处以河南也。"温彦博曰:"天子之于物也,天覆地载,有归我者必养之。今突厥破除,馀落归附,陛下不加怜愍,弃而不纳,非天地之道,阻四夷之意,臣愚甚谓不可，宜处之河南，所谓死而生之，亡而存之，怀我厚恩，终无叛逆。"魏徵曰："晋代[一]有魏时，胡落分居近郡，郭钦[二]、江统劝逐出塞外，武帝不用其言，数年之后，遂倾瀍、洛[三]。前代覆车，殷鉴不远。陛下必用彦博言遣居河南，所谓养兽自遗患也。"彦博又曰："臣闻圣人之道，无所不通。突厥馀魂，以命归我，收居内地，教以礼法，选其酋首，遣居宿卫，畏威怀德，何患之有？且光武居河南单于于内郡，以为汉藩翰，终于一代，不有叛逆。"太宗竟从其议[四]，自幽州至灵州[五]，置顺、祐、化、长四州都督府[六]以处之，其人居长安者近且万家。

十二年，太宗幸九成宫，突利可汗弟、中郎将阿史那结社率阴结所部[七]，并拥突利子贺罗鹘夜犯御营，事败皆捕斩之。太宗自是不直突厥，悔处其部众于中国，还其旧部于河北，建牙于故定襄城，立李思摩为乙弥泥熟俟利苾可汗以主之。因谓侍臣曰："中国百姓，天下之根本；四夷之人，乃同枝叶。扰其根本以厚枝附，用求乂安，未之有也。初不纳魏徵言，遂觉劳费日甚，几失久安之道。"[八]

【案】本章戈本据通鉴叙事，将下章文字移入本章，略加连结，合二为一。

校 注

〔一〕"晋代"，原作"昔代"，萱家本、元刻同，据南家本、写字台本、韩版、戈本改。

〔二〕〔案〕晋书匈奴传,郭钦,西晋武帝时为侍御史。以匈奴馀落归化,使居河西,渐为边患,上疏请复上郡,实冯翊,募取死囚,徙四万家以充之。武帝不纳。

〔三〕江统字应元,陈留人,晋武帝时为山阴令。时关、陇为氐、羌所扰,统深推四夷乱华,宜杜其萌,乃作徙戎论,帝不能用,未及十年,而夷狄乱华,时人服其深识。

〔四〕"太宗竟从其议",原作"太宗竟从其义",据南家本、萱家本、写字台本、元刻、韩版改。戈本无此六字。

〔五〕东至幽州,西至灵州也。

〔六〕"都督府",原作"都督",元刻同,据南家本、写字台本及通典、旧唐补"府"字。

〔七〕阿史那,突厥姓名。结社率,突利可汗之弟,时为中郎将。

〔八〕旧本李大亮疏以下,至太宗不纳,另为一章。十三年以下,接前段为一章。今按共是一事,因次第其辞,合为一章。又按通鉴载此事,众议甚详,辞多不录。

256〇贞观四年,太宗与侍臣议安置突厥之事。中书令温彦博对曰:"隋文帝劳兵马,费仓库,树立可汗,令复其国,后遂孤恩失信,围炀帝于雁门〔一〕。今陛下仁厚,从其所欲,河南、河北,任情居住,各有酋长,不相统属,力散势分,安能为害?"给事中杜楚客〔二〕进曰:"北狄人面兽心,难以德怀,易以威服。今命其部落散处河南,逼近中华,久必为患。至如雁门之役,虽是突厥背恩,自由隋主无道,中国以之丧乱,岂得云兴复亡国,以致此祸?夷不乱华,前哲明训;存亡继绝,列圣通规。臣恐事不师古,难以长久。"太宗嘉其言,方务怀柔,未之从也。自突厥颉利破后,诸部落首领来降者,皆拜将军、中郎将,布列朝廷,五品已上百馀人,殆与朝士相半。唯拓拔〔三〕不至,又遣招慰之,使者相望于道。凉州都督李大亮以为于事无益,徒费中国,上疏曰:"臣闻欲绥远者,必先安近。中国百姓,天下根本;四夷之人,犹于枝叶。扰其根本以厚枝附,而求乂安,未之有也。自古明王,化中国以信,驭夷狄以权。故春秋云:'戎狄豺狼,不可厌也;诸夏亲昵,不可弃也〔四〕。'自陛下君临区宇,深根固本,人逸兵强,九州殷富,四夷自服。今者招致突厥,虽入提封,臣愚稍觉劳费,未悟其有益也。然河西民庶,镇御藩夷,州县萧条,户口鲜少,加因隋乱,减耗尤多。突厥未平之前,尚不安业;匈奴微弱以来,始就农亩。若即劳役,恐致妨损。以臣愚惑,请停招慰。且谓之荒服者,故臣而不内。是以周室爱民攘狄,竟延七百之龄;秦王轻战事胡,故三十载而绝灭。汉文帝养兵静守,天下安丰;孝武扬威远略,海内虚耗,虽悔轮台,追已不及〔五〕。至于隋室,早得伊吾,兼统鄯善〔六〕,且既得之后,劳费日甚,虚内致外,竟损无益。远寻秦、汉,近观隋室,动静安危,昭然备矣。伊吾虽已臣附,远在藩碛,民非夏人,地多沙卤。其自竖立称藩附庸者,请羁縻受之,使居塞外,必畏威怀德,永为藩臣,盖行虚惠而收实福矣。近日突厥倾国入朝,既不俘之于江淮,以变其俗,乃置于内地,去京不远,虽则宽仁之义,亦非久安之计。每见一人初降,赐物五匹、袍一领,酋帅悉授大官,禄厚位尊,理多糜费,以中国之租赋,供积恶之凶虏,其众益多,非中国之利也。"太宗不纳。

【案】本章戈本与前章合为一章。

校 注

〔一〕隋开皇二十年,文帝以突厥突利为启民可汗,妻以义成公主。大业十一年,炀帝巡北边,始毕可汗帅骑数十万,谋袭帝,义成公主遣使告变,帝驰入雁门,突厥围雁门,急攻之,帝泣,目尽肿,后公主以计解围。

〔二〕如晦弟也。少尚奇节。初,建成难作,遁舍嵩山。贞观四年,召为给事中。太宗曰:"人不恤无官,患才不副,而兄与我共支一心者,尔当如兄事吾。"进蒲州刺史,有能名。迁工部尚书,摄府事,以威肃闻。

〔三〕复姓。

〔四〕左传闵公元年,管仲告齐侯之辞。

〔五〕汉武帝,既悔远征伐,而搜粟都尉桑弘羊与丞相御史奏言:"故轮台以东有溉田五千顷以上,请置校尉分护,岁收其利,以威西国。"上不从,乃下诏深陈既往之悔。

〔六〕伊吾、鄯善,并西域国名。伊吾,在大碛外,南至玉门关八百里,汉宜禾都尉所治。〔案〕鄯善,在伊吾以西,汉戊己校尉所治。

257○贞观十四年,侯君集平高昌之后,太宗欲以其国为州县。魏徵曰："陛下初临天下，高昌王先来朝谒。自后数有商胡称其遏绝贡献，加之不礼大国诏使，王诛载加。若罪止文泰〔一〕，斯亦可矣。未若因抚其民而立其子，所谓伐罪吊民，威德被于遐外，为国之善者也。今若利其土壤以为州县，常须千馀人镇守。数年一易，每来往交替，死者十有三四。遣办衣资，离别亲戚，十年之后，陇右空虚，陛下终不得高昌撮谷尺布以助中国。所谓散有用而事无用，臣未见其可。"太宗不从，竟以其地置西州，仍以西州为安西都护府，每岁调发千馀人，防遏其地。

黄门侍郎褚遂良亦以为不可，上疏曰："臣闻古者，哲后临朝，明王创制，必先华夏而后夷狄，广诸德化，不事遐荒。是以周宣薄伐，至境而反〔二〕；始皇远塞，中国分离〔三〕。陛下诛灭高昌，威加西域，收其鲸鲵，以为州县。然则王师初发之岁，河西供役之年，飞刍挽粟，十室九空，数郡萧然，五年不复。陛下每岁遣千馀人而远事屯戍，终年离别，万里思归。去者资装自须营办，既卖菽粟，倾其机杼。经途死亡，复在言外〔四〕。兼遣罪人，增其防遏。所遣之内，复有逃亡，官司捕捉，为国生事。高昌途路，沙碛千里，冬风冰洌，夏风如焚，行人去者，遇之多死。易云'安不忘危，理不忘乱。'设令张掖尘飞，酒泉烽起，陛下岂能得高昌一人菽粟而及事乎？终须发陇右诸州，星驰电击。由斯而言，此河西者，方今心腹，彼高昌者，他人手足，岂得糜费中华，以事无用？陛下平颉利于沙塞，灭吐浑于西海。突厥馀落,为立可汗;吐浑遗萌,更树君长。复立高昌,非无前例,此所谓有罪而诛之,既服而存之。宜择高昌可立者,微给首领,遣还本国,负戴洪恩,长为藩翰。中国不扰,既富且宁,传之子孙,以贻后代。"疏奏,不纳。

至十六年,西突厥遣兵寇西州,太宗谓侍臣曰:"朕闻西州有警急,虽不足为害,然岂能无忧乎?往者初平高昌,魏徵、褚遂良劝朕立麴文泰子弟,依旧为国,朕竟不用其计,今日方自悔责。昔汉高祖遭平城之围而赏娄敬〔五〕,袁绍败于官渡而诛田丰〔六〕,朕恒以此二事为诫,宁得忘所言者乎!"

校　注

〔一〕高昌王姓麴,名文泰。

〔二〕周宣王,名靖。诗曰:"薄伐猃狁,至于太原。"言逐出之,而不穷追也。

〔三〕秦始皇使蒙恬发兵三十万人,收河南地,为四十四县。筑长城,因地形,用制险塞,起临洮至辽东,延袤万餘里。

〔四〕"言外",原作"方外",元刻、韩版、戈本同,南家本、写字台本作"京外",据营家本及通典改。

〔五〕汉高帝欲击匈奴,使娄敬使匈奴。还报曰:"匈奴伏奇兵以争利,不可击也。"上怒曰:"齐虏以口舌得官,乃今妄言沮吾军。"械系敬至广武,遂至平城。匈奴果出奇兵,围帝白登,七日,然后得解,还至广武,赦敬曰:"吾不用公言,以困平城。"乃封敬千户,为关内侯。

〔六〕汉献帝时,曹操兵大破袁绍于官渡,绍与八百骑渡河,走至黎阳,众稍复归,或谓田丰曰:"君必见重。"丰曰:"公今战败而归,内忌将发,吾不望生。"绍谓逢纪曰:"田别驾前谏止吾,吾惭之。"纪曰:"丰闻将军之退,拊手大笑。喜其言之中也。"袁绍遂杀丰。

贞观政要卷第十

论行幸第三十七

【案】南家本、萱家本、写字台本作"论行幸第三十六",戈本无"论"字。南家本、萱家本、写字台本、元刻、明本、韩版均三章,唯戈本有卷二直谏附篇移入一章(67),故戈注"凡四章"。

258〇贞观初,太宗谓侍臣曰:"隋炀帝广造宫室,以肆行幸,自西京至东京〔一〕,离宫别馆,相望道次,乃至并州、涿郡,无不悉然。驰道皆广数百步,种树以饰其傍。人力不堪,相聚为贼。逮至末年,尺土一人,非复己有。以此观之,广宫室、好行幸,竟有何益?此皆朕耳所闻、目所见,深以自戒。故不敢轻用人力,惟令百姓安静,无有怨叛而已。"

校　注

〔一〕"东京",原作"京都",萱家本、写字台本、韩版、戈本作"东都",据南家本、元刻改。

259○贞观十一年,太宗幸洛阳宫,泛舟于积翠池,顾谓侍臣曰:"此宫苑台沼是炀帝所为,驱役生人,穷此雕丽,复不能守此一都,以万人为虑。好行幸不息,人所不堪。昔诗人云:'何草不黄?何日不行〔一〕','大东小东,杼轴其空〔二〕',正谓此也。遂使天下怨叛,身死国灭,今其宫苑尽为我有。隋氏倾覆者,岂惟其君无道,亦由股肱无良。如宇文述、虞世基、裴蕴之徒〔三〕,居高官、食厚禄,受人委任,惟行谄佞,蔽塞聪明,欲令其国无危亡,理不可得也。"司空长孙无忌奏言:"隋氏之亡,其君则杜塞忠谠之言,臣则苟欲自全,左右有过,初不纠举,寇盗滋蔓,亦不实陈。据此,即不惟天道,实由君臣不相匡弼。"太宗曰:"朕与卿等承其馀弊,惟须弘道移风,使万代永赖矣。"

校　注

〔一〕"何草不黄何日不行",原作"何日不行何草不黄",南家本、萱家本、写字台本、元刻、韩版同,据戈本及诗改。诗小雅何草不黄篇之辞。

〔二〕诗小雅大东篇之辞。

〔三〕皆隋之臣。

260○贞观十三年,太宗谓魏徵等曰:"隋炀帝承文帝馀业,海内殷阜,若能常据关中,岂有倾败?遂不顾百姓,行幸无期,径往江都,不纳董纯、崔象〔一〕谏争,身戮国灭,为天下笑。虽复帝祚长短,委以玄天,而福善祸淫,亦由人事。朕每思之,若欲君臣长久,国无危败,君有违失,臣须极言。朕闻卿等规谏,纵不能当时即从,再三思审,必择善而用。"

【案】此处戈本有卷二直谏附篇移入一章(67)。

校 注

〔一〕皆隋之臣。

论田猎第三十八

【案】南家本作"论佃猎第三十七",萱家本作"论田猎第三十七",写字台本作"论畋猎第三十七",戈本作"畋猎第三十八"。南家本、萱家本、写字台本、元刻、明本、韩版均四章,唯戈本有卷二直谏附篇移入一章(65),故戈注"凡五章"。

261○秘书监虞世南以太宗颇好畋猎,上疏谏曰:"臣闻秋狝冬狩,盖惟恒典〔一〕;射隼从禽〔二〕,备乎前诰。伏惟陛下,因听览之馀辰,顺天道以杀伐,将欲摧斑碎掌,亲御皮轩[三],穷猛兽之窟穴,尽逸材之林薮。夷凶剪暴,以卫黎元,收革擢羽,用充军器,举旗效获,式遵前古。然黄屋之尊,金舆之贵,八方之所仰德,万国之所系心,清道而行,犹戒衔橛,斯盖重慎防微[四],为社稷也。是以马卿直谏于前[五],张昭变色于后[六],臣诚细微,敢忘斯义?且天弧星罼[七],所殪已多[八],颁禽赐获,皇恩亦溥。伏愿时息猎车,且韬长戟,不拒刍荛之请,降纳畎浍之流,袒裼徒搏,任之群下,则贻范百王,永光万代。"太宗深嘉其言。

【案】本章虞世南上疏重出写字台本卷四辅弼篇第一章。

校 注

〔一〕周礼大司马,仲秋教治兵以狝田,致禽以祀祊;仲冬教大阅以狩田,致禽以烹烝。

〔二〕隼,禽也。

〔三〕田猎之车也。

〔四〕"重慎防微",原作"慎防微",元刻、韩版同,据南家本、菅家本、写字台本、戈本补"重"字。

〔五〕司马相如字长卿,汉武帝时为郎,尝从帝猎长杨,帝好自击熊豕,驰逐野兽,相如上疏谏,帝从之。

〔六〕张昭字子布,彭城人,为吴主孙权军师,权尝乘马射虎,昭变色而谏之。

〔七〕网也。

〔八〕殪,"杀死也。"

262○谷那律〔一〕为谏议大夫,尝从太宗出猎,在途遇雨,因问曰:"油衣若为得不漏?"对曰:"能以瓦为之,必不漏矣!"意欲太宗弗数游畋,太宗嘉纳,赐帛五十段,加以金带。〔二〕

【案】本章南家本、写字台本属前章。

【又案】此处戈本有卷二直谏附篇移入一章(65)。

校 注

〔一〕魏州昌乐人。贞观中,累迁国子博士,后迁谏议大夫,淹识群书,褚遂良称为九经库。

〔二〕按通鉴,此事系在高宗永徽元年九月癸亥,与此异,而新、旧唐书则同。

263○贞观十四年,太宗幸同州沙苑,亲格猛兽,复晨出夜还。特进魏徵奏曰:"臣闻书美文王不敢盘于游畋〔一〕,传述虞箴称夷羿以为诫〔二〕。昔汉文临霸坂欲驰下,袁盎〔三〕揽辔曰:'圣主不乘危,不徼幸。今陛下骋六飞,驰不测之山,如有马惊车覆,陛下纵欲自轻,奈高庙何〔四〕?'孝武好格猛兽,相如进谏:'力称乌获〔五〕,捷言庆忌〔六〕,人诚有之,兽亦宜然。卒遇逸材之兽,骇不存之地,虽乌获、逢蒙之技〔七〕不得用,而枯木朽株尽为难矣。虽万全而无患,然本非天子所宜近〔八〕。'孝元郊泰畤〔九〕,因留射猎,薛广德奏称〔一〇〕:'窃见关东困极,百姓罹灾,今日撞亡秦之钟,歌郑、卫之乐,士卒暴露,从官劳倦,欲安宗庙社稷,何凭河暴虎,未之比也?'臣窃思此数帝,心岂木石,独不好驰骋之乐?而割情屈己,从臣下之言者,志存为国,不为身也。臣伏闻车驾近出,亲格猛兽,晨去夜还,以万乘之尊,暗行荒野,践深林、涉丰草,甚非万全之计。愿陛下割私情之娱,罢格兽之乐,上为宗庙社稷,下慰群寮兆庶。"太宗曰:"昨日之事,偶属尘昏,非故然也,自今深用为戒也。"

校 注

〔一〕周书曰:"文王不敢盘于游田,以庶邦惟正之供。"

〔二〕左传,魏绛告晋侯曰:"昔虞人之箴曰:'在帝夷羿,冒于原兽。虞箴如是,可不惩乎?'"

〔三〕楚人,汉文帝时为中郎将。

〔四〕文帝从霸陵上,欲西驰下峻阪,袁盎谏。帝曰:"将军怯邪?"盎曰:"臣闻千金之子不垂堂,百金之子不倚衡"云云。帝乃止。

〔五〕秦武王力士,举龙文鼎者。

〔六〕吴王僚之子,射能捷矢。

〔七〕逢蒙,古之善射者。

〔八〕事见首章注。〔案〕指注司马相如条。

〔九〕郊祀之坛曰畤。

〔一〇〕字长卿,沛郡人,时为长信少府、御史大夫。

264○贞观十四年冬十月,太宗将幸栎阳游畋,县丞刘仁

轨〔一〕以收获未毕,非人君顺动之时事,诣行在所上表切谏。太宗遂罢猎,擢拜仁轨新安令。〔二〕

校 注

〔一〕字正则,汴州人。初为陈仓尉,部人鲁宁为折冲都尉,豪纵犯法,县莫敢屈,仁轨榜杀之。太宗召诘责,仁轨曰:"宁辱臣,臣故杀之。"帝以为刚直,擢咸阳丞,累迁给事中,武后时拜仆射。〔案〕旧唐卷八四作"栎阳丞。"

〔二〕按史传,太宗校猎同州,仁轨谏曰:"今兹澍泽沾足,百谷炽茂,收才十二。常日赘调,已有所妨。又供猎事、缮桥、治道,役虽简省,犹不损数万。少延一旬,使场圃毕劳,陛下六飞徐驱,公私交泰。"上玺书褒纳,拜新安令。

论灾祥第三十九

【案】南家本、萱家本、写字台本分作论祥瑞第三十八(一章,265)、论灾异第三十九(三章,266、267、268)。戈本无"论"字。元刻、明本、韩版、戈本均四章,戈注"凡四章"。

265○贞观六年,太宗谓侍臣曰:"朕比见众议以祥瑞为美事,频有贺表。如朕本心,但使天下太平,家给人足,虽无祥瑞,亦可比德于尧、舜。若百姓不足,夷狄内侵,纵有芝草遍街衢,凤皇栖苑囿,亦何异于桀、纣?常闻石勒时〔一〕有郡吏燃连理木,煮白雉肉吃,岂得称为明主邪?又隋文帝深爱祥瑞，遣秘书监王劭着衣冠，在朝堂对考使焚香以读皇隋感瑞经〔二〕，旧尝见传说此事，实以为可笑。夫为人君，当须至公理天下，以得万国之欢心。昔尧、舜在上，百姓敬之如天地，爱之如父母。动作兴事，人皆乐之；发号施令，人皆悦之，此是大祥瑞也。自此后诸州所有祥瑞，并不用申奏。"〔三〕

【案】本章南家本、菅家本、写字台本为论祥瑞篇第三十八第一章（仅一章）。

校　注

〔一〕石勒，上党匈奴人。晋元帝时据襄国称帝，是为后赵。

〔二〕隋文帝好机祥小数，王劭言上受命符瑞甚众，又采歌谣、图谶、佛经文字，曲加诬饰，撰皇隋灵感志三十卷。上令宣示天下。劭集诸州朝集使，盥手焚香，闭目读之，曲折有声如歌咏。经旬朔始遍。上益喜，赏赐优洽。

〔三〕按通鉴，系贞观二年。又曰："尝有白鹊构巢于寝殿槐上，合欢如腰鼓，左右称贺。上曰：我尝笑隋炀帝好祥瑞，瑞在得贤，此何足贺？命毁其巢于野外。"

266〇贞观八年，陇右山崩，大蛇屡见，山东及江、淮多大水。太宗问侍臣，秘书监虞世南对曰："春秋时，梁山崩〔一〕，晋侯召伯宗而问焉〔二〕，对曰：'国主山川，故山崩川竭，君为之不举乐，降服乘缦〔三〕，祝币以礼焉。'梁山，晋所主也。晋侯从之，故得无害〔四〕。汉文帝元年，齐、楚地二十九山同日崩，大水出，令郡国无来献，施惠于天下，远近欢洽，亦不为灾。后汉灵帝时，青蛇见御坐。晋惠帝时，大蛇长三百步，见齐地，经市入朝中。案蛇宜在草野，而入市朝，所以为怪耳。今蛇见山泽，盖深山大泽必有龙蛇，亦不足怪。又山东足雨，虽则其常，然阴僣过久，恐有冤狱，宜断省系囚，庶或当天意。且妖不胜德，唯修德可以销变。"太宗以为然，因遣使者赈恤饥馁，申理狱讼，多所原宥。

【案】本章南家本、萱家本、写字台本为论灾异篇第三十九第一章。

校 注

〔一〕梁山，晋地。

〔二〕晋侯，景公，名孺。伯宗，晋大夫。

〔三〕谓乘车之无饰文者。

〔四〕事见左传成公五年。

267○贞观八年，有彗星见于南方〔一〕，长六尺，经百馀日乃灭。太宗谓侍臣曰："天见彗星，由朕之不德，政有亏失，是何妖也？"虞世南对曰："昔齐景公〔二〕时有彗星见，公问晏子〔三〕。晏子对曰：'公穿池沼畏不深，起台榭畏不高，行刑罚畏不重，是以天见彗星为公诫耳！'景公惧而修德，后十三日而星没。陛下若德政不修，虽麟凤数见，终是无益。

但使朝无阙政,百姓安乐,虽有灾变,何损于德?愿陛下勿以功高古人而自矜大,勿以太平渐久而自骄逸,若能慎终如始,彗星纵见,未足为忧!"太宗曰:"吾之理国,良无景公之过。但朕年十八便为经纶王业,北翦刘武周,西平薛举,东擒窦建德、王世充,二十四而天下定,二十九而居大位,四夷降服,海内乂安,自谓古来英雄拨乱之主无见及者,颇有自矜之意,此吾之过也。上天见变,良为是乎?秦始皇平六国,隋炀帝富有四海,既骄且逸,一朝而败,吾亦何得自骄也?言念于此,不觉惕惕而震惧!"魏徵进曰:"臣闻自古帝王未有无灾变者,但能修德,灾变自消。陛下因有天变,遂能诫惧,反覆思量,深自克责,虽有此变,必不为灾也。"

【案】本章南家本、萱家本、写字台本为论灾异篇第三十九第二章。

校　注

〔一〕彗星,妖星也,其状如篲。

〔二〕名杵臼。

〔三〕晏婴也。

268○贞观十一年,大雨,谷水溢,冲洛城门,入洛阳宫,平地五尺,毁宫寺十九,所漂七百馀家。太宗谓侍臣曰:"朕之不德,皇天降灾,将由视听弗明,刑罚失度,遂使阴阳舛谬,雨水乖常。矜物罪己,载怀忧惕,朕又何情独甘滋味?

可令尚食断肉〔一〕，进蔬食。文武百官各上封事，极言得失。"中书侍郎岑文本上封事曰：

臣闻开拨乱之业，其功既难；守已成之基，其道不易。故居安思危，所以定其业也；有始有卒，所以崇其基也。今虽亿兆乂安，边隅宁谧，既承丧乱之后，又接凋弊之馀，户口减损尚多，田畴垦辟犹少。覆焘之恩著矣，而疮痍未复；德教之风被矣，而资产屡空。是以古人譬之种树，年纪绵远，则枝叶扶疏；若种之日浅，根本未固，虽壅之以黑壤，暖之以春日，一人摇之，必致槁枯。今日之百姓，颇类于此。常加含养，则日就滋息；暂有征役，则随日凋耗。凋耗既甚，则人不聊生；人不聊生，则怨气充塞；怨气充塞，则离叛之心生矣。故帝舜曰"可爱非君，可畏非民"，孔安国曰"人以君为命，故可爱。君失道，人叛之，故可畏〔二〕"，仲尼曰"君犹舟也，人犹水也，水所以载舟，亦所以覆舟"，是以古人云"哲王虽休勿休，日慎一日"，良为此也。

伏惟陛下览古今之事，察安危之机，上以社稷为重，下以亿兆为念。明选举，慎赏罚，进贤才，退不肖。闻过既改，从谏如流。为善在于不疑，出令期于必信。颐神养性，省畋猎之娱；去奢从俭，减工役之费。务静方内，而不求辟土；载櫜弓矢〔三〕，而无忘武备。凡此数者，虽为国之恒道，陛下所常行。臣之愚昧，唯愿陛下思而不怠,则至道之美,与三、五比隆[四];亿载之祚,随天地长久。虽使桑谷为妖[五],龙蛇作孽[六],雉雊于鼎耳[七],石言于晋地[八],犹当转祸为福,变灾为祥,况雨水[九]之患,阴阳恒理,岂可谓天谴之而系圣心哉!臣闻古人有言:"农夫劳而君子养焉,愚者言而智者择焉[一〇]。"辄陈狂瞽,伏待斧钺。

太宗深纳其言。

【案】本章南家本、萱家本、写字台本为论灾异篇第三十九第三章。

校 注

〔一〕尚食,掌御膳之官。

〔二〕孔安国释虞书之辞。

〔三〕橐,藏也。

〔四〕三、五,三皇五帝也。

〔五〕史记商纪:亳为祥桑共生于朝,一暮大拱。帝大戊惧,问伊陟,伊陟曰:"臣闻妖不胜德,帝之政其有阙欤?帝其修德。"大戊从之,祥桑枯死而去。

〔六〕五行传曰:"皇之不极,是为不建。厥咎眊,厥极弱,时则有龙蛇之孽。"

〔七〕史记商纪:武丁祭成汤,明日有飞雉登鼎耳而呴,武丁惧,祖己曰:"王勿忧,先修政事。"武丁从之,殷道复兴。

〔八〕左传昭公八年春,石言于晋。

〔九〕雨水,一作水旱。

〔一〇〕养,当作"食",出文子。

论慎终第四十

【案】戈本无"论"字。元刻、明本、韩版八章。南家本、菅家本、写字台本七章,在卷八论赦令篇一章(272)。戈本移至卷六俭约篇一章(272),故戈注"凡七章"。

269○贞观五年,太宗谓侍臣曰:"自古帝王亦不能常化,假令内安,必有外扰。当今远夷率服,百谷丰稔,贼盗不作,内外宁静。此非朕一人之力,实由公等共相匡辅。然安不忘危,理不忘乱,虽知今日无事,亦须思其终始。常得如此,始是可贵。"魏徵对曰:"自古已来,元首、股肱不能备具,或时君称圣,臣即不贤;或遇贤臣,即无圣主。今陛下圣明,所以致理。向若直有贤臣,而君不思化,亦无所益。天下今虽太平,臣等犹恐未以为喜,惟愿陛下居安思危,孜孜不息耳!"

270○贞观六年,太宗谓侍臣曰:"自古人君为善者,多不能坚守其事。汉高祖,泗上一亭长耳,初能拯危诛暴,以成帝业,然更延十数年,纵逸之败,亦不可保。何以知之?孝惠为嫡嗣之重,温恭仁孝,而高帝惑于爱姬之子,欲行废立〔一〕。萧何、韩信,功业甚高,萧既妄系〔二〕,韩亦滥黜〔三〕。

自馀功臣,黥布之辈,惧而不安,以至反逆〔四〕。君臣父子之间悖谬若此,岂非难保之明验也?朕所以不敢恃天下之安,每思危亡之事以自戒惧,用保其终。"

校 注

〔一〕见师傅篇注。

〔二〕萧何,沛人,汉丞相,封鄷侯。尝为民请曰:"长安地狭,上林中多空地,愿令民得入田。"高祖怒曰:"相国多受贾人财物,为请吾苑。"乃下何廷尉,械系数日,因王卫尉之言赦出之。

〔三〕黜,当作诛。韩信,淮阴人,佐汉高祖取天下,封楚王。有告信欲反,高祖乃诈游云梦,缚信至洛阳,赦为淮阴侯。由此怨望,后复有言信反于吕后者,后令萧何绐信入,后使武士缚信斩之,夷信三族。

〔四〕黥布姓英名布,尝坐法黥。汉高祖封淮南王。及韩信、彭越之诛,阴聚兵候伺警急,中大夫贲赫诣长安告布反,高祖自将兵击之,遂杀布,灭之。

271〇贞观九年,太宗谓公卿曰:"朕端拱无为,四夷咸服,岂朕一人之所致,实赖诸公之力耳!当思善始令终,永固鸿业,子子孙孙,递相辅翼。使丰功厚利,施于来叶〔一〕,令数百年后读我国史,鸿勋茂业粲然可观,岂唯称隆周、盛汉及建武〔二〕、永平〔三〕故事而已哉?"房玄龄因进曰〔四〕:"臣观近古〔五〕拨乱之主皆年逾四十,唯汉光武〔六〕年三十三。岂如陛下年十八便事经纶〔七〕,年二十四遂平天下,年二十九升为天子,此则武胜于古也。少从戎旅,不暇读书,贞观以来,手不释卷,知风化之本,见政理之源。行之数年,天下大理,风移俗变,子孝臣忠,此又文过于古也。昔周、秦已降,戎狄内侵,今戎狄稽颡,皆为臣妾,此又怀远胜古也。此三者朕何德以堪之?既有此功业,何得不善始慎终邪!"

校　注

〔一〕"施于来叶",原无此四字,元刻同,据南家本、萱家本、写字台本、韩版、戈本补。

〔二〕光武年号。

〔三〕明帝年号。

〔四〕此下原有"陛下撝挹之志推功群下致理升平本关圣德臣下何力之有惟愿陛下有始有卒则天下永赖太宗又曰"四十一字,元刻、韩版、戈本同,据南家本、萱家本、写字台本删。

〔五〕"臣观近古",原作"朕观古先",元刻、韩版、戈本同,据南家本、萱家本、写字台本改。

〔六〕"汉光武",原作"光武",元刻、韩版、戈本同,据南家本、萱家本、写字台本补"汉"字。

〔七〕"岂如陛下年十八便事经纶",原作"但朕年十八便举兵",元刻、韩版、戈本同,据南家本、萱家本、写字台本改。〔案〕太宗既对公卿表示"岂朕一人之所致,实赖诸公之力耳",何以又炫耀自己"武胜于古"、"文过于古"、"怀远胜古"呢?且前一年已对"自谓古来英雄拨乱之主无见及者,颇有自矜之意"明确表示了"此吾之过也"(267),事隔一年怎么会再次自我炫耀？此话出自房玄龄更觉可信，当以南家本、营家本、写字台本为是，据而改之。

272○贞观十一年诏曰："朕闻死者终也，欲物之反真也；葬者藏也，欲令人之不得见也。上古垂风，未闻于封树；后圣贻则，始备于棺椁〔一〕。讥僭侈者，非不爱其厚费；美俭薄者，实亦贵其无危。是以唐尧，圣帝也，穀林有通树之说〔二〕；秦穆，明君也，橐泉无丘陇之处〔三〕。仲尼，孝子也，防墓不坟〔四〕；延陵，慈父也，嬴〔五〕、博可隐。斯皆怀无穷之虑，成独决之明，乃便体于九泉，非徇名于百代者。洎乎阖闾违礼，珠玉为凫雁〔六〕；始皇无度，水银为江海〔七〕。季孙擅鲁，敛以璠玙〔八〕；桓魋专宋，葬以石椁〔九〕。莫不因多藏以速祸，由有利而招辱。玄庐既发，致焚如于夜台〔一〇〕；黄肠再开，同暴骸于中野〔一一〕。详思曩事，岂不悲哉！由此观之，奢侈者可以为戒，节俭者可以为师矣。朕居四海之尊，承百王之弊，未明思化，中宵战惕。虽送往之典详诸仪制，失礼之禁著在刑书，而勋戚之家多流通于习俗，间阎之内或侈靡而伤风，以厚葬为奉终，以高坟为行孝，遂使衣衾棺椁，极雕刻之华；灵輀盟器，穷金玉之饰。富者越法度以相尚，贫者破资产而不逮。徒伤教义，无益泉壤，为害既深，宜为惩革。其王公已下，爰及黎庶，自今以后，送葬之具有不依令式者，仰州府县官明加检察，随状科罪。在京五品已上及勋戚家，仍录奏闻。"〔一二〕

【案】本章南家本、萱家本、写字台本为卷九论赦令篇第六章,戈本移为卷六俭约篇第五章。

校 注

〔一〕易大传曰:"古之葬者,厚衣之以薪,葬之中野,不封不树,丧期无数,后世圣人易之以棺椁。"

〔二〕吕氏春秋:"尧葬榖林,通树之。"

〔三〕秦穆公名任好。史记注:"穆公葬雍州橐泉宫祈年观下。"

〔四〕孔子合葬亲于防,曰:"吾闻古也墓而不坟。"

〔五〕"嬴",原作"蠃",据南家本、萱家本、写字台本、元刻、韩版、戈本改。吴延陵季子名札,适齐而返,其子死,葬于嬴、博之间,不归乡里。

〔六〕阖闾,吴王名。葬虎丘山下,发士十万人治葬,穿土为川,积壤为丘,铜棺三重,顶池六尺,以黄金珠玉为凫雁。

〔七〕"始皇",原作"始秦",据南家本、萱家本、写字台本、元刻、韩版、戈本改。秦始皇葬于骊山,吏徒数十万,旷日十年,合采金石,被以珠玉,水银为江海,人膏为灯烛。

〔八〕季孙,鲁大夫季平子也。左传定公五年:"季平子行东野,还,未至,卒于房。阳虎将以玙璠敛,仲梁怀弗与,曰:"改步改玉。"阳虎欲逐之,告公山不狃,不狃曰:"彼为君也,子何怨焉!"

〔九〕桓魋,宋向戌之孙,为司马。礼记:子游曰:"昔者夫子居于宋,见桓司马自造石椁,三年而不成。夫子曰:若是其靡也,死不如速朽之愈也。"

〔一〇〕玄庐、夜台,墓之别名也。

〔一〕汉梁商薨,赐以东园朱寿之器,银镂黄肠。注云:"器,棺也。以朱饰之,以银镂之,以柏木黄心为椁,曰黄肠也。"

〔二〕旧本此章在慎终篇,今附入此。〔案〕指卷六俭约篇。

273○贞观十二年,太宗谓侍臣曰:"朕读书见前王善事,皆力行不怠,其所任用公辈数人,诚以为贤,然致理比于三、五之代,犹为不逮,何也?"魏徵对曰:"今四夷宾服,天下无事,诚旷古所未有也。然自古帝王初即位者,皆欲励精为政,比迹于尧、舜。及其安乐也,则骄奢放逸,莫能终其善。人臣初见任用者,皆欲匡主济时,追踪于稷、契。及其富贵也,则思苟全官爵,莫能尽其忠节。若使君臣常无懈怠,各保其终,则天下无忧不理,自可超迈前古也。"太宗曰:"诚如卿言。"

274○贞观十三年,魏徵恐太宗不能克终俭约,近岁颇好奢纵,上疏谏曰:

臣观自古帝王受图定鼎,皆欲传之万代,贻厥孙谋。故其垂拱岩廊,布政天下,其语道也,必先淳朴抑浮华;其论人也,必贵忠良鄙邪佞;言制度也,则绝奢靡而崇俭约;谈物产也,则重谷帛而贱珍奇。然受命之初,皆遵之以成治;稍安之后,多反之而败俗。其故何哉?岂不以居万乘之尊,有四海之富,出言而莫己逆,所为而人必从,公道溺于私情,礼节亏于嗜欲故也？语曰："非知之难，行之惟难；非行之难，终之斯难。"所言信矣。

伏惟陛下，年甫弱冠，大拯横流，削平区宇，肇开帝业。贞观之初，时方克壮，抑损嗜欲，躬行节俭，内外康宁，遂臻至治。论功则汤、武不足方，语德则尧、舜未为远。臣自擢居左右，十有馀年，每侍[一]帷幄，屡奉明旨。常许仁义之道，守之而不失；俭约之志，终始不渝。一言兴邦，斯之谓也。德音在耳，敢忘之乎？而顷年以来，稍乖曩志，敦朴之理，渐不克终。谨以所闻，列之如左：

陛下贞观之初，无为无欲，清静之化，远被遐荒。考之于今，其风渐坠，听言则远超于上圣，论事则未逾于中主。何以言之？汉文、晋武，俱非上哲，汉文辞千里之马[二]，晋武焚雉头之裘[三]。今则求骏马于万里，市珍奇于域外，取怪于道路，见轻于戎狄，此其渐不克终一也。

昔子贡问理人于孔子，孔子曰："懔乎若朽索之驭六马。"子贡曰："何其畏哉？"子曰："不以道导之，则吾仇也，若何其无畏[四]？"故书曰："人惟邦本，本固邦宁。""为人上者，奈何不敬[五]？"陛下贞观之始，视人如伤，恤其勤劳，爱之如子，每存简约，无所营为。顷年已来，意在奢纵，忽忘卑俭，轻用人力，乃云"百姓无事则骄逸，劳役则易使。"自古以来，未有由百姓逸乐而致倾败者也,何有逆畏其骄逸而故欲劳役之哉?恐非兴邦之至言,岂安人之长算?此其渐不克终二也。

陛下贞观之初,损己以利物,至于今者,纵欲以劳人。卑俭之迹岁改,骄侈之情日异。虽忧人之言不绝于口,而乐身之事实切于心。或时有所营,虑人致谏,乃云"若不为此,不便我身。"人臣之情,何可复争?此直意在杜谏者之口,岂曰择善而行者乎?此其渐不克终三也。

立身成败,在于所染。兰芷鲍鱼〔六〕,与之俱化。慎乎所习,不可不思。陛下贞观之初,砥砺名节,不私于物,唯善是与,亲爱君子,疏斥小人。今则不然,轻亵小人,礼重君子。重君子也,敬而远之;轻小人也,狎而近之。近之则不见其非,远之则莫知其是。莫知其是,则不间而自疏;不见其非,则有时而自昵。昵近小人,非致理之道;疏远君子,岂兴邦之义?此其渐不克终四也。

书曰:"不作无益害有益,功乃成;不贵异物贱用物,人乃足。犬马非其土性不畜,珍禽奇兽弗育于国〔七〕。"陛下贞观之初,动遵尧、舜,捐金抵璧,反朴还淳。顷年以来,好尚奇异,难得之货,无远不臻;珍玩之作,无时而至。上好奢靡而望下敦朴,未之有也〔八〕;末作滋兴而求农人丰实,其不可得,亦已明矣。此渐不克终五也。

贞观之初，求贤如渴，善人所举，信而任之，取其所长，恐其不及。近岁以来，由心好恶，或众善举而用之，或一人毁而弃之，或积年信而任之，或一朝疑而远之。夫行有素履，事有成迹，所毁之人，未必可信于所举；积年之行，不应顿失于一朝。且君子之怀，蹈仁义而弘大德；小人之性，好谗佞以为身谋。陛下不审察其根源，而轻为之臧否，是使守道者日疏，干求者日进，所以人思苟免，莫能尽力，此其渐不克终六也。

陛下初登大位，高居深视，事惟清静，心无嗜欲，内除毕弋之物〔九〕，外绝畋猎之源。数载之后，不能固志，虽无十旬之逸〔一〇〕，或过三驱之礼，遂使盘游之娱见讥于百姓，鹰犬之贡远及于四夷。或时教习之处，道路遥远，侵晨而出，入夜方还，以驰骋为欢，莫虑不虞之变、事之不测，其可救乎？此其渐不克终七也。

孔子曰："君使臣以礼，臣事君以忠〔一一〕。"然则君之待臣，义不可薄。陛下初践大位，敬以接下，君恩下流，臣情上达，咸思竭力，心无所隐。顷年已来，多所忽略。或外官充使，奏事入朝，思睹阙庭，将陈所见，欲言则颜色不接，欲请又恩礼不加。间因所短，诘其细过，虽有聪辩之略，莫能申其忠款，而望上下同心，君臣交泰，不亦难乎？此其渐不克终八也。

傲不可长，欲不可纵，乐不可极，志不可满〔一二〕。四者，前王所以致福〔一三〕，通贤以为深诫。陛下贞观之初，孜孜理化，屈己从人，恒若不足。顷年已来，微有矜放，恃功业之大，意蔑前王；负圣智之明，心轻当代，此傲之长也。欲有所为，皆取遂意，纵或抑情从谏，终是不能忘怀，此欲之纵也。志在嬉游，情无厌倦，虽不全妨政事，不复专心治道，此乐将极也。率土乂安，四夷款服，仍远劳士马，问罪遐裔，此志将满也。亲狎者阿旨而不肯言，疏远者畏威而莫敢谏，积而不已，将亏圣德，此其渐不克终九也。

昔尧舜、成汤之时非无灾患，而称其圣德者，以其有始有终，无为无欲，遇灾则极其忧勤，时安则不骄不逸故也。贞观之初，频年霜旱，畿内户口并就关外，携负老幼，来往数千，曾无一户逃亡，一人怨苦，此诚由识陛下矜育之怀，所以至死无携贰。顷年已来，疲于徭役，关中之人，劳弊尤甚。杂匠之徒，下日悉留和雇；正兵之辈，上番多别驱使。和市之物不绝于乡间，递送之夫相继于道路〔一四〕。既有所弊，易为惊扰，脱因水旱，谷麦不收，恐百姓之心不能如前日之宁帖，此其渐不克终十也。

臣闻祸福无门，唯人所召，人无衅焉，妖不妄作。伏惟陛下统天御寓十有三年，道洽寰中，威加海外，年谷丰稔，礼教聿兴，比屋逾于可封，菽麦同于水火。暨乎今岁，天灾流行，炎气致旱，乃远被于郡国；凶丑作孽，忽近起于毂下。夫天何言哉？垂象示诫，斯诚陛下惊惧之辰,忧勤之日也。若见诫而惧,择善而从,同周文之小心,追殷汤之罪己,前王所以致治者,勤而行之;今时所以败德者,思而改之。与物更新,易人视听,则宝祚无疆,普天幸甚,何祸败之有乎?然则社稷安危,国家理乱,在于一人而已。当今太平之基,既崇极天之峻;九仞之积,犹亏一篑〔一五〕之功。千载休期,时难再得,明主可为而不为,微臣所以郁结而长叹者也。

　　臣诚愚鄙,不达事机,略举所见十条,辄以上闻圣听。伏愿陛下采臣狂瞽之言,参以刍荛之议,冀千虑一得,衮职有补〔一六〕,则死日生年,甘从斧钺。

疏奏,太宗谓徵曰:"人臣事主,顺旨甚易,忤情尤难。公作朕耳目股肱,常论思献纳。朕今闻过能改,庶几克终善事。若违此言,更何颜与公相见?复欲何方以理天下?自得公疏,反覆研寻,深觉词强理直,遂列为屏障,朝夕瞻仰。又录付史司,冀千载之下,识君臣之义。"乃赐徵黄金十斤,厩马二匹。〔一七〕

【案】本章自"不应顿失于一朝"至章末,原据戈本配补,现改用日本静嘉堂文库藏明初刊本配补。

校　注

〔一〕"每侍",原作"每恃",元刻同,据南家本、萱家本、写字台本、韩版、戈本改。

〔二〕汉文帝时,有献千里马者,诏还其马,与道里费。

〔三〕晋武帝时,太医司马程据献雉头裘,帝以奇技异服,典礼所禁,焚之于殿前。

〔四〕家语之辞。

〔五〕书五子之歌。

〔六〕家语之辞。

〔七〕周书旅獒之辞。

〔八〕"未之有也",原无此四字,据南家本、萱家本、戈本补。

〔九〕毕,网也。弋,以生丝系矢而射也。

〔一〇〕夏书:"太康盘游无度,畋于有洛之表,十旬弗反。"

〔一一〕孔子对鲁定公之辞。

〔一二〕礼曲礼篇之辞。

〔一三〕"致福",原作"致祸",韩版同,据南家本、萱家本、写字台本、元刻、戈本改。

〔一四〕"递送之夫相继于道路",原作"递送之步不绝于道路",元刻同,韩版作"递送之步相继于道路",据南家本、萱家本、写字台本、戈本改。

〔一五〕书曰:"为山九仞,功亏一篑。"言中道而止,则前功尽弃也。

〔一六〕诗大雅烝民之篇曰:"衮职有阙,维仲山甫补之。"

〔一七〕按史传:十三年,阿史那结社率作乱,云阳石燃,自冬至五月不雨,故徵上此疏。

275○贞观十四年,太宗谓侍臣曰:"平定天下,朕虽有其事。守之失图,功业亦复难保。秦始皇初亦平六国,据有四海,及末年不能善守,实可为诫。公等宜念公忘私,则荣名高位,可以克终其美。"魏徵对曰:"臣闻之,战胜易,守胜难。陛下深思远虑,安不忘危,功业既彰,德教复洽,恒以此为政,宗社无由倾败矣。"

【案】本章原据戈本配补,现改用日本静嘉堂文库藏明初刊本配补。

276○贞观十六年,太宗问魏徵曰:"观近古帝王,有传位十代者,有一代两代者,亦有身得身失者。朕所以常怀忧惧,或恐抚养生民不得其所,或恐心生骄逸,喜怒过度,然不能自知。卿可为朕言之,当以为楷则。"徵对曰:"嗜欲喜怒之情,贤愚皆同。贤者能节之,不使过度。愚者纵之,多至失所。陛下圣德玄远,居安思危,岂同常情〔一〕。然伏愿陛下常能自制,以保克终之美,则万代永赖。"

【案】本章原据戈本配补,现改用日本静嘉堂文库藏明初刊本配补。

校 注

〔一〕"岂同常情",原无此四字,元刻、韩版、戈本同,据南家本、萱家本、写字台本补。

写字台本贞观政要卷第四

史臣吴兢撰

辅弼第九　直言谏诤第十　兴废第十一　求媚第十二

【案】写字台本卷第四,篇目与各本不同,特附于此。辅弼篇四章,直言谏争篇十三章,兴废篇三章,求媚篇一章,总四篇二十一章。元刻、明本、韩版、戈本卷二纳谏篇直谏附十五章中有二章与辅弼篇同,有十章与直言谏争篇同。直言谏争篇第二章(277)、第三章(278),兴废篇三章(279、280、281),为各本所无。

辅弼第九

贞观初,太宗引虞世南为上客。因开文学馆,中号为多士,咸推世南为文学之宗,授记室,与房玄龄对掌文翰。尝命列女传以装屏风,于时无本,世南暗书之,一无遗失。累拜秘书监。太宗重其博物,每机务之隙,独引世南与之谈论之,共观史籍。论及古先帝王为政得失,每存讽谏,多所补益。又尝上疏曰:"臣闻冬狝秋狩,盖惟恒典。射隼从禽,备乎前诰。伏惟陛下,因听览之馀辰,顺天道以煞伐,将欲摧斑碎掌,亲御皮轩,穷猛兽之窟穴,尽逸材于林薮。夷凶剪暴,以卫黎元,收革擢羽,用充军器,举旗效获,式遵前古。然黄屋之尊,金舆之贵,八方之所仰德,万国之所系心,清道而行,犹诫衔橛,斯盖重慎防微,为社稷也。是以马卿直谏于前,张昭变色于后,臣诚微物,敢忘斯义?且矢弧星罩,所殪已多,颁禽赐获,皇恩亦传。伏惟时息猎车,且韬长戟,不拒刍荛之请,降纳涓浍之流,祖褐徒搏,任之群下,则贻范百王,永光万代。"其纳忠宥犯,多此类也,太宗以是益亲礼之。年老乞致仕,许之,学士如故。及高祖晏驾,太宗执丧过礼,哀容毁悴,久替万机,百僚文武,计无所出。世南因入进谏,具陈安危祸福,宽譬哀情。后复封事进谏,太宗甚嘉纳之。尝临朝称世南一人遂兼五绝:一曰博闻,二曰德行,三曰书翰,四曰词藻,五曰忠直。有一于此,足谓名臣也,而世南兼之,宁非绝类也。寻卒,太宗悼之。举哀于别次,哭之甚恸。哀事官给,赐以东园秘器。手敕魏王泰曰:"世南于我,犹一体也。拾遗补阙,无日暂忘,实当代名臣,人伦准的也。吾有小善,必顺而成之;吾有小失,必犯颜而谏之。今其云亡,石渠、东观之中,无复人矣,痛惜岂可言邪!"未几,太宗为诗一篇,追思往古治乱之道,既而叹曰:"锺子期死,伯牙不复鼓琴。朕之此篇,将何所示?"因令起居郎褚遂良诣其灵帐读讫而焚之,其见重也如此。

【案】本章事,南家本、萱家本、元刻、明本、韩版、戈本在卷二任贤篇(30)。上疏谏畋猎,在卷十论畋猎篇(261)。

贞观四年,太宗论隋日禁囚。魏徵对曰:"臣往在隋朝,曾闻有盗发处,炀帝令於士澄捕逐。但有疑似,苦加拷掠,枉成贼者二千馀人,并令同日斩决。大理丞张元济怪之,试寻其状,乃有六七人盗发之日先禁他所,被放才出,亦遭推勘,不胜苦痛,自诬行盗。元济因此更事究寻,二千人内唯九人逗留不明。官人有谙识者,就九人内四人非贼。有司以炀帝已令斩决,遂不执奏,并皆煞之。"太宗曰:"非直炀帝无道,臣下亦不尽心。须匡谏,不避诛戮,岂得唯行谄佞,苟求悦誉。君臣如此,何能不败?朕赖公等共相辅助,遂得囹圄空虚,愿公等善始令终,恒如今日!"

【案】本章南家本、萱家本无,元刻、明本、韩版、戈本在卷三论君臣鉴戒篇(69)。

贞观五年,隋通事舍人郑仁基女年十六七,容色姝丽,妙绝当时。文德皇后访求得之,请备嫔御,太宗乃聘为元华。诏书已出,策使将发。魏徵闻其父康曰已许嫁陆氏,遽进而言曰:"陛下为民父母,子爱万姓,当忧其所忧,乐其所乐。自古有道之主,以百姓之心为心,故君处台榭,则欲民有栋宇之安;食膏粱,则欲民无饥寒之患;顾嫔御,则欲民有室家之欢。此人主之常道。今郑氏之女已许人，陛下取之不疑，无所顾问，播之四海，岂为民父母之义乎？臣传闻所许或未指的，然恐亏损盛德，情不敢隐。君举必书，所愿特留神虑。"太宗闻之大惊，乃手诏答之，深自克责，遂停策使，即令女还旧夫。左仆射房玄龄、中书令温彦博、礼部尚书王珪、御史大夫韦挺等内外朝臣咸云："许适陆氏，无显然之状，大礼既行，不可中止。"陆氏又抗表云："其父康曰，与郑家还往，时相赠遗资财，初无婚姻交接。亲戚并云。外人不知，妄有此语。"大臣又皆欢进，太宗于是颇以为疑，问魏徵曰："群臣或可顺旨，陆氏何为过理分疏？"徵曰："以臣度之，其意可识，将以陛下同于太上皇。"太宗曰："何也？"徵曰："太上皇初平原城，得辛处俭妇，有稍蒙宠遇。处俭时为太子舍人，太上闻之不悦，遂令东宫出为万泉县令，每怀战惧，常恐不全首领。陆爽以为陛下今虽容纳，阴加谴责，所以反覆自陈，意在于此，不足为怪。"太宗笑曰："外人意见，或当如此。然则朕之所言，未能使人必信。"乃出敕曰："今闻郑氏之女，先以受人礼聘，前出文书之日，事不详审，此乃朕之不是，亦有司之过。授元华者宜停。"闻之者莫不称圣明主焉。

【案】本章南家本、菅家本无，元刻、明本、韩版、戈本在卷二直谏附篇(52)。

贞观十年，太宗谓侍臣曰："太子大保，古难其选。成王幼小，以周、邵为保傅，左右皆贤，足以长仁，理致太平，称为圣主。及秦之胡亥，始皇所爱，赵高作傅，教以刑法。及其篡也，诛功臣、煞亲戚，酷烈不已，旋踵亦亡。以此而言，人之善恶，诚由近习。朕弱冠交游，唯柴绍、窦诞等，为人既非三益。及朕居兹宝位，经理天下，虽不及尧、禹之明，庶免乎孙皓、高纬之暴。以此而言，复不由染，何也？"魏徵进言曰："中人可与为善，可与为恶，然上智之人自无所染。陛下受命自元，平定寇乱，救万民之命，致理升平，岂绍、诞之徒能累圣德？但传曰：'放郑声，远佞人。'近习之间，尤可深慎。"太宗称善。

【案】本章南家本、营家本无，元刻、明本、韩版在卷二直谏附篇（53），戈本为卷六杜逸邪篇第三章。

直言谏争第十

贞观三年，有诏关中免二年租调，关东给复一年。寻有敕：已役已纳，并遣输纳了，明年总为准折。给事中魏徵上书谏曰："臣伏见八月九日诏书，率土皆给复一年，老幼相欢，或歌且儛。又闻有敕，丁已配役，即令役满折造，馀物亦遣输了，待至明年总为准折。道路之人，咸失所望。此诚平分万姓，均同七子。但下民难与图始，日用不知，皆以国家追悔前言，二三其德。臣窃闻，天之所辅者信，故得原失信，古人不取。今陛下初膺大宝，亿兆观德。始发大号,便有二言。生八表之疑心,失四时之大信。纵国家有倒悬之急,犹必不可,况以太山之安,而辄行此事!为愿少览臣言,详择利害,冒昧之罪,臣所甘心。"

简点使出。右仆射封德彝等,并欲中男十八已上取入军。敕三四出,徵执奏以为不可。德彝重奏:"今见简点使公,次男内大有壮者。"太宗怒,乃出敕:"中男已上,虽未十八,身形壮大亦取。"徵又不从,不肯署敕。太宗召徵及王珪,作色而待之,曰:"中男若实大,是其诈忘,依式点取,于理何嫌?君过作如此固执,朕不解公意!"徵正色曰:"臣闻竭泽而渔,非不得鱼,明年无鱼。焚林而畋,非不获兽,明年无兽。若次男已上尽点入军,租赋杂徭,将何取给?且比来国家卫士不堪攻战,岂为其少,但为礼遇失所,遂使人无战心。若多点取,人还充杂使,其数虽多,终是无用。若精简壮健,遇之以礼,人百其勇,何必在多?陛下每云,'我之为君,以诚信待物,欲使官人百姓,并无矫伪之心。'自登极已来,大事三数,皆是不信,复何以取信于人?"太宗愕然曰:"所云不信,是何等也?"徵曰:"陛下初即位,诏书'逋租宿债,欠负官物,并悉原免。'即命所司,列为事条,秦府国司,亦非官物。陛下自秦王为天子,国司不为官物,其馀官物复何所有?又关中免二年租调,关外给复一年。百姓蒙恩,无不忻悦。更有敕云:'今年白丁已多役讫,若从此放免,便是虚荷国恩,若已折已输,并令总纳使了,所免者皆以来年为始。'散还之后,方便征收,百姓之心,不能无怪。已征得物,便点入军,来年为始,何所取信?又共理所寄,唯县刺史。年常兒阅,并悉委之。至于简点,即疑其诈伪,望下诚信,不亦难乎?"太宗曰:"我见君固执不已,疑君蔽于此事。令论国家信,乃是通于人情。我等不思,过亦甚矣。行事往往如此错,天下若为致理?"乃停取中男,赐徵金瓮一口,赐王珪绢五十匹。

【案】本章南家本、菅家本无,元刻、明本、韩版在卷二直谏附篇(54、55),戈本为卷二直谏附篇第二章。

277● 贞观三年,太宗谓侍臣曰:"义宁之初,国家虽有关中,王充、李密,若据一隅。当此之日,诸君所事之主,谁优谁劣?"戴冑奏称:"王充言议分明,繁而宣要。为理但求一时之利,不甚思其后图。"魏徵对曰:"李密智计英拔,而器局褊小。"

【案】本章南家本、菅家本、元刻、明本、韩版、戈本无。

278● 贞观三年,太宗谓侍臣曰:"为君极难,若法急恐滥善人,法宽即不肃奸宄。宽猛之间,若为折衷?"魏徵奏称曰:"自古为理,因时设教。若人情似急,则济之以宽;若有宽慢,则纠之以猛。时既不恒,法令无定。"太宗又曰:"朕常思数种事。自古但有天下者,皆欲子孙万世,理道过于尧、舜。及其所行,即与尧、舜相反。如秦始皇亦是英雄之主,平定六国之已后,才免其身,至子便失其国。桀、纣、幽、厉,亦皆丧己。朕为此不得不诫惧。且天下百姓,倾目侧耳,唯看朕一人善恶,岂得不思量?"魏徵奏称:"自古以来,人君为难,只为出言即成善恶。若人君出言欲闻己过,其国即兴;若出言令人从己志,其国即丧。古人云'一言可以兴邦,一言可以丧行',正当为此。但天下人皆日进于陛下,以荣其身。若正人即欲以正道自进,佞人则以邪道自媚。工巧者则进奇巧、异器,好鹰犬者即欲劝令田游。所欲自进者,不觉为非,皆言己是。陛下守正道,则奸人不能自效。如开其路,则邪佞欲遂其心。"太宗曰:"此事诚如卿所言。"

【案】本章南家本、萱家本、元刻、明本、韩版、戈本无。

贞观四年,太宗每从容论自古理正得失,因曰:"当今大乱之后,造次不可致理。"给事中魏徵曰:"不然,凡人居安乐则骄溢,骄溢则思乱,思乱则难理。在危困则忧死亡,忧死亡则思理,思理则易教化。然则乱后易教,犹饥人易食也。"太宗曰:"善人为邦百年,然后胜残去煞。大乱之后将求致理,宁可造次而望乎?"徵曰:"此据常人,在不圣哲。施化,上下同心,民应如响,不疾而速,期月而可,信不为难。三年成功,犹谓其晚。"太宗深纳其言。封德彝等咸共非之曰:"三代以后,民渐浇讹,故秦任法律,汉杂霸道,皆欲理而不能,岂能理而不欲?魏徵书生,不识时务。若信其虚伪论,必败乱国家。"徵曰:"五帝、三王,不易民而理。行帝道则帝,行王道则王,在于当时所以化之而已。考之载籍,可得而知。昔黄帝与蚩尤七十馀战,其乱甚矣,既胜之后,便致太平。九黎乱德,颛顼征之,既克之后,不失其理。桀为乱虐,而汤放之,在汤之世即致太平。纣为无道,武王征之,成王之世亦致太平。若言民渐浇讹,不及纯朴,至今应悉为鬼魅魍魉,宁可复得而教化耶?"封德彝等无以难之,然咸以为不可。

太宗力行不倦,三数年间,契丹、靺鞨,并皆内附,突厥破灭,部落列为编户。太宗每谓群臣曰:"贞观之初,人皆异论,云当今必不可行帝王道,唯魏徵劝我不已。朕从其言,不过数载,遂得华夏宁安,远戎宾服。突厥万代以来常为勍敌,今头首并带刀宿卫,部落皆袭衣冠,使我不动干戈,数年之间遂至于此,皆魏徵之力也。"又顾谓徵曰:"玉虽有美质在石间,不值良工琢磨,与瓦砾不别。若遇良工,即为万代之宝。朕虽无美质为君所切瑳,约朕以仁义,弘朕以道德,使朕以功业至此,君亦足为良工。唯恨不得使封德彝见之。"徵再拜谢曰:"匈奴破灭,海内康宁,自是陛下盛德所加,实非群下之力。臣但喜身逢明世,不敢贪天之功。"太宗曰:"朕能任卿称所委,其功独在朕乎,卿何烦饰让?"

【案】本章南家本、萱家本、元刻、明本、韩版、戈本在卷一论政体篇(14)。

贞观五年,治书权万纪、侍御史李仁发,俱以告诉谮数家引见,遂任心弹射,肆其欺罔,令在上震怒,臣下无以自安。外内知其不可而莫能论争。给事中魏徵正色奏之曰:"权万纪、李仁发并是小人,不识本体,以谮毁为忠,以告诉为直,凡所弹射,皆非有罪。陛下掩其所短,收其一功,乃骋其奸计,赞下用上,多行无礼,以取强直之名。诬玄龄、斥退张高,无所肃厉,徒损圣明。道路之人,皆有谤议。臣伏度圣心,必不以其谋虑深长,可委以栋梁之任,将以其无所避忌,欲以警励群臣。若任使因邪,犹不可以小谋大,群臣素无矫伪,空使上下离心。玄龄、张高之徒,犹不可申其枉直,其馀疏贱,孰能免其欲诬?伏愿陛下留神再思,自驱使二人以来,有一事弘益,臣即甘心斧钺,受不忠之罪。陛下纵未能举善以嵩德,岂可进奸而自损乎?"太宗欣然纳之,赐绢五百匹。其万纪等入奸状渐露,仁发解点,万纪贬连司马,朝廷相庆焉。

【案】本章南家本、萱家本无,元刻、明本、韩版在卷二直谏附篇(56),戈本为其第三章。"张高",当为"张亮"。

贞观六年,有人告尚书右丞徵,言其阿党亲戚者。太宗使御史大夫温彦博案验其事,乃告者不直。彦博奏称,魏徵既为人臣,须存形迹。不能远避嫌疑,为人所道,虽情在无私,亦可有责。遂令彦博谓徵曰:"尔谏正我凡数百条,岂以小事便损众义之美。然自今以后,不得不存形迹。"居数日,太宗问徵曰:"昨来在外,闻有何不是事?"徵正色曰:"前日令彦博宣敕语臣:'玄何因不作形迹?'此言大不是。臣闻君臣叶契,义同一体。未闻不存公道,唯事形迹。若君臣上下同遵此路,则邦国之兴丧或未可知。"太宗矍然改容曰:"前发此语,寻以悔之,实大不是,公亦不得因此事遂怀隐避。"徵乃拜而言曰:"臣以身许国,直道而行,必不敢有所欺负。但愿陛下使臣为良臣,勿使臣为忠臣。"太宗曰:"忠、良有异乎?"徵曰:"良臣,稷、契、咎繇是也。忠臣,龙逢、比干是也。良臣使身获美名,君受显号,子孙传世,福禄无疆。忠臣身受诛夷,君陷大恶,国家并丧,独有其名。以此而言,相去远矣。"太宗曰:"君但莫违此言,我必不忘社稷之计。"乃赐绢三百匹。

【案】本章南家本、菅家本无,元刻、明本、韩版在卷二直谏附篇(57),戈本为其第四章。

贞观七年,蜀王妃父杨誉在省竞婢,都官郎中薛仁方留身勘问,未及与夺。其子为千牛,于殿庭陈诉云:"五品已上非反逆不合留身。以是国亲,故生节目,不肯断决,淹历岁年。"太宗闻之大怒曰:"知是我之亲戚,故作如此艰难。"即令杖仁方一百,解所任官。侍中魏徵曰:"城狐社鼠，皆是微物，为其有冯恃，故除之不易。况外戚、公主，旧号难理，汉、晋以来，莫能禁制。武德之中，或多奸纵，陛下登极，方始肃然。仁方既是职司，能为国制家守法，岂可横加严罚，以成外戚之私乎！此源一开，万端争起，后必悔之，将无所及。自古能禁断此事，唯陛下一人而已。备豫不虞，为国之道，岂可以水横流，便欲自毁堤防？臣窃思度，未见其可。"太宗曰："诚如公语，向者不思。然仁方辄禁不言，颇是专擅，虽不合重罪，亦宜少加惩肃。"乃令杖少而严之。

【案】本章南家本、萱家本无，元刻、明本、韩版在卷二直谏附篇（59），戈本为其第六章。

贞观八年，左仆射房玄龄、右仆射高士廉于路逢少府监窦德素，问北门近来更有何营造。德素以闻，太宗乃谓玄龄等曰："君但知南牙事，我北门少有营造，何预君事？"玄龄等拜谢。魏徵进言曰："臣不解陛下责意，亦不解玄龄、士廉拜谢意。玄龄既任大臣，即陛下股肱耳目，有所营造，何容不知？责其访问官司，臣所不解。且所为有利害，役功有多少，陛下所为若是，当助陛下成之；所为不是，虽已营造，当奏陛下罢之。此乃君使臣、臣事君之道。玄龄等问既无罪，而陛下责之；玄龄等不识所守，但知拜谢，臣亦不解。"太宗深愧之。

【案】本章南家本、萱家本无,元刻、明本、韩版在卷二直谏附篇(60),戈本为其第七章。

贞观八年,先是桂州都督李弘节以清慎闻,及身殁后,其家卖珠。太宗闻之,乃宣于朝曰:"此人生平宰相皆言其清,今日既然,所举者岂得无过?必当深理之,不可舍也。"侍中魏徵承闻言曰:"陛下生平言此人浊,未见授财之所。今闻其卖珠,将罪举者,臣不知所谓。自圣朝以来,为国尽忠,清贞守,终始不渝者,屈突通、张道源而已。通子三人,未有一匹羸马。道源儿子不能存立,未见一言及之。今弘节为国立功,前后大蒙赏赉,居官终殁,不言贫贱,妻子卖珠,未为有罪。审其清者,无所存问,疑其浊者,旁责举人,虽云疾恶情深,实亦好善不笃。臣窃思度,未见其可,恐有识闻之,必生横议,伏愿留心再思。"太宗抚掌曰:"造次不思,遂有此语,方知谈不容易,并勿问之。其屈突通、张道源儿子,宜各与一人官。"

【案】本章南家本、萱家本无,元刻、明本、韩版在卷二直谏附篇(61),戈本为卷五忠义篇第六章。

贞观九年,有北蕃归朝人奏称:"突厥内大雪,人饥,羊马并死。中国人在彼者皆入山作贼,人情大恶。"太宗谓侍臣曰:"观古来人君,行仁义、任贤良则理;暴乱、任小人败。突厥所信任者,并共公等见之,略无忠正者。颉利复不忧百姓，恣情所为，朕以人事观之，亦可久？"魏徵进曰："昔魏文侯问里克，诸侯谁先亡？克曰：'吴先亡。'文侯曰：'何故？''数战数胜，数战则民疲，数胜则主骄。以骄驭疲民，不亡何待？'颉利逢隋末中国丧乱，遂恃众内侵，今尚不息，此必亡之道。"太宗深然之。

【案】本章南家本、萱家本无，元刻、明本、韩版在卷二直谏附篇（62），戈本为卷八辩兴亡篇第四章。

贞观十年，越王，长孙皇后所生，太子介弟，聪敏绝伦，太宗特所宠异。贵要有数言，三品已上皆轻蔑王者，意在谮毁侍中魏徵等，以激怒太宗。太宗御齐政殿，引三品已上入，坐定，大怒作色而言曰："我有一言向公等道，往前天子是天子，今时天子非天子耶？往前天子儿是天子儿，今日天子儿非天子儿耶？我见隋家诸王，达官一品已下，皆不免被其踬顿。我之儿子，自不许其纵横，公等何容过得共相轻蔑？我若纵之，岂不能踬顿公等！"房玄龄等战栗起，皆拜谢。魏徵正色而谏曰："当今群臣，必无敢轻越王者。然在礼，臣、子一列。传称，王人虽微，列于诸侯之上。诸侯用之为公即是公，用之为卿即是卿。若不为公卿，即下士之诸侯也。今三品已上列为公卿，并天子大臣，陛下所加礼敬异。纵其小有不是，越王何容轻加折辱？若国家纲纪废坏，臣所不知。以当今圣明之时，越王岂得如此。且隋高祖不知礼义，宠树诸王，使行无礼，寻家罪黜，不知为国礼法,亦何足道!"太宗闻其言,喜形于色,谓群臣曰:"凡人言语到,不可不服。朕之所言,当身私爱。魏徵所道,国家礼法。朕向者忿怒,自谓理在不疑。更见魏徵所论,始觉大非道理。为人君言,何可容易!"召房玄龄等切责之,赐魏徵绢一千匹。

【案】本章南家本、菅家本无,元刻、明本、韩版在卷二<u>直谏附</u>篇(63),戈本为其第八章。

贞观十一年,太宗谓侍臣曰:"朕昨往怀州,有上封事者云:'何为恒羡山东众丁于苑内营造?即曰徭役,似不可隋时。怀、洛以来凋残,人不堪命,而畋猎尤数,骄逸之主也。今者复来怀州游畋,恐不得复至洛阳矣。'夫四时蒐田,既是帝王常礼,今者怀州,秋毫不干于百姓。凡上书谏争,自有常礼。臣贵有辞,主贵能改。如斯诋毁,有似咒诅。"侍中魏徵奏称:"国家开直言之路,所以上封事者极多。陛下观自披阅,或冀片言可取,所以徼幸之士得肆丑辞。臣谏其君,甚须折衷,合从容讽谏。汉元帝常酎祭庙,出便门,御楼船,御史大夫薛广德当乘舆前,免冠顿首曰:'宜从桥。陛下不听,臣之自刎,以颈血污车轮,陛下不入庙矣。'元帝不悦。光禄勋张猛进曰:'臣闻主圣臣直,乘船危,就桥吉。圣主不乘危,广德言可听。'元帝曰:'晓人不当如此耶!'乃从桥。以此而言,张猛可谓能谏其君也。"

【案】本章南家本、萱家本无,元刻、明本、韩版在卷二直谏附篇(65),戈本为卷十畋猎篇第三章。

贞观十一年,太宗谓侍臣魏徵曰:"比来所行得失政化,何如往前?"徵对曰:"若威之所加,远夷朝贡,比于贞观之始,不可等级而言。若德义潜通,民心悦伏,比于贞观之初,相去又亦甚远。"太宗曰:"远夷来服,应由德义。不如往前,功业何因得大?"徵曰:"昔者四方未定,常以德义为心。以海内无虞,渐更骄奢自溢。所以功业虽盛,终是不如往初。"太宗曰:"今日所行,与往前何异?"徵曰:"贞观之初,恐人不言,导之使谏。三年以后,见人谏争,悦而从之。一二年来,所悦人谏,虽俛仰听受,而终有疑难之色。"太宗曰:"于何事如此?"徵曰:"即位之初,处元律师死罪,孙伏伽谏曰:'法不至死,无容滥加酷罚。'遂赐以兰陵公主。一人善恶,岂得不自思量?"魏徵进曰:"自古以来,人君为难,只为出言即成善恶。若人君出言闻己过,其国即兴;若出言皆欲人从己志,其国即丧。古人一言可以兴邦,一言可以丧邦,正当为此。但天下人皆自进于陛下以荣其身,若正人即欲以正道自进,邪人则以邪道自媚。工巧者则进其奇服、异器,好鹰犬者即欲劝令田猎。所欲进者,不觉为非,皆言是。若陛下常守正道,则奸人不能自好。如开其路,则邪佞遂其心。"太宗曰:"此事诚如卿所言。"

【案】本章南家本、萱家本无,元刻、明本、韩版在卷二直谏附篇

(66),戈本为其第十章。"兰陵公主"以下有脱文。自"一人善恶岂得不自思量"以下重出本篇第三章,当为钞写错乱所致。

兴废第十一

279●贞观九年,太宗谓侍臣曰:"比三两月来,不见公等说言,未知以朕不可谏诤,隐而不言,为是庶事咸得,不须论也?"侍中魏徵对曰:"陛下每一事,即为鉴诫。臣等深识圣情,必事理有违,岂敢隐而不奏。然比来大使既出,内外无事,所以不论。"太宗曰:"自古来,虽遭丧乱,未有如隋日者,朕皆平之,功何如古人?"魏徵对曰:"前代虽逢丧乱,皆牧宰割据,不过数岁即有所归。至于隋末,天下鼎沸,百姓涂炭,经十馀年,陛下应天顺人,一时平定,此乃再造天地,重立区夏。此之功业,古来未之有。"太宗谓右仆射李靖等曰:"人君之道,唯欲宽厚。非但刑戮,乃至鞭挞,亦不欲行。比每有人嫌我大宽,未知此言可信否?"魏徵对曰:"古来帝王,以煞戮肆威,知者实非久安之策。臣等见隋炀帝初有天下,亦大威严。而官人百姓,造罪非一。今陛下仁育天下,万姓获安。臣下虽愚,岂容不识恩造。"太宗曰:"人之一身,纵今无病,不免疥癣,及时有小小恶处。"魏徵对曰:"自古为化,唯举大体。尧、舜之时,非全无恶,但为恶者少。桀、纣之世,非全无善,但为恶者多。譬如百丈之木,岂能无一枝一节。今官人居职,岂能全不为非。但犯罪者少,取是大理。"

【案】本章南家本、萱家本、元刻、明本、韩版、戈本无。

280●贞观九年,太宗谓侍臣曰:"朕观隋主人人集,实博物有才,亦知悦尧、舜之风,丑桀、纣之行。然而行事,即欲言相反,何也?"魏徵对曰:"自古称理,皆是人君之量,能任使,故智者为之谋,勇者为之战。虽聪明圣誓,犹以黈纩塞耳,冕旒垂目。隋主虽有俊才,无君之量。恃才骄物,所以至于灭亡。"太宗曰:"然。昔汉武征使不息,户口减半,中途能改,还得传祚子孙。向使隋主早寤,亦不至灭亡也。"先是以庆善乐为文舞,破阵乐为武舞,诏魏徵、虞世南、褚高、李百药等为之词。太宗谓侍臣曰:"昔周公、成王,袭礼作乐,久之乃成。逮朕即位,数年之间成此二乐,五礼又复刑定,未知堪为后世作法以否?朕观前王有功于民者,作事施令,后即为法,所谓不忘其德者也。既平天下,安堵海内,若德惠不倦,有始善终,自我作故,何虑不法。若遂无德于物,后何所遵?以此而言,后法不法,犹在朕耳。"魏徵奏称:"陛下拨乱反正,功高百王,自开辟以来,未如陛下者也。更创新乐,兼修大礼,自我作故,万代取法,岂止子孙而已。"

【案】本章南家本、萱家本、元刻、明本、韩版、戈本无。"隋主人人集"、"褚高",为钞写致误。

281●贞观九年,太宗顾谓侍臣曰:"西蕃通来几时?"侍中对曰:"禹贡'西至流沙',又'西戎即叙',不明境域所及。至汉武帝置敦煌、张掖等郡,自此已后,渐通西域。"太宗曰:"朕闻汉武帝时,为通西蕃,中国百姓死者大半。此事著于史籍,不能具述。但隋后主欲开葱岭已西,当时死者继于道路。如闻沙州已西,仍有隋时破坏车毂,其边即有白骨狼籍。北筑长城,东度辽水,征伐不息,人无辽生。天下怨叛,聚而为盗。炀帝安然,恣其所欲,遂至灭亡,只为不闻其过。朕以此事,永为鉴诫。今与公等共理百姓,但有不安稳便事,即向朕道,勿得面从,苟相悦誉。且朕素无术学,未闻政道。一日万机,不能尽耳目。所有处断,独见不明,致有失,所以委任公等。公等善相辅弼,使兆庶得所,此乃长保富贵,荫及子孙。若尸禄旷官,苟贪荣利,朕当必加黜辱,终不容舍。朕既以汉武帝、隋后主为龟镜,公等恒将此事共规谏也。"魏徵进曰:"陛下恩弘至理,砥砺群下,臣等岂敢不竭股肱之力,但恐识度愚浅,无益万分之一。臣闻汉武帝承五代之资,天下无事,仓库充实,士马强盛,遂思骋其欲,以事四夷。闻蒟酱而开邛杖,贪良马而通大宛,北逐匈奴,南征百越,老弱疲转轮,丁壮死军旅。海内骚然,户口减半,至于国用不足,府库空虚。乃榷酤盐铁,征税开市,课笮舟车,告缗卖爵,侵凌百姓。万端俱起,外内穷困,不急边费,议以戍卒,营田助运。迄于期年,方始觉悟,下哀痛之诏,封丞相为富民侯,仅以寿终,几致大乱。炀帝恃其强盛，思欲追从汉武。车驾屡动，民无聊生。十馀年间，国亡身戮。陛下威加海外，无远不臻，深惟二主以为殷监。所谓一人有庆，兆民赖之。臣等奉以周旋，不敢失坠。脱千虑一失，必望有犯无隐。"

七年，徵迁侍中，累封郑国公，以疾请解职。太宗曰："公独不见金之在矿，何足贵哉？良冶锻之为器，使人谓之为宝。朕方自比于金，以卿为良匠。卿虽有疾，未为衰老，岂得便尔耶？"徵乃止。后复固辞，听解侍中，授以特进，仍知门下省事。十二年，帝谓侍臣曰："贞观以前，从我平定天下，周旋艰险，玄龄之功无所与让。贞观之后，尽心于我，献忠谠安国，成我今日功业，为天下称者，唯魏徵而已。古之名臣，何以加也。"于是亲解佩刀以赐二人。十七年，拜太子太师，知门下事如故。寻遇疾。徵宅内先无正堂，时太宗欲营小殿，乃辍其材为造，五日而就。遣中使赐以布被素褥，遂其所尚。数日，薨。太宗观临恸哭，赠司空，谥曰文贞。太宗亲为制碑文，复自书于石。特赐其家实封九百户。太宗尝谓侍臣曰："夫以镜为镜，可以正衣冠；以古为镜，可以知兴丧；以人为镜，可以明得失。朕常保此三镜，以防己过。今魏徵殂逝，遂亡一镜矣。"因泣下久之。诏曰："昔惟魏徵，每显余过。自其逝也，虽过莫彰。朕岂独有非于往时，而皆是于兹日？故亦庶僚苟顺，难触龙鳞者欤！所以虚己外求，披迷内省。言而不用，朕所甘心。用而不言，谁之责也？自斯已后，各志乃诚。若有是非，直言无隐。"

【案】本章南家本、萱家本、元刻、明本、韩版、戈本无。"七年徵迁侍中"以下至章末，重出卷二任贤篇第三章（27）后半章，当为钞写错乱所致。

求媚第十二

贞观七年，太宗幸蒲州，刺史赵元楷课父老服黄纱单衣，迎谒路左，盛饰廨宇，修营楼雉，欲以求媚。又潜饲羊百馀口，鱼数千头，将馈贵戚。太宗知而数之曰："朕巡省河、洛，经历数州，凡有所须，皆资官物。卿饷羊养鱼，凋饰院宇，此乃亡隋弊俗，不可复行。当识朕心，改卿旧心也。"元楷在隋，陷邪佞之目，太宗故发此言以诫之。元楷惭惧，数日不食而卒。

【案】本章南家本、萱家本无，元刻、明本、韩版在卷六论贪鄙篇（187），戈本为卷六杜逸邪篇第二章。

附录一　贞观政要著录及题跋

一、宋元明清著录及题跋

（一）新唐书卷五八艺文志史部杂史类

吴兢太宗勋史一卷

又贞观政要十卷

（二）汪应辰文定集卷十跋贞观政要

此书婺州公库所刻板也。予顷守婺，患此书脱误颇多而无他本可以参板。绍兴三十二年八月，偶访刘子驹于西湖僧舍，出其五世所藏之本，乃后唐天成二年国子监板也。互有得失，然所是正亦不少。疑则阙之，以俟他日闲暇寻访善本，且参以实录史书，庶几可读也。

（三）郡斋读书志卷六杂史类

贞观政要十卷

唐吴兢撰。兢以唐之极治，贞观为最，故采时政之备劝戒者，上之于朝，凡四十篇。

(四)直斋书录解题卷五典故类

贞观政要十卷

唐吴兢撰,前题"卫尉少卿兼修国史"。按新、旧书列传,兢未尝为此官。而书亦不记岁月,但其首称"良相侍中安阳公、中书令河东公",亦未详为何人。馆阁书目云"神龙中所进",当考。

(五)玉海卷四九艺文政要宝训类

唐贞观政要

志杂史:吴兢贞观政要十卷、太宗勋史一卷。书目:兢于太宗实录外采太宗与群臣问对之语,以备劝戒,为政要凡四十篇十卷。始君道、政体、任贤、求谏,终于谨终。表云"比见朝野七(士)庶论及国家政教者,咸云:若陛下之圣明,克迈(遵)太宗之故事,则不暇远求上古之术,必致太平之业。"序云"有唐良相曰侍中安阳公源乾曜、中书令河东公张嘉贞,爰命下才,备加甄录。"君道、政体一卷,任贤、求谏、纳谏二,君臣鉴戒、论择官上下、论封建三,太子诸王定分、尊师傅、教戒太子、规谏太子四,仁义、论忠义、孝友、公平、诚信五,俭约、谦逊、仁恻、谨所好、谨言语、杜谗邪、论悔过、论奢纵、论贪鄙六,崇儒学、文史、礼乐七,务农、刑法、赦令、辨兴亡、贡赋八,谨征伐、议安边九,行幸、田猎、灾祥、谨终十,凡十卷四十篇。既以魏徵论为君之道为首,又以徵论克终之道为末,盖太宗时惟徵为善谏。上有所问,必指近事以为据,而不为泛滥、迂阔、激讦之言,太宗乐闻而喜从之。治几成康,徵功为多。按兢表上是书,史缺岁月。兢序有曰:"有唐良相曰侍中安阳公、中书令河东公,命加甄录。"以表考之,乾曜、嘉贞,开元八年五月始拜是官按本纪,开元八年乾曜为侍中、张嘉贞为中书令。十一年而嘉贞贬,十五年乾曜罢,至九年九月张说亦相。若二公并相之时,盖可知矣,其上于开元八年、九年欤。会要:元和二年十二月,谓宰臣曰:"近读贞观政要,粗见当时之事。以太宗神武,一事少差,谏者往复数四。况朕寡昧,事不得中者,卿须十论,不得一二而已。"六年三月,帝曰:"尝读贞观政要,见太宗立言行事,动本至仁。"文宗赞:文宗恭俭儒雅,出于天性。尝读太宗政要,慨然慕之。及即位,锐意于治,故大和之初,政事修饬,号为清明。魏謩传:文宗读贞观政要,思魏徵贤,诏访其后,同州刺史杨汝士荐徵孙謩,拜右拾遗大和九年十月。通鉴:宣宗书贞观政要于屏风,每正色拱手而读之。宋朝仁宗庆历七年四月辛未,尝读太宗政要,亦云"太宗言任人必以德行、学业为本。"王珪曰:"人无学业,岂堪大任。"帝复曰:"人臣不可不知书,宰相尤须有学。"

(六)郭思贞序

二帝三王之治,后世莫能及者,顺人之道,尽乎仁义也。唐太宗以英武之资,克敌如拉朽,所向无前。天下甫定,魏郑公力排封德彝之缪,以仁义进。虽太宗未能允迪其实,有愧于修齐,然四年之间,内安外服。贞观之治,亦仁义之明效欤。史臣吴兢,类为政要,凡命令政教,敷奏复逆,询谋之同,謇谔之异,所以植国体而裕民生者,赫赫若前日事。江右戈直,集前贤之论以释之。翰林草庐吴公,叙其首以属余。值拜奎章,召命道广陵,谋于宪使日新程公,将有以广其传也。程公慨然,即以学廪之,羡锓诸梓。呜呼!仁义之心,亘古今而无。间因其所已然,勉其所未至,以进辅于圣朝,则二帝三王之治,特由此而推之耳。观是编者,尚勖之哉!

至顺四年岁在癸酉正月辛卯,前中奉大夫江南诸道行御史台侍御史奎章阁大学士郭思贞书。

（七）戈直序

贞观政要者，唐太宗文皇帝之佳言善行、良法美政，而史臣吴兢编类之书也。自唐世子孙，既已书之屏帷，铭之几案，祖述而宪章之矣。至于后世之君，亦莫不列之讲读，形之论议，景仰而效法焉。夫二帝三王之事尚矣，两汉之贤君六七，作何贞观之政独赫然耳目之间哉？盖两汉之时世已远，贞观之去今犹近。迁、固之文高古尔雅，而所纪之事略；吴氏之文质朴该赡，而所纪之事详。是则太宗之事，章章较著于天下后世者，岂非此书之力哉！夫太宗之于正心、修身之道，齐家、明伦之方，诚有愧于二帝三王之事矣。然其屈己而纳谏，任贤而使能，恭俭而节用，宽厚而爱民，亦三代而下，绝无而仅有者也。后之人君，择其善者而从之，其不善者而改之，岂不交有所益乎？惜乎，是书传写谬误。窃尝会萃众本，参互考订，而其义之难明、音之难通，字为之释、句为之述。章之不当分者合之，不当合者分之。自唐以来，诸儒之论，莫不采而辑之，间亦断以己意，附于其后，然后此书之旨颇为明白。虽于先儒穷理之学不敢妄议，然于国家致治之方，未必无小补云。后学临川戈直谨书。

（八）宋濂重刻序

贞观政要者，唐史臣吴兢之所辑也。兢，浚仪人，有良史才。用魏元忠、朱敬则荐，诏直史馆修国史，迁右拾遗内供奉。神龙中，改右补阙，累迁起居郎。数上疏论事，言人之所难言，寻拜谏议大夫。复修史，转太子左庶子。开元十三年，玄宗东封泰山，道中颇驰射为乐，兢复极谏。明年六月，大风，诏群臣陈得失。兢言斥屏群小，不为慢游，出不御之女，减不急之马，明选举，慎刑罚，杜侥幸，存至公八事，皆当时所讳者。景龙间，所修国史失实。兢患之，乃私述唐书、唐春秋,皆未就。至是,诏赴馆撰录,进封长垣县男。久之,坐书事不当,贬荆州司马。累迁洪州刺史,复坐累,下除舒州。天宝初,入为恒王傅,卒年八十。兢尝定武后实录,叙张昌宗诱张说诬魏元忠事,颇言说已许之,赖宋璟等邀砺苦切,故转祸为忠,不然皇嗣且殆。后说为相,屡以情蕲改。兢拒曰:"徇公之情,何名实录?"卒不从。世比之为董狐云。其为人大略如此。初,兢屡修国史,见文皇之朝,君明臣忠,可取为后嗣法,乃纂是书,十卷合四十篇,上之中宗。然当复辟之初,转移之机,间不容发。使中宗能观之,以法文皇,则削武氏位号,而崇恩之庙不复矣;信任旧臣敬晖诸人,不罢政事矣;严于阴治,韦氏之祸不致蹈覆辙矣。奈何视为空文而弗之讲,徒使兢之孤忠遑遑焉而无所伸,可胜叹哉!厥后文宗践位,始喜读而笃行之。太和初政,灿然可观,虽未能如贞观之治,亦可谓能法其祖武者矣。自是以来,其书盛行于世。南、北刻本,多有舛讹。临川戈直尝集诸家而校雠之,然亦未能尽善。升有良士曰:"王敬仁,故大族也,欲刊梓于家塾以传。"予遂假中秘本重为正之,理有可通者因仍其旧,不敢辄改。夫读其书者,不可不知其人,古之道也,复详序兢之行事于首简云。书之篇端,谓兢为卫尉少卿兼修文馆学士,与史所载颇不合。濂疑神龙进书之时,方改右补阙,未应升迁如此,岂或他有所据耶?奉议大夫国子司业金华宋濂谨序。

(九)明宪宗序

朕惟三代而后,治功莫胜于唐。而唐三百年间,尤莫若贞观之盛。诚以太宗克己励精图治于其上,而群臣如魏徵辈感其知遇之隆,相与献可替否以辅治于下,君明臣良,其独盛也宜矣。厥后史臣吴兢，采其故实，编类为十卷，名曰贞观政要。有元儒士临川戈直，复加考订、注释，附载诸儒论说，以畅其义。而当时大儒吴澄，又为之题辞，以为世不可无，其信然也。朕万几之暇，锐情经史，偶及是编，喜其君有任贤、纳谏之美，臣有辅君、进谏之忠。其论治乱兴亡、利害得失，明白切要，可为鉴戒，朕甚嘉尚焉。顾传刻岁久，字多讹谬，因命儒臣重订正之，刻梓以永其传。于戏！太宗在唐，为一代英明之君。其济世康民，伟有成烈，卓乎不可及已。所可惜者，正心、修身有愧于二帝三王之道，而治未纯也。朕将远师往圣，允迪大猷，以宏至治，固不专于是编。然而嘉尚之者，以其可为行远登高之助也。序于篇端，读者鉴焉。

成化元年八月初一日

（十）梅鷟南雍志经籍考下篇史类

贞观政要十卷

存者七十八而缺者一百二十二面。唐史臣吴兢辑，合四十篇。临川戈直尝集诸家而校正之，刻于集庆路儒学。岁久模糊，学士宋濂遂假中秘本重校，序于首简，洪武初重刻。

（十一）天禄琳琅书目卷三金版史部

贞观政要　一函六册

唐吴兢撰。十卷。前金唐公弼序、兢上贞观政要表。晁公武郡斋读书志曰："兢以唐之极治，贞观为最，故采时政之可备劝戒者，上之于朝，凡四十篇。"考唐书，兢，汴州浚仪人，少厉志，贯知经史，当路荐其才堪论撰，诏直史馆修国史。此书当即其时所进。书前有大定己丑八月进士唐公弼序，称南京路都转运使梁公出公府之资，命工镂版。按：大定为金世宗年号，己丑为世宗九年，在南宋为孝宗乾道五年。公弼无考,所称梁公未详何人。……此本字宗颜体,刻印精良,与宋版之佳者无异。藏书家知崇宋本,而金版多未之及,盖缘流传实鲜,耳目罕经,似此吉光片羽,真为稀世之宝也。

(十二)四库全书总目卷五一史部杂史类

贞观政要十卷

唐吴兢撰。兢,汴州浚仪人。以魏元忠荐,直史馆,累官太子左庶子,贬荆州司马。历洪、舒二州刺史,入为恒王傅。天宝初,年八十,卒。事迹具唐书本传。宋中兴书目称:兢于太宗实录外采其与群臣问答之语,作为此书,用备观戒,总四十篇。新唐书著录十卷,均与今本合。考旧唐书曹确传,载确奏:"臣览贞观故事,太宗初定官品"云云。其文与此书择官篇第一条相同,而唐志所录,别无贞观故事,岂即此书之别名欤?其书在当时尝经表进,而不著年月。惟兢自序所称侍中安阳公者乃源乾曜,中书令河东公者乃张嘉贞。考玄宗本纪,乾曜为侍中、嘉贞为中书令,皆在开元八年,则兢成此书又在八年以后矣。书中所记太宗事迹,以唐书、通鉴参考,亦颇见牴牾。如新、旧唐书载太宗作威凤赋赐长孙无忌,而此作赐房玄龄。通鉴载张蕴古以救李好德被诛,而此谓其与囚戏博、漏泄帝旨,事状迥异。又通鉴载皇甫德参上书,赐绢二十四匹,拜监察御史,而此但作赐帛二十段。又通鉴载宗室诸王降封由封德彝之奏,贞观初放宫人由李百药之奏,而此则谓出于太宗独断,俱小有异同。史称:兢叙事简核,号"良史",而晚节稍疏牾。此书盖出其耄年之笔,故不能尽免渗漏。然太宗为一代令辟,其良法善政、嘉言懿行,胪具是编,洵足以资法鉴。前代经筵进讲,每多及之。故中兴书目称：历代宝传，至今无阙。伏读皇上御制乐善堂集，开卷首篇即邀褒咏。千年旧籍，荣荷表章，则是书之有裨治道，亦概可见矣。书中之注，为元至顺四年临川戈直所作，又采唐柳芳、晋刘昫、宋宋祁、孙甫、欧阳修、曾巩、司马光、孙洙、范祖禹、马存、朱黼、张九成、胡寅、吕祖谦、唐仲友、叶适、林之奇、真德秀、陈惇修、尹起莘、程奇及吕氏通鉴精义二十二家之说附之，名曰集论。吴澄、郭思贞皆为之序。直，字伯敬，即澄之门人也。

（十三）皕宋楼藏书志卷二四杂史类

贞观政要十卷　元刊本

唐史臣吴兢撰。上贞观政要表、自序。按：此元刊细字本，每页二十六行，每行二十四字，小黑口，与明刊本相似。

（十四）邵亭知见传本书目卷四史部杂史类

贞观政要十卷

唐吴兢撰。宋小字本　明成化内府大本　国初朱载农刊大字本　近年扫业山房刊本　邵位西有永乐大典校扫业山房本。

（十五）傅增湘藏园群书经眼录卷四史部二

贞观政要十卷　唐吴兢撰

明洪武三年王氏勤有堂刊本，十三行二十四字，黑口，四周双栏，版心题"政要几"。序后有大木记，篆文二行十二字。文曰：

> 洪武庚戌仲冬
> 王氏勤有堂刊

首宋濂重刻贞观政要序，前述吴兢事略，纂书宗旨，……又称："自是以来，其书盛行于世，南北刻本多有舛讹，戈直尝集诸家而校雠之，然亦未能尽善。升有良士曰：'王敬仁，故大族也，欲刊梓于家塾以传。'予遂假中秘本重为正之。理有可通者因仍其旧，不敢辄改。夫读其书者不可不知其人，古之道也，复详序兢之行事于首云。书之篇端谓兢为卫尉少卿兼修文馆学士，与史所载颇不合，窃疑神龙进书之时方改右补阙，未应升迁如此，岂或他有所据耶？奉议大夫国子司业金华宋濂谨序。"

次上贞观政要表，又吴兢序，题"卫尉少卿兼修国史弘文馆学士"。

宋序后有"寓吴郡卢遂良刻"六小字。

钤印列后："曾藏汪阆源家"朱、"长洲汪骏昌藏"白、"雅庭"朱、"吴中汪六"白、"仪正堂印"朱、"吴郡西垞朱未英书画印"朱。

按：是书中版心，密行细字，工雅绝伦，书法秀丽，若宋璲所写渊颖集，各家著录皆不见，其为宝重当复何如！丙辰小雪后日沅叔记。（余藏）

（十六）陈寅恪元白诗笺证稿第五章新乐府七德舞

唐代祖宗功德之盛，莫过于太宗，而太宗实录四十卷部帙繁重，且系编年之体，故事迹不易检查。斯太宗实录之分类节要本，即吴兢贞观政要一书所以成为古今之要籍也。

今世流行之贞观政要，皆元代戈直注本，其本曾移改吴氏原书之篇章，如第贰篇论政体篇第拾章下注云："旧本此章附忠义篇。今按其言于政体尤切，故附于此。"第肆篇论求谏篇第柒章下注云："旧本此与上章通为一章，今按不同，分为二章。"第伍篇论纳谏篇下注云："直谏另为一类，附此类之后。"其第伍章下注云："旧本此章之首曰贞观初，今按通鉴标（贞观三）年。"其例甚多，不必一一标举。实则其书中尚有脱漏之章,观杨守敬之日本访书志,罗振玉之校补本及影印日本之写本,即可知之。

二、日本现存钞本著录及奥书

(一)藤原佐世日本国见在书目录卅杂家

贞观政要十四(卷或篇)

(二)建治本卷一末奥书

本云:

安元三年二月五日奉授主上既讫,正三位行宫内卿兼式部大辅播磨权守藤原朝臣永范。

永久二年仲春廿五日点讫,良兼。合证本等又加自点毕,秘本也,永范。

建久第五年九月廿一日诣三品李部大卿书阁读合毕,有秘说等,匠作员外少尹藤孝范。

建保第四年夷则廿五日受严训讫,文章得业生经范。

嘉禄三年四月廿四日合二条院御本并八条左相府证本毕,刑部权少辅经范。

建长三年二月十日以家说授茂才明范既讫,三品李部大卿经范。

建长六年三月廿日以家说授小男淳范既讫,三品吏部大卿经范。

(三)建治本卷一末纸背奥书

此本南家之点本也,奥书如表。而永仁二年八月晦日,以菅家本朱点并墨点写之。于菅点者合短点毕,能能可分别也。又上注者是南家之注也。菅点本奥书云,读合了,密澄。

建仁元年四月廿一日酉斜书写了,同廿五日巳时移点校合了,知家。

同三年二月二日授侍中平二千石了,翰林主人菅在判。

菅师匠本奥书,奉左丞相教命奉授秘说了,大藏卿兼式部大辅菅原为长。

建长七年十月五日以家秘说奉授二品羽林中郎将了,散位菅原在宗。

右奥书菅师匠证本如此,以彼秘本重移点校合了。于时建治第一之历初冬上旬之候,于烛下所终功也,治部权少辅平朝臣兼俊。

(四)内藤本卷二末奥书

本云:

手自校众本、勘本文,择善合点了,三品李部员外大卿菅判。

建保四年五月十一日授男著作郎长贞了,大藏卿菅为了。

嘉禄元年八月九日候于九条前,殿下且读判。

贞应三年闰馀七月廿六日授男长成了,李部大卿判。

安贞二年四月二日授男长高了,大府卿判。

嘉祯四年五月一日授少子长明、孙宗长等了,李部大卿判。

仁治三年七月廿八日侍当今皇帝御读,大藏卿兼式部大辅判。

弘长二年三月二日授愚息清长了,李部大卿判。

永仁五年十二月五日以家说重授正修上人了,从二位菅清长判。

永仁七年三月十日以说授小童摩尼殊丸了生年十二岁，明玄判。
永禄三年四月终书功了，李部大卿萱长雅。

（五）古本校正本引江家本奥书

本云：

以累代秘说本奉授圣上了，尤可秘藏也。宽弘三年三月五日，吏部大卿江判。

朱云：

宽弘九年闰七月念一日藤家本一校了，江匡衡。

（六）森立之经籍访古志卷第三史部杂史类

贞观政要十卷　　影旧钞本　　求古楼藏

卷末有"本云：安元三年二月五日奉授主上既讫，正三位行宫内卿兼式部大辅播摩权守藤原朝臣永范记。永久三年仲春二十五日，良兼记。"及建久五年匠作员外尹藤孝范、建保四年文章得业生经范、嘉禄三年刑部权少辅经范、建长三年三品李部大卿、六年三品吏部大卿经范各记。每半叶七行，行十七字，界长七寸四分，幅七分半。

又　　影旧钞本　　容安书院藏

前有吴兢上表。卷首题"贞观政要卷第一"，"史臣吴兢撰"。卷二末有建保四年、嘉禄元年、贞应三年、安贞二年、嘉祯四年、仁治三年、弘长二年、永仁五年、永禄三年萱氏历世题记。卷九末有永仁四年、永禄三年萱家记。又有文化六年六月廿三、廿四两日斋中写，同月廿七日一校终。案者为藤长亲卿花押。此本影写长亲卿手钞本者，盖原本卷轴改为册子也。

按：已上二通，以玉海所载目录及元戈直本校之，体式大异。盖皇国博士家所传旧物，为唐时真本也。卧云日件录载：菅原为长卿以假字译此书，其本今犹传世。以此二本校之，大同小异。

又　僧日莲手书本　骏河国本门寺藏

未见

又明成化元年刊本　昌平学藏

首有成化元年八月御制序、至顺四年郭思贞集论题辞及临川戈直题辞、吴氏旧序、集论诸儒姓氏、戈直集论、吴序。首署"唐卫尉少卿兼修国史修文馆学士吴兢撰"。卷首题"贞观政要卷第一"，次行列书篇目。每半板十行，行二十字。

又　庆长五年活字刊本

庆长五年，前龙山见鹿苑承兑叟奉神祖教校刊。卷末有承兑叟跋及慈眼久德刊之记。此本系依前本重刊者。

（七）杨守敬日本访书志卷五

贞观政要十卷　古钞本

旧影写本，狩古望之求古楼所载。前二卷末有安元三年二月五日奉授主上既讫云云，有永久、建久、建保、嘉禄、建长等名记，与森立之访古志所载首一部合。每半叶七行，行十七字。字体精妙，神似唐人写经之笔。原本当是卷子，影写改为折本。然首无吴兢表文，犹不免有脱漏也。其第三卷以下，每卷后有文化六年六月等日斋中写勾勘。案。第末卷有文化十二年十月上浣寄与兴田箕山，生之记。每半叶九行，行十七字。而森立之顾未言及。此书以戈直注本照之，非唯字句多有不同，即篇第亦有增减移易。戈氏自序云"尝会萃众本,参互考订","章之不当分者合之,不当合者分之",知是皆为戈氏所乱久矣。今全录其题识,以与森氏访古志相证验。又,录篇第异同于其下,使读者知其崖略。若夫字句之差互,则屡牍不能尽,别为札记焉。

（引南家本奥书、贞观政要古钞本次第,略）

贞观政要十卷　影旧钞本

此本影文化六年钞本。每半叶九行,行十七字,与狩古藏本第三卷以下皆同。首有吴兢上贞观政要表,而无吴兢贞观政要序。其第二卷后有建保、嘉禄、贞应、安贞、嘉祯、仁治、弘长、永仁、永禄等年菅氏历世题记。每卷后均有文化六年六月等日写记。有寀字押。森立之称为藤长亲卿花押。此本即影写长亲卿手书本者,盖原本卷轴改为册子也。立之又云:以玉海所载目录及元戈直本校之,体式大异,盖其国博士家所传唐时真本。其言当不诬。末卷有文化十二年兴田吉从一跋,言此书甚悉。第一卷、第四卷、第七卷,有"不忍文库"、"温故堂文库"印,皆日本收藏名家也。

（引上贞观政要表、内藤本奥书,略）

文化六年六月十九、二十两日写功了。寀。同年七月十日寓直之暇,一校了。昨日大风甚,自辰到酉。

贞观政要十卷,菅原氏所传,而从三位勘解,由长官菅原长亲卿所亲写也。初,吉从获元德年中菅氏文章得业生款状于观智院住宝僧都,爱藏之。长亲卿一见奇之,介藤原以文而求之。吉从深钦卿慕其祖之意,割爱奉呈焉。卿大喜,辱手书,且赐以此书。事详于其书牍中。盖政要之为书坊间所刻者,系于戈直所注,缙绅学士家虽间有传之者,衍错脱误,大紊其真。此编乃菅氏奕世所传,而出于参议为长卿所授也。卷首载吴兢上表,盖兢表独载于国字译本,而其他则未尝见存之者。况营氏之令孙所亲写,而校订政要之真,舍此编吾安适从焉。吉从获之。

贞观政要十卷　旧钞本

此本系文政元年阿波介藤原以文以其国诸古本及戈本合校者。篇首载其国古墨笔凡十三通,又朱笔二通:一为永本,一为江本。又载汉本奥书、题识。奥书,卷子反面书也。其本有政要表而无政要序。表后有"景龙三年正月　日卫尉少卿兼修国史馆崇文馆学士臣吴兢等上表",为各本所无。按吴兢本传,其书实成于神龙中,书录解题引馆阁书目亦云,然则此景龙当为神龙之误。而据其自序,提要考在开元八年以后亦至确,莫详其乖异之由也。此本每卷有"松田本生"印,又有"向山黄村"印。余从黄村得此本,而日本古本异同,皆汇集无遗,拟归而刻之,久无应者,今以阿波介藤合校诸本列左:

古本校合凡例

八条左府本　二条院御点本　营本　或本　南家本　异本　古本　一本　折本　イ本　才本　家本　自本　永本营长雅卿亲写本。有永禄三年之奥书,故称永本。今为五条家藏　江家本原本卷子本,有匡衡朝臣奥书,故称江本。

(引江家本奥书,略)

此一卷以江家旧卷卷子本有匡衡奥书传写本校正讫,称江本者是也。馀卷今逸,惜哉!

以源容所元宽校本再校讫此本有"多福文库"印,元和活版也。

以清国嘉庆戊午重镌扫叶山房刻本再订讫,所称清本是也。

文政元年八月一日,阿波介藤原以文。

不啻十朋之龟,乃十袭宝藏以贻之永世焉。长亲卿手书别藏于家,宜并考。卿称清冈学业富赡,最能文章。尝闻卿常侍读于皇太子,颇有启沃之功云,实萱庙三十一世之孙也。文化十二年乙亥正月,兴田吉从谨识。

(八)罗振玉古写本卷五卷六校记后记

贞观政要,元戈直集论本外,未见他本。戈氏作集论时,往往移易篇章,刊刻亦多衍脱。往岁读日本涩江氏、森氏经籍访古志及杨星吾舍人守敬日本访书志,知东邦有唐时真本。庚子客鄂、渚,曾从舍人借观,云在宜都故里,不得寓目,以为憾事。及辛亥避地,携家浮海,始得古写卷子本第五、第六两卷于日本京都故家,为彼邦六百年前物。取较戈本,凡衍脱不可通者,悉得据以勘订。且补逸文数章,欲为刊行,以复唐本之旧,而苦不能得全本。欲于海东藏书家谋之,而人事牵阻,匆匆未果。既返国,旅居津、沽,岁甲子,检笥得往日校记,因命儿子福葆据卷子本传录,付诸手民,并将他卷佚文及吴兢上书表附刊卷后,俾学者得窥唐本之一斑。他年若幸得观全书,再续刊焉。乙丑闰月朔,上虞罗振玉记。

(九)陈寅恪元白诗笺证稿第五章新乐府七德舞

又取罗氏政要卷伍卷陆二卷之校记观之,其中亦有戈本所详,而日本写本脱略者,则知日本写本亦非无缺。罗氏虽有"欲复唐本之旧,苦未能得其全本"(见罗氏松翁近稿贞观政要残卷跋)之言,其实纵得日本传写政要之全本,恐亦不能悉复吴氏原书之旧观。故白氏此篇所咏,其有不见于今日诸本政要者,未必全为吴氏原书所不载也。

附录二　吴兢年谱

高宗总章二年（己巳　公元六六九年）　吴兢生。

旧唐书卷一〇二吴兢传："天宝八年，卒于家，时年八十馀。"新唐书卷一三二吴兢传："天宝初，入为恒王傅。……卒，年八十。"

根据旧唐书的记载，吴兢卒于玄宗天宝八载（公元七四九年），上推八十整年，为公元六六九年，即高宗总章二年。古人年纪为虚岁，"年八十"实为七十九周岁，上推为公元六七〇年，即高宗总章三年（咸亨元年）。但若为"八十馀"，实际年龄至少为八十周岁，生年不当晚于公元六六九年。根据两部唐书的记载，吴兢的生年只能是个概数，即生于公元六六九年前后，可以作如下两种表述：一、吴兢（公元六六九或六七〇—七四九年）。二、吴兢，生高宗总章、咸亨之交（公元六六九—六七〇年），卒玄宗天宝八载（公元七四九年）。

本表以旧唐书"天宝八年，卒于家，时年八十馀"为据，确定吴兢生于总章二年。

兢，汴州浚仪（今河南开封）人。祖上无考。父处敬，玄宗开元

八年,以郑州长史为凤州刺史,仍听致仕。(册府元龟卷五五四国史部恩奖)

是年,刘知幾九岁。

高宗咸亨二年(辛未　公元六七一年)　三岁

旧唐书外戚武承嗣传:"乃以韩国夫人之子敏之为士䕶嗣,改姓武氏,累拜左侍极、兰台太史,袭爵周国公。仍令鸠集学士李嗣真、吴兢之徒,于兰台刊正经史并著撰传记。"

据通鉴,武后以贺兰敏之为武士䕶嗣,袭爵周公,改姓武氏,累迁弘文馆学士,事在咸亨二年四月。此时吴兢尚为幼儿,岂能入"兰台刊正经史并著撰传记"!旧唐书外戚传所记有误。

高宗上元二年(乙亥　公元六七五年)　七岁

帝风疹不能听朝,政事皆决于天后,内外称为"二圣"。(旧唐书高宗纪下)

八月,改崇贤馆为崇文馆,避章怀太子名讳。(唐会要卷六四)

高宗仪凤二年(丁丑　公元六七七年)　九岁

仪凤中,弘文馆中多图籍,置详正学士校理。(唐会要卷六四)

高宗调露二年　永隆元年(庚辰　公元六八〇年)　十二岁

二月,诏故符玺郎李延寿撰太宗政典,写两本,一本付秘书省,一本赐皇太子。(唐会要卷三六)

八月,改元永隆。

高宗永淳二年　弘道元年(癸未　公元六八三年)　十五岁

十二月,改元弘道。帝崩于贞观殿,遗诏皇太子枢前即位,军国大事有不决者,取天后处分。(旧唐书高宗纪下)

皇太子即位,是为中宗。尊天后为皇太后,政事咸取决焉。

（通鉴）

中宗嗣圣元年　睿宗文明元年　则天光宅元年（甲申　公元六八四年）　十六岁

二月，武后废中宗为庐陵王，立豫王为睿宗，改元文明。（旧唐书则天皇后纪）

九月，改元光宅，改东都为神都，改官制，立武氏七庙。（通鉴）徐敬业等起兵扬州讨武，武后以李孝逸将兵三十万讨之。

十一月，监军魏元忠与行军管记刘知柔固请李孝逸决战，因风纵火，大败敬业。（旧唐书魏元忠传、通鉴）

则天垂拱元年（乙酉　公元六八五年）　十七岁

八月戊寅（初五），睿宗子隆基生于东都洛阳。（旧唐书玄宗纪上）

则天永昌元年　载初元年（己丑　公元六八九年）　二十一岁

十一月，改载初元年正月。改天、地等十二字。则天自名"曌"，改诏曰制。（旧唐书则天皇后纪、通鉴）

则天载初二年　天授元年（庚寅　公元六九〇年）　二十二岁

二月，策贡士于洛成殿，贡士殿试自此始。（通鉴）

九月，改国号为周，改元天授，则天自加尊号曰圣神皇帝，降皇帝为皇嗣。（旧唐书则天皇后纪）

则天长寿二年（癸巳　公元六九三年）　二十五岁

姚璹奏请仗下所言军国政要，宰相一人撰录，号为时政记，月送史馆。宰相撰时政记，自此始。（唐会要卷六三）

则天证圣元年　天册万岁元年（乙未　公元六九五年）二十七岁

　　刘知幾表陈四事。（通鉴）

则天圣历元年（戊戌　公元六九八年）　三十岁

　　九月，庐陵王复为皇太子。（旧唐书则天皇后纪）

则天圣历二年（己亥　公元六九九年）　三十一岁

　　腊月，魏元忠为凤阁侍郎，同凤阁鸾台平章事。（通鉴）

　　圣历中，徐坚为判官，与给事中徐彦伯、定王府仓曹刘知幾、右补阙张说同修三教珠英。（旧唐书徐坚传）

则天长安二年（壬寅　公元七〇二年）　三十四岁

　　十二月，张嘉贞以"有异才"被召见，则天与语大悦，即拜监察御史。（旧唐书张嘉贞传、通鉴）

　　以"励志勤学，博通经史"深受魏元忠、朱敬则器重。（旧唐书吴兢传）

　　传称：（魏元忠、朱敬则）"及居宰辅，荐兢有史才，堪居近侍，因令直史馆，修国史。"

　　〔案〕魏元忠拜相在圣历二年，而朱敬则拜相在长安三年七月。长安三年正月诏修国史，朱敬则尚为正谏大夫，"直史馆吴兢"已名列其中了，传文稍误。

则天长安三年（癸卯　公元七〇三年）　三十五岁

　　正月，敕武三思、李峤与正谏大夫朱敬则、司农少卿徐彦伯、司封郎中徐坚、左史刘知幾、直史馆吴兢等修唐史。采四方之志，成一家之言。长悬楷则，以贻劝诫。（唐会要卷六三）

　　七月，正谏大夫朱敬则同平章事。（通鉴）

朱敬则上表,请择史官。(唐会要卷六三)

刘知幾答郑惟忠问:"史才须有三长,谓才也,学也,识也。"(唐会要卷六三)

九月,张昌宗引张说,使诬证魏元忠,赂以高官。刘知幾对张说曰:"无污青史,为子孙累!"张说反悔,则天以张说为"反覆小人"。朱敬则密表奏曰:"魏元忠素称忠正,张说又所坐无名。"(唐会要卷六四、通鉴)

是年,以直史馆修国史,迁左拾遗内供奉。(请总成国史奏、唐会要卷六三)

〔案〕旧唐书吴兢传、新唐书吴兢传均作"右拾遗",当以吴兢请总成国史奏为准。

与刘知幾、徐坚、朱敬则、元行冲等"以言议见许,道术相知"。(史通自叙)

则天长安四年(甲辰　公元七〇四年)　三十六岁

刘知幾委国史于著作郎吴兢,别撰刘氏家史、谱考。(唐会要卷三六、旧唐书刘子玄传)

中宗神龙元年(乙巳　公元七〇五年)　三十七岁

正月,桓彦范、敬晖、崔玄暐、张柬之、袁恕己等诛二张,则天传位皇太子。(通鉴)

中宗复位,上太后尊号则天大圣皇帝。(旧唐书中宗纪)

桓彦范为纳言(即侍中),赐爵谯郡公,代桓彦范写谢表。(旧唐书中宗纪、为桓侍郎让侍中表)

二月,复国号为唐。(旧唐书中宗纪)

三月,制云:"政令皆依贞观故事。"复以神都为东都。(通鉴)

中宗即位,追赠永泰郡主为公主,令备礼改葬,号其墓为陵。(旧唐书懿德太子重润传)

作永泰公主挽歌二首。(文苑英华卷三一〇)

十月,改弘文馆为昭文馆,避孝敬皇帝名讳。(唐会要卷六四)

十一月,则天崩于上阳宫。遗制:去帝号,称则天大圣皇后。(旧唐书则天皇后纪、通鉴)

是年,转迁左补阙。(唐会要卷三六)

〔案〕旧唐书吴兢传、新唐书吴兢传均作"右补阙",当以后引唐会要卷三六记载为是。

柳冲上奏请修氏族之谱,帝从之。"令尚书左仆射魏元忠、工部尚书张锡、礼部侍郎萧至忠、岑羲、兵部侍郎崔湜、刑部侍郎徐坚、工部侍郎刘宪、左补阙吴兢等重修。"(唐会要卷三六)

中宗神龙二年(丙午　公元七〇六年)　三十八岁

与刘知幾等预修则天实录。(旧唐书吴兢传)

是年,改昭文馆为修文馆。(唐会要卷六四)

十月,车驾至西京,不复东迁。(通鉴)

中宗神龙三年　景龙元年(丁未　公元七〇七年)　三十九岁

二月,敕奏事不得言中兴。(旧唐书中宗纪、通鉴)

补阙张景源以"母子承业,不可言中兴",欲中宗承袭武周之制。(新唐书武三思传)

右补阙权若讷针对神龙元年中宗制书"一事以上,并依贞观故事",以"则天遗训,诫曰母仪;太宗旧章,是称祖德"为由,认为"沿袭应从近"。(请复天后所造诸字疏、通鉴)

八月,安乐公主、宗楚客"日夜谋潜相王",侍御史冉祖雍诬奏相王等与太子重俊"通谋"。(通鉴)

九月,改元景龙。

中宗景龙二年(戊申　公元七〇八年)　四十岁

四月,修文馆增置大学士、学士员。(唐会要卷六四、通鉴)

是年,上疏中宗,以"贼臣等日夜同谋,必欲嗔于极法,此则祸乱之渐,不可不察",强调"自昔剪伐枝干,委权异族者,未有不丧其宗社也。"(上中宗皇帝疏、唐会要卷六二)

中宗景龙四年　殇帝唐隆元年　睿宗景云元年(庚戌　公元七一〇年)　四十二岁

六月,安乐公主欲韦后临朝称制,自为皇太女,乃合谋毒死中宗。韦后密不发丧,自总庶政,改元唐隆,殇帝即位。(旧唐书中宗纪、通鉴)

临淄王隆基与太平公主谋,平定诸韦之乱,其父相王即帝位为睿宗,隆基立为皇太子。(旧唐书玄宗纪上、通鉴)

七月,改元景云。宋璟、姚元之"协心革中宗弊政,当时翕然以为复有贞观、永徽之风。"(通鉴)

是年,修文馆中学士多以罪被贬黜。(唐会要卷六四)

直学士宋之问自桂州贬所致书吴兢。(在桂州与修史学士吴兢书)

转起居郎。

睿宗景云二年(辛亥　公元七一一年)　四十三岁

三月,修文馆复改为昭文馆。(唐会要卷六四)

十月,补阙辛替否上疏睿宗:若"忍弃太宗之理本,不忍弃中宗

之乱阶;忍弃太宗久长之谋,不忍弃中宗短促之计,陛下又何以继祖宗、观万国?"(旧唐书辛替否传、通鉴)

睿宗太极元年　延和元年　玄宗先天元年(壬子　公元七一二年)　四十四岁

八月,玄宗即位,尊睿宗为太上皇,改元先天。(通鉴)

玄宗先天二年　开元元年(癸丑　公元七一三年)　四十五岁

三月,柳冲与魏知古、陆象先、徐坚、刘子玄、吴兢等撰成姓族系录二百卷奏上。(旧唐书柳冲传、唐会要卷三六)

七月,尽歼太平公主及其党羽。(通鉴)

母丧守制。

八月,恩敕:欲起复水部郎中,依旧判刑部郎中,知国史事。上让夺礼表:"臣闻在家称孝,居国必忠","伏愿陛下敦孝理之风,全通丧之典"。

九月,上让夺礼第二表:"陛下休明抚运,景业维新。伏望革近代之浇漓,复先王之至德。"

十二月,改元开元。

玄宗亲政,励精图治,倚重姚崇,抑权幸、爱爵赏、纳谏诤、却贡献,使"贞观之风,一朝复振"。(通鉴)

玄宗开元二年(甲寅　公元七一四年)　四十六岁

十一月,又敕:"史馆要才,须从权夺。"上让夺礼第三表:"三年之制,贵贱同尊","既不负素心,亦不玷皇化"。

"停职还家",却"匪忘纸札",继续修撰。(旧唐书吴兢传)

玄宗开元三年(乙卯　公元七一五年)　四十七岁

服阕起复,"直列谏臣之位,复膺良史之才",以长垣县男守谏议大夫兼修国史。(苏颋授吴兢谏议大夫制)

玄宗开元四年(丙辰 公元七一六年) 四十八岁

六月,睿宗崩,实录留东都,诏兢驰驿取进梓宫。(新唐书吴兢传)

十一月,与刘知幾重新修定则天实录三十卷,修成中宗实录二十卷、睿宗实录五卷。又引古义以白执政,姚崇奏请褒赏刘知幾、吴兢。(唐会要卷六三)

上谏畋猎表。(文苑英华标"玄宗开元五年")

〔案〕玄宗此次行幸东都,自开元五年正月至六年十月。通鉴开元四年十二月,"上将幸东都,以(宋)璟为刑部尚书、西京留守"。苏颋幸东都制:"令以来年正月五日行幸东都,仍取北路。"据兢表文,"臣伏见明制,来年五月五日幸东都","山陵始毕,甫及逾年"等语,此表当为开元四年十二月所上;表中"五月五日"当为"正月五日"之讹。

闰十二月,宋璟继姚崇为相。(通鉴)

玄宗开元五年(丁巳 公元七一七年) 四十九岁

九月,"宋璟为相,欲复贞观之政",奏以谏官、史官"对仗奏闻"。(通鉴)

上疏玄宗,以太宗皇帝好悦至言,时有魏徵等"咸以切谏,引居要职","陛下何不遵此道,与圣祖继美"。(上玄宗皇帝纳谏疏)

十二月,秘书监马怀素奏请学术之士整比图书,以左散骑常侍元行冲、卫尉少卿吴兢等二十六人同于秘阁刊正四部书。(旧

唐书韦述传、通鉴）

约从此时起，著手编录"贞观故事"。

玄宗开元六年（戊午　公元七一八年）　五十岁

以谏议大夫兼修国史行著作郎兼昭文馆学士。（苏颋授吴兢著作郎制）

〔案〕吴兢前一年十二月以卫尉少卿参与"整比图书"，却未见其有行著作郎之职事，而下一年九月昭文馆改弘文馆，据授吴兢著作郎制，其授著作郎时间当在此年，最晚不过下一年九月昭文馆改弘文馆之际。

上乞典郡表，"自掌东观，十有七年"，"不能勒成大典"；"顾省微躬，久妨贤路"，"望令试典一郡，刺举外台"。

玄宗批答："转要以从闲，乃回难而就易，私愿或惬，公道若何"，不准其请。（报吴兢书）

玄宗开元七年（己未　公元七一九年）　五十一岁

九月，昭文馆依旧改为弘文馆。（唐会要卷六四）

玄宗开元八年（庚申　公元七二〇年）　五十二岁

正月，宋璟、苏颋同时罢相，源乾曜、张嘉贞并同平章事。（通鉴）

五月，源乾曜为侍中、张嘉贞为中书令。（通鉴）

二公并相，弼谐王政，缅怀故实，以"太宗时政化良足可观"，命其编录。于是"缀集所闻，参详旧史，撮其旨要，举其宏纲"，正式编录贞观政要。（贞观政要序）

张说检校并州大都督府长史，兼修国史，仍赍史本随军修撰。（唐会要卷六四）

玄宗开元九年（辛酉　公元七二一年）　五十三岁

九月，张说入朝为相，兼修国史。

十二月，刘知幾卒。

张说见兢与刘知幾重修则天实录，长安三年张昌宗诬魏元忠，引张说作伪证，"频祈请删削数字"，兢回答："若取人情，何名为直笔。"同修史官惊异道："昔董狐古之良史，即今是焉。"（唐会要卷六四、通鉴）

玄宗开元十一年（癸亥　公元七二三年）　五十五岁

二月，张说取代张嘉贞为中书令，成为此间最受宠信的宰相。

五月，置丽正书院，以张说为修书使以总之。（通鉴）

是年，以父丧解史职，张说用赵冬曦代之。（新唐书吴兢传）

玄宗开元十三年（乙丑　公元七二五年）　五十七岁

起复为太子左庶子。（新唐书吴兢传）

十月，东封泰山，玄宗途中"数驰射为乐"。

上请东封不宜射猎疏，依"贞观"故事劝谏玄宗，"罢此游畋之事，克备文物之仪"。（请东封不宜射猎疏、新唐书吴兢传）

十二月，玄宗疑吏部选试不公，分吏部为十铨，尚书、侍郎皆不得参预其事。

上谏十铨试人表，以为"陛下曲受谗言，不信于有司"，非"居上临人之道、经邦纬俗之规"；"凡选人书判，并请委之有司，仍停此十铨分选"。（谏十铨试人表、通典卷一五选举三、通鉴）

是年，张嘉贞封河东侯。（旧唐书张嘉贞传）

玄宗开元十四年（丙寅　公元七二六年）　五十八岁

四月，张说以"引术士占星，徇私僭侈，受纳贿赂"被弹劾，罢中

书令职,修史如故。(通鉴)

六月,大风拔木毁屋,诏群臣陈得失。

上大风陈得失疏,云"恐陛下左右有奸臣擅权,怀谋上之心。臣闻百王之失,皆由权移于下。"指出"赇谒大行,趋竞弥广"等弊政,劝玄宗"斥屏群小,不为慢游","明选举、慎刑罚、杜侥幸、存至公"。(大风陈得失疏、新唐书吴兢传)

七月,上请总成国史奏:长安、景龙之岁,以左拾遗、起居郎兼修国史,武三思等相次监领其职,立性邪佞,殊非直笔。虽绵历二十馀年,尚未刊就;"顷岁以丁忧去官,自此便停知史事";所撰国史,"事皆从实","断自隋大业十三年,迄乎开元十四年春三月",特望给楷书手和纸墨,至绝笔之日,当送上史馆。(请总成国史奏)

玄宗开元十五年(丁卯　公元七二七年)　五十九岁

宰相李元纮以国史记人君善恶、国政损益,一字褒贬,千载称之,应敕其就史馆参详撰录,敕兢就集贤院修成其书。(唐会要卷六三)。乃诏张说及吴兢并就史馆修撰。(旧唐书李元纮传)

玄宗开元十七年(己巳　公元七二九年)　六十一岁

六月,源乾曜罢侍中,只为左丞相,不预政事。萧嵩兼中书令,加集贤殿学士、知院事,监修国史。(旧唐书萧嵩传、通鉴)

八月,癸亥(初五)为玄宗四十五岁生日,花萼楼大宴群臣,以每年八月初五为"千秋节",布告天下,咸令宴乐。(旧唐书玄宗纪上、通鉴)

庚辰,张嘉贞去世。(通鉴)

乙酉,源乾曜退为太子太傅、封安阳郡公。(旧唐书玄宗纪上、旧唐书源乾曜传)

是年,同乡白履忠以"勘为学官"征召入京,履忠辞以老病,不任职事。玄宗手诏:"且游上京,徐还故里。"左庶子吴兢谓履忠曰:"吾子家室屡空,竟不沾斗米匹帛,虽得五品,何益于实也?"履忠欣然曰:"往岁契丹入寇,家家尽著括排门夫,履忠特以少读书籍,县司放免,至今惶愧。今虽不得,且是吾家终身高卧,免徭役,岂易得也!"(旧唐书白履忠传)

在东都,"诣明福门"上贞观政要十卷,希望玄宗"克遵太宗之故事","愿行之而有恒,思之而不倦",以使"贞观巍巍之化,可得而致矣"。(上贞观政要表)

"坐书事不当","出为荆州司马,制许以史稿自随"。(旧唐书吴兢传、新唐书吴兢传)

玄宗开元二十一年(癸酉 公元七三三年)前 六十五岁前

中书令、监修国史萧嵩,奏取兢所撰国史,得六十五卷。(旧唐书吴兢传)

玄宗开元二十九年(辛巳 公元七四一年)前 七十三岁前

累迁台、洪、饶、蕲、舒等州刺史。(旧唐书吴兢传、新唐书吴兢传)

续修国史,修订唐春秋三十卷。

加银青光禄大夫,封襄(长)垣县子。(旧唐书吴兢传)

迁相州长史。(旧唐书吴兢传)

玄宗天宝元年（壬午　公元七四二年）　七十四岁

改官制,以相州长史为邺郡太守。(旧唐书吴兢传)

相州自开元以来,刺史贬死者十数人。张嘉祐为相州刺史,访知北周末尉迟迥为相州总管,身死国难,乃立神祠。经三考,改左金吾将军。"吴兢为邺郡守,又加尉迟神冕服。自后郡守无患。"(旧唐书张嘉贞附弟嘉祐传)

入为恒王傅,"府幕列于外坊,时通名起居而已。"(旧唐书玄宗诸子传)

玄宗天宝七载（戊子　公元七四八年）前　八十岁前

别撰梁、齐、周史各十卷,陈史五卷,隋史二十卷。(旧唐书吴兢传)

玄宗天宝八载（己丑　公元七四九年）　八十馀

卒于家,时年八十馀。(旧唐书吴兢传)

藏书一万三千四百六十八卷,录为西斋书目。自撰书附于正史之末,又有续钞书列于后。(郡斋读书志书目类)

附：身后事

子进其所撰唐史八十馀卷。(旧唐书吴兢传)

肃宗史官柳芳,与同职韦述受诏添修吴兢所撰国史。韦述亡后,柳芳绪述凡例,勒成国史一百三十卷。(旧唐书柳登传)

德宗史官沈既济,以吴兢国史立则天本纪,奏议非之。(旧唐书沈传师传)

藏书及吴氏西斋书目遗外孙蒋乂。(旧唐书蒋乂传)

门生张镐,少时师事兢,兢甚重之。天宝末,以"天下奇杰"被召荐,拜左拾遗。安禄山反,屡以军国事咨之。肃宗即位,玄宗遣其赴肃宗行在,奏议多所弘益,拜谏议大夫,迁中书侍郎、同中书门下平章事。以其有文武才,命兼河南节度使,持节都统淮南道诸军事。后罢相位,授荆州大都督府长史。寻征为太子宾客,改散骑常侍。又贬辰州司户。代宗即位,拜抚州刺史,迁洪州刺史,饶、吉等七州都团练观察等使,正授江南西道都团练观察等使。广德二年九月卒。自入仕凡三年,致位宰相。居身清廉,不营资产,谦恭下士,善谈论。多识大体,故天下具瞻。(旧唐书张镐传)

张镐上请追谥常王傅吴兢奏,全文如下:

故常王傅吴兢,先朝史臣,历践中外,大行忠信,彰于朝野。伏以训诫明旨,谥法攸遵。臣早岁服膺,备知名实相副。特乞圣恩,褒其嘉谥。(全唐文卷四三二)

附录三　吴兢诗文辑录

（诗在前，文以时间先后为序）

永泰公主挽歌二首　文苑英华卷三一〇、全唐诗卷一〇二

为桓侍郎让侍中表　文苑英华卷五七三、全唐文卷二九八

上中宗皇帝疏　册府元龟卷五四五谏诤部直谏一二、全唐文卷二九八

让夺礼表、第二表、第三表　文苑英华卷五七九、全唐文卷二九八

谏畋猎表　文苑英华卷六二〇、全唐文卷二九八

上玄宗皇帝纳谏疏　新唐书卷一三二吴兢传、全唐文卷二九八

乞典郡表　册府元龟卷五五四国史部恩奖、全唐文卷二九八

请东封不宜射猎疏　册府元龟卷五四六谏诤部直谏一三、全唐文卷二九八

谏十铨试人表　通典卷一五选举三、册府元龟卷六三〇铨选修制三、全唐文卷二九八

大风陈得失疏　新唐书卷一三二吴兢传、全唐文卷二九八

请总成国史奏　唐会要卷六三、册府元龟卷五五六国史部采撰二、全唐文卷二九八

贞观政要序　贞观政要、全唐文卷二九八

上贞观政要表　明本及南家本、菅家本贞观政要、全唐文卷二九八

永泰公主挽歌　二首

秾华从妇道，厘降适诸侯。河汉天孙合，潇湘帝子游。关雎方作训，鸣凤自相求。可叹凌波迹，东川逐不流。

舜华徂北渚，宸思结南阳。鼇绶哀荣备，游轩宠悼彰。三川谋远日，八水宅连冈。无复秦楼上，吹箫下凤凰。

文苑英华卷三一〇

为桓侍郎让侍中表

臣彦范言：伏奉恩制，除臣侍中。光大之命，忽降望表；颠越之惧，顿积心涯，臣某中臣谢。闻君子树功，心在利物；义夫建策，口不言赏。故田畴以责塞为□□□□□□□□□□□□□趾达于闾里，筮仕本祈于州县。属天道贞观，功能咸录；曾未一纪，殆将十迁。三入宪司，莫禁奸宄；再申会府，宁裨准绳。掌棘木之刑，讼声讵弭；受羽林之寄，军容未肃。循省知惧，寝兴弗遑。顷逆竖等潜构祸端，窃窥神器，外结凶党，阴怀密图。则天大圣皇帝，天纵睿明，察之于将兆；陛下性命神武，擒之于发机。臣职统士卒，受命枭斩，此宗社之福也，陛下之明也，臣何力之有焉？金紫佩腰，已亏于

曩节;貂蝉冠首,胡颜于后命。不出旬朔,顿越等伦,臣知不可,物议谁塞?臣又闻暴进者罹咎,知止者无辱。诗有匪服之议,易著折足之诫。历考前载,益用惶惑。且赏罚之柄,国之大典,罚一罪使天下革心,赏一人使天下知劝。今皇极肇建,明命初基,惠化始覃,而赏劝失中,此臣所以固让也。况此官出纳帝命,喉舌王言,政之治乱,实所攸系,岂可以微蚋之力,能负丘山;一苇之航,克济溟渤。伏愿览任官惟贤之旨,察量能受职之义,寝已施之泽,鉴不夺之诚。幸甚,幸甚!

文苑英华卷五七三

上中宗皇帝疏

今闻道路云云,皆言贼臣等窃议:以安国相王连谋于重俊,共加罗织,将欲置于法。臣既忝职谏曹,安敢不奏。臣闻庶物不可以自生,阴阳以之亭育;大实不可以独守,子弟成其藩翰。昔武王圣主也,成王贤嗣也,然封建鲁、卫,以扶社稷,所以龟鼎相传,七百馀载。始皇绝昭襄之业,承战争之弊,忽先王之典制,比宗亲于黔首,孤立无辅,二代而亡。及诸吕用权,将倾刘氏,朱虚为其心腹,绛侯作其爪牙,刘氏复安,岂非宗子之力欤!国之安危,在于藩屏,故设官分职,先亲后疏。诗云"宗子维城",书云"九族既睦"。自文明之后,皇运中衰,国之祚胤,不绝如线。洎陛下龙兴,恩被骨肉,搜滴窜于炎障,复衣冠于庭阙,万国欢心,孰不庆幸!且安国相王,实陛下之同气,六合至广,亲莫加焉。但贼臣等日夜同谋,必欲喷于极法,此则祸乱之渐,不可不察。夫相王之仁孝,幽明共知。顷遭荼苦,哀毁过制。以陛下为性命,亦陛下之手足。大孝于父母,而恶于兄弟者，未之有也。若信任邪佞，委之于法，必伤陛下之恩，失天下之望。所谓芟刈股肱，独任胸臆；方涉江汉，弃其舟楫，可为寒心，可为恸哭。自昔剪伐枝干，委权异族者，未有不丧其宗社也。何以明之？秦任赵高，卒致倾败；汉委王莽，遂成篡逆。晋家以自相鱼肉，寰瀛鼎沸；隋皇以猜忌子弟，海县尘飞。验之覆车，安可重迹？是以任之以权，虽疏必重；夺之以势，虽亲必轻。臣又闻之，根朽则木枯，源涸则流竭。子弟者，国之根源，岂可使其朽竭哉？先王所以广封树、存亲亲，使谋孙翼子，柯叶硕茂。况皇家枝干，零落无几，方之先朝，十不存一。自陛下登极，于今四稔，一子以弄兵被诛，一子以恣失远任，唯此一弟朝夕左右，斗粟尺布之刺，可不慎焉！苍蝇之诗，诚可畏也。昔者谤书盈箧，难明于主君；谗言三至，见疑于慈母。伏愿陛下降明制、晓群邪，使忠臣孝子，知友于之爱；奸佞庸回，执谗慝之口。下全棠棣之美，上慰罔极之心。德教加于兆人，风化流于千载，则群生幸甚。臣本布衣，匪求官达。圣明过听，拔齿诤臣，不胜受恩之甚。谨昧死谠言，轻渎天威，伏增战汗。

册府元龟卷五四五谏诤部直谏一二

让夺礼表

草土臣兢言：伏奉去年八月十日恩敕，追臣赴京，起复尚书水部郎中，依旧兼判刑部郎中、知国史事。闻命惊号，心手无措，臣兢中谢。臣行负幽明，祸延所怙一作恃，衔哀茹血，五情崩溃。卜邻之训，永慕不追；陟岵之感，穷冤已及。但心同木石，未能自死，岂悟皇明，旋加辟命。且臣闻在家称孝，居国必忠，苟违斯理，实亏礼教。焉有躬婴荼毒，而迹忝南史；首伏苫庐，而名叨东观？将何以发挥帝典,褒贬人伦,定一代之是非,为百王之准的?臣不敢远喻前古,广饰浮辞。自近岁以来起复者,则有御史大夫解琬、黄门侍郎张说、工部侍郎苏颋,皆诉哀陈款,特蒙矜遂,此实成例,窃敢庶几。伏愿陛下敦孝理之风,全通丧之典,追收纶涣,俯纳恳诚,许其毕疚私庭,终服凶次。获申负土之礼,用展攀柏之悲,则虽死之年,犹生之日,无任荒迫之至。谨遣臣大学生终奉表陈乞以闻。

第二表

草土臣兢言:频表乞哀,诚辞已罄。未蒙矜亮,奖喻弥切。鞠躬周章,倍增号震。臣闻自昔墨缞,本因兵革。权宜变礼,不为文儒。后来浮薄,罕存丧纪。事匪军容,亦从权夺。陛下休明抚运,景业惟新。伏望革近代之浇漓,复先王之至德。况史官之任,为代准的。若苟亏情理,辄徇恩荣,觍目强颜,操简书事,适足玷圣朝之孝理,何以树终古之风声?特乞天慈,少加矜察,使毕情苫莱,少申悲露,则天地之恩,实为至厚。臣子之道,幸此克全,无任恳迫之至。谨诣朝堂路左奉表乞哀以闻。

第三表

草土臣兢言:臣去九月一日冒死哀诉,冀得终服私门。天眷犹邈,未垂哀察;跼影穷号,罔知自置。又奉十一月二日敕,史馆要才,须从权夺,宜令州县敦谕发遣者。伏对崩号,触绪屠裂,臣某中谢。臣孝亏诚感,奄遘悯凶;沥胆衔荼,崩心茹棘。尪骸残喘,岂冀生全;天泽曲私,屡加夺命。令居史阁,是掌记言。臣昔忝此官,十有馀载,才轻寄重,答效无施。未能褒贬有章,使人伦知劝；典谟大训,与日月俱悬。即微臣平日,其旷职如此。今心形陨越,荒疾失图,宁可重处南、董之司,频叨班、马之列！实贻贪禄之咎,更招废礼之辜。顾视等夷,何施面目。且三年之制,贵贱同遵；四时之悲,几筵是托。乞归身苦壤,趋侍松茔,既不负素心,亦不玷皇化。干黩已屡,伏待刑书,无任崩迫之至。谨诣朝堂路左奉表乞哀以闻。

文苑英华卷五七九

谏畋猎表　玄宗　开元五年

【案】小注有误,详见吴兢年谱开元四年。

臣兢言:伏见明制,来年五月五日幸东都。道路皆以陛下至长春宫及沙苑,当有畋猎之事。今东土耆艾,关、河士女,莫不欣跃舞抃,翘望帝车,延颈企踵,所恩者德。伏愿陛下举无失礼,动则有章。诗云:"敬慎威仪,惟人之则。"愚臣以山陵始毕,甫及逾年。陛下缞服虽除,心丧未已。四海之内,八音尚遏,岂可遽将犬马为娱,鹰隼是务？必或如此,则恐伤人子之道,亏天地之经。欲令万方,何所取则。况礼经云:"三年之丧,自天子之达。"陛下既俯顺当时之请,唯行易月之制,奈何更盘于游畋,以徇从禽之乐,岂所谓明王之孝理天下乎？而望德教加于百姓,必不可得也。昔鲁侯观鱼于棠,春秋尚列其戒。陛下若既葬而猎,后代岂不为刺！且驰骛山泽之间,经过林薄之下,冰谷之危未远,衔策之变不恒。伏愿陛下重慎防微,须为社稷自爱。老子曰:"我无为而人自化,我无欲而人自朴。"诗云:"尔之教矣,人胥效矣。"由是观之,居上者必慎所好。愚臣职居待问,兼掌史笔,窃以君举必书,位在无隐。既闻众所流议,实恐有玷圣猷。区区之诚,唯在于此。辄敢冒死上陈,伏愿留神省察,恕此狂斐之罪云云。

文苑英华卷六二〇

上玄宗皇帝纳谏疏

自古人臣,不谏则国危,谏则身危。臣愚食陛下禄,不敢避身危之祸。比见上封事者,言有可采,但赐束帛而已,未尝蒙召见、被拔擢。其忤旨,则朝堂决杖,传送本州,或死于流贬。由是臣下不敢进谏。古者设诽谤木,欲闻己过。今封事,谤木比也,使所言是,有益于国;使所言非,无累于朝。陛下何遽加斥逐,以杜塞直言?道路流传,相视怪愕。夫汉高帝赦周昌桀、纣之对,晋武帝受刘毅桓、灵之讥,况陛下豁达大度,不能容此狂直耶?夫人主居尊极之位,颛生杀之权,其为威严峻矣。开情抱、纳谏诤,下犹惧不敢尽,奈何以为罪?且上有所失,下必知之。故郑人欲毁乡校,而子产不听也。陛下初即位,犹有褚无量、张廷珪、韩思复、辛替否、柳泽、袁楚客数上疏争时政得失。自顷上封事,往往得罪,谏者顿少。是鹊巢覆而凤不至,理之然也。臣诚恐天下骨鲠士,以谠言为戒,挠直就曲,斫方为刓,偷合苟容,不复能尽节忘身,纳君于道矣。

夫帝王之德,莫盛于纳谏。故曰:"木从绳则正,后从谏则圣。"又曰:"朝有讽谏,犹发之有梳。猛虎在山林,藜藿为之不采。"忠谏之有益如此。自古上圣之君,恐不闻己过,故尧设谏鼓,禹拜昌言。不肖之主,自谓圣智,拒谏害忠,桀杀关龙逢而灭于汤,纣杀王子比干而灭于周,此其验也。夫与治同道罔不兴,与乱同道罔不亡。人将疾，必先不甘鱼肉之味；国将亡，必先不甘忠谏之说。呜呼，惟陛下深监于兹哉！隋炀帝骄矜自负，以为尧、舜莫己若，而讳亡憎谏，乃曰："有谏我者，当时不杀，后必杀之。"大臣苏威欲开一言，不敢发，因五月五日献古文尚书，帝以为讪己，即除名。萧瑀谏无伐辽，出为河池郡守。董纯谏无幸江都，就狱赐死。自是謇谔之士，去而不顾，外虽有变，朝臣钳口，帝不知也。身死人手，子孙剿绝，为天下笑。太宗皇帝好悦至言，时有魏徵、王珪、虞世南、李大亮、岑文本、刘洎、马周、褚遂良、杜正伦、高季辅，咸以切谏，引居要职。尝谓宰相曰："自知者为难。如文人巧工，自谓己长，若使达者大匠，诋诃商略，则芜辞拙迹见矣。天下万机，一人听断，虽甚忧劳，不能尽善。今魏徵随事谏正，多中朕失，如明鉴照形，美恶毕见。"当是时，有上书益于政者，皆黏寝殿之壁，坐望卧观，虽狂瞽逆意，终不以为忤。故外事必闻，刑戮几措，礼义大行。陛下何不遵此道，与圣祖继美乎？夫以一人之意，综万方之政，明有所不烛，智有所不周，上心未谕于下，下情未达于上。伏惟以虚受人，博览兼听，使深者不隐，远者不塞，所谓"辟四门，明四目"也。其能直言正谏不避死亡之诛者，特加宠荣，待以不次，则失之东隅，冀得之桑榆矣。

<u>新唐书卷一三二吴兢传</u>

乞典郡表

臣自掌史东观，十有七年。岁序徒淹，勤劳莫著，不能勒成大典，垂诫将来。顾省微躬，久妨贤路，乞罢今职，别就他官。至于治人之政，在兢尤所详晓，望令试典一郡，刺举外台，必当效绩循良，不负朝寄。又，兢父致仕已来，俸料斯绝，所冀禄秩稍厚，甘脆有资。乌鸟之诚,幸垂矜察。

册府元龟卷五五四国史部恩奖

谏东封不宜射猎疏

陛下爰自雒邑,将告禅岱宗,行经数州,屡以畋猎为事。伏恐外荒之攸渐,诚非致理之所急。况陈封告成,礼容甚大,伏愿罢此畋游之事,克备文物之仪。又贞观时,太宗文皇帝凡有巡幸,则博选识达古今之士以在左右,每至前代兴亡之地,皆问其所繇,用为鉴诫。伏愿陛下遵而行之,则与夫骋奔马于涧谷,要狡兽于丛林,不慎垂堂之危,不思驭朽之变,安可同年而较其优劣!

册府元龟卷五四六谏诤部直谏一三

谏十铨试人表

易称"君子思不出其位",言各止其所,不侵官也。此实百王准的。伏见敕旨,令韦抗等十人分掌吏部铨选。及试判将毕,遽召入禁中次定,虽有吏部尚书及侍郎,皆不得参其事。议者皆以陛下曲受谗言,不信于有司也。然则居上临人之道,经邦纬俗之规,必在推诚,方能感物。抑又闻:用天下之智力者,莫若使天下信之。故汉光武置赤心于人腹,良有旨哉。昔魏明帝尝卒至尚书省,尚书令陈矫诡(跪)问曰:陛下欲何之? 帝曰:欲按行省司文簿。矫曰:此是臣之职分,陛下非所宜临。若臣不称职,则就黜退。陛下宜即还宫。帝惭而返。又陈平、丙吉者,汉家之宰相也,尚不对钱谷之数,不问路死之人。故上自天子,至于卿士,守其职分,而不可辄有侵越也。况我大唐万乘之君,卓绝千古之上,岂得下行选事,顿取怪于朝野乎?凡是选人书判,并请委之有司,仍停此十铨分选,复以三铨还有司。

通典卷一五选举三

大风陈得失疏

自春以来,亢阳不雨,乃六月戊午,大风拔树,坏居人庐舍。传曰:"敬德不用,厥灾旱。上下蔽隔,庶位逾节。阴侵于阳,则旱灾应。"又曰:"政悖德隐,厥风发屋坏木。"风,阴类,大臣之象。恐陛下左右有奸臣擅权,怀谋上之心。臣闻百王之失,皆由权移于下。故曰:"人主与人权,犹倒持太阿,授之以柄。"夫天降灾异,欲人主感悟,愿深察天变,杜绝其萌。且陛下承天后、和帝之乱,府库未充,冗员尚繁,户口流散,法出多门,赇谒大行,趋竞弥广。此弊未革,实陛下庶政之阙也,臣不胜惓惓。愿斥屏群小,不为慢游,出不御之女,减不急之马,明选举,慎刑罚,杜侥幸,存至公,虽有旱风之变,不足累圣德矣。

新唐书卷一三二吴兢传

请总成国史奏

臣往者长安、景龙之岁,以左拾遗、起居郎兼修国史。时有武三思、张易之、张昌宗、纪处讷、宗楚客、韦温等,相次监领其职。三思等立性邪佞,不循宪章,苟饰虚词,殊非直笔。臣愚以为国史之作,在乎善恶必书。遂潜心积思,别撰唐书九十八卷、唐春秋三十卷，用藏于私室。虽绵历二十馀年，尚刊削未就。但微臣私门凶衅，顷岁以丁忧去官，自此便停知史事。窃惟帝载王言，所书至重，傥有废绝，实深忧惧。于是弥纶旧纪，重加删缉，虽文则不工，而事皆从实。断自隋大业十三年，迄于开元十四年春三月，即皇家一代之典，尽在于斯矣。既撰将成此书于私家，不敢不奏。又卷轴稍广，缮写甚难，特望给臣楷书手三数人，并纸墨等。至绝笔之日，当送上史馆。

唐会要卷六三

附录四　参考文献

一、贞观政要钞本、刻本

(一)底本

明洪武庚戌勤有堂刊本(中国国家图书馆藏)

简称明本。卷第二用戈本配补的一纸改用明洪武庚午遵正堂刊本(江苏省常熟市图书馆藏)配补,卷第十用戈本配补的三纸改用明初刊本(日本静嘉堂文库藏)配补。个别缺字、残字或描改字、不清字,参照这两个本子择善而从。

(二)参校本

1. 钞本

(1)南家本系统

建治本(日本宫内厅书陵部藏　南家本系统最早最完整的本子)

兴福寺本(日本无穷会图书馆神习文库藏)[简称兴本]

松崎慊堂手泽本(日本庆应大学图书馆斯道文库藏)[简称松本]

(2)菅家本系统

内藤本(日本内藤湖南旧藏　关西大学图书馆藏　菅家本系统最早最完整的本子,缺卷九,据宋刊本补)

(3)"异本"系统

写字台本(日本写字台文库旧藏　龙谷大学图书馆藏,缺卷一、二)

(4)江家本(日本狩谷掖斋校本引　松崎慊堂手泽本引)

2.刻本

(1)戈直集论本(涵芬楼影明成化刊本)[简称戈本]

(2)元刻(日本秩父宫家旧藏　赵文敏写刻)

(3)韩版注解本(日本内阁文库藏　京都大学图书馆藏)[简称韩版]

二、相关唐宋史籍、文献

1.魏郑公谏录,唐王方庆辑。清光绪九年(一八八三)长沙王氏(益吾)刻本。[简称谏录]

2.通典,唐杜佑撰。中华书局点校本。

3.旧唐书,五代后晋刘昫监修。中华书局点校本。[简称旧唐]

4.唐会要,宋王溥撰。上海古籍出版社点校本。[简称会要]

5.文苑英华,宋李昉等奉敕撰。中华书局影印本。[简称英华]

6.册府元龟,宋王钦若等奉敕撰。中华书局影印本。[简称册府]

7. 新唐书,宋欧阳修、宋祁等撰。中华书局点校本。[简称新唐]

8. 资治通鉴,宋司马光等撰。中华书局点校本。[简称通鉴]